兩性關係與教育

徐西森　著

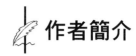 # 作者簡介

徐西森

〈學歷〉
- 國立高雄師範大學輔導與諮商研究所博士
- 美國麻州大學（波士頓分校）諮商與學校心理學研究所學分班
- 美國紐約復甸（Fordham）大學社會福利研究進修

〈現職〉
- 國立高雄師範大學輔導與諮商研究所專任教授
- 台灣諮商心理學會理事長
- 教育部大專校院評鑑委員、私立大學學務與輔導經費獎補助審查及訪視委員
- 高雄市政府教育審議委員會委員
- 董氏基金會心理健康諮詢委員
- 台灣輔導與諮商學會常務理事
- 諮商心理師公會全國聯合會常務理事
- 張老師基金會台南張老師中心諮詢委員

〈著作〉
- 《兩性關係與教育》、《人際關係的理論與實務》、《商業心理學》、《團體動力與團體輔導》、《輔導心語》、《心靈管理》、《輔導原理與實務》、《完形治療的實踐》（合譯）、《諮商督導——理論與研究》（合著）、《諮商技巧》（合譯）、《諮商與心理治療質性研究》（合譯）等書。

- 〈台灣地區青少年性別角色態度之探討研究〉、〈諮商歷程中諮商員口語反應型式及其當事人行為反應之分析研究〉、〈台灣地區同性戀現況調查與分析〉等研究與專論一百三十餘篇。
- 《掌握情緒、快樂的生活》、《掌握生命、自在的生活》、《掌握壓力、愜意的生活》、《掌握生涯、讓夢想起飛》、《掌握溝通、和諧人際關係》、《掌握成功、贏得理所當然》等有聲書。

〈榮譽〉

- 張老師「金手獎」
- 教育部人文與社會學科教師研究著作優等獎
- 救國團輔導服務獎章
- 國立高雄師範大學傑出校友
- 國立高雄應用科技大學優良教師
- 國立彰化師範大學傑出校友

作者序

　　兩性關係是所有人際互動中最令人關注、著迷的一環，在在牽動著人類內心深處最纖細、最豐富或最脆弱的情感與情緒。世間男女一旦投入情愛世界時，多數人的身心發展與生活生計皆會受到影響。當然，無論是處在友情、愛情或婚姻等狀態下的兩性關係，總有許多需要學習與了解的議題。換言之，男女之間奧妙的互動、接觸與相處，不僅是人類行為發展歷程中多采多姿的一頁，在現實生活中也一直是世人所關注的焦點。正因如此，「性教育」、「性別教育」、「兩性教育」、「兩性平等教育」與「兩性關係與教育」等學科，如今已成為當代探討男女性屬、生活教育與人際互動的「顯學」，性／性別／兩性等話題及其問題，更是頻頻出現在現代人的生活環境裡或各種傳播媒體中。

　　今日，由於生活資訊的多元、職場分工的需要、教育水準的提升與人權理念的普及，再加上社會結構的開放，使得現代男女皆能擁有各自的發展空間，對人類的進化、社會的進步也有同等的貢獻與價值。回顧人類的兩性關係發展史，男女之間不斷在調適彼此的互動關係與自我的性別角色。長期以來，人類的性別差異經由傳統社會的建構，賦予了兩性不同的權力關係與社經地位，例如「母以子貴」、「夫為妻綱」、「丈夫是頭家」等。兩性在經濟、政治、宗教、文化制度，以及家庭生活等方面的權力分配，幾乎都是不平等的，男女雙方也因此一性別差異與權力不均的現實，形成了兩性失衡的人際互動狀態。今後，唯有從系統化的專業教育與持續不斷的性別省思中，方能學習、調適與發展健全的兩性關係。

　　「兩性關係與教育」並非在教導世人如何談情說愛、如何男歡女愛，而是一門研究兩性身心發展及其性別角色的科學，有人將之視為「兩性教育」或「性別教育」。本書共有十二章，包含緒論、兩性生理發展、兩性

心理發展、兩性生涯發展、兩性人際溝通、兩性友情關係、兩性愛情關係、婚姻與婚姻諮商、性行為與性教育、同性戀、性騷擾和兩性平等教育等。每章文後闢有「兩性之間」和「學習活動」兩個單元,前者旨在分享個人生活中的所見所聞、心情感受;後者則融入諮商輔導與心理學理念,每章設計一至二個適用於團體交流或個人進修的活動,以與各章節之本文內容相互呼應,加深讀者的印象。

　　本書撰寫期間,承蒙先進學者的惠賜卓見與細心審閱,謹此致謝。同時感謝廷嘉、維芬、金桃、淑媛、瓊萩、際富等好友的協助校稿,心理出版社同仁的用心配合,以及助理風雅、佳淇的打字辛勞。更感謝內人淑凰和家人時時刻刻的支持鼓勵。最後,也要感謝自己的努力投入,使本書能夠順利完成。若有疏漏之處,也期盼讀者、教育先進與專業人士不吝指教。

徐西森

九十二年八月於高雄

目錄

第一章

緒論

　　「盤古開天闢地，女媧補天造人」亙古以來，中國神話故事塑造了多少「陽剛陰柔」、「男為主，女為輔」的兩性哲學，世間男女在「無師自通」下，從傳統到現代，兩性互動關係儼然是一種相依相生的大自然縮影，所謂「孤陰不生，獨陽不長，唯其陰陽調和，方能生生不息」。自漢以降，儒家學說盛行，「君君、臣臣、父父、子子」確立了父權社會下人際互動的規範，至此兩性之間的運作，遵循的是「男有分，女有歸」的倫理觀與「三從四德」的道德說，甚至是「嫁雞隨雞，嫁狗隨狗」的宿命談與「男主外，女主內」的生涯論。男女的角色地位及互動關係似乎顯得那麼理所當然，無須爭辯。

　　時至今日，新思維新人類躍進世界舞台，蔚為一股新時代的兩性風潮，民主、人權、科技主義與婦女運動等當代思潮推波助瀾的結果，改變了原本兩性互動的軌道，男女之間「性別角色解構與再建構」的列車，正悄悄駛入世人的生活裡。於是乎，芸芸眾生、世間男女紛紛重塑角色定位與重定互動規則，試圖建立新世紀的人際倫理，「男女平權，兩性自主」取代「男尊女卑，夫為妻綱」，成為當代的主流思潮與普世價值，為新時代兩性互動關係確立一個新的平衡點。即使處於今日現代社會的傳統男女，也必須面對此一現實，並自我調適個人的性別角色與行為。是故，「兩性關係與教育」乃是未來人際互動範疇與社會科學領域的重要專業。

第一節　從傳統到現代的兩性關係

　　由於過去家庭、社會等成長環境的不健全，導致不少社會大眾形成性別偏見和性別歧視的行為，加上南北城鄉差距和傳統到現代的「代溝」落差，以至於個人主觀經驗混合了兩性刻板化特質，深化了人與人之間、男人與女人之間的人際誤解與性別對立的現象（晏涵文、蘇鈺婷和李佳容，民90）。今日伴隨女性議題的抬頭、後現代主義思潮的衝擊和大眾傳播媒體的發達，加上多元資訊快速流通的結果，現代女性獨立自主的能力益見

提升，女性也擁有了更多的社會參與、政經決策的機會，凡此在在激發了傳統刻板化性別角色的鬆動與再建構，這是一種社會文明進步的象徵。

　　現代人比較重視個人主義，古代則不然。中國古代在農業社會的大家庭制度之下，為保持婦女的貞潔，並防止家族內的性紊亂，男性和女性的生活被區隔成兩個世界：公有世界屬於男人，私有世界屬於女人。所謂「男正乎於外，女正乎於內」、「內言不出於閫，外言不入於閫」，女子成了名副其實的「內人」，至少在士紳之家是如此，這在工業革命以後的西方「新貴」家庭也是如此。歐美社會的小家庭中，由於沒有其他幫手，丈夫也得分擔某些家務，但做的家事卻相當有限（劉仲冬，民85）。由此觀之，男女兩性不平等的社會地位與性別角色，在東西方國家的發展境遇並無不同。

一、傳統的兩性關係與角色地位

　　傳統社會中，由於男女兩性的社會功能與工具性價值不同，因此女性的社會地位似乎不如男性。從自然與文化（nature/culture）二元論的觀點來看，女性生育子女乃屬於個體的生理作用，雖辛苦但屬於人類的自然進化功能；至於男性生產器物則須依恃心力勞力，屬於重要的文化功能，並能帶動人類文明進步，因此男性的地位較女性為高，所掌握的權力與資源也較多（方德隆，民89）。正因如此，長期以來，古今中外的政經權力幾乎都掌握在男人手中，世界各國的元首、首相、部會首長或國會議員也以男性占多數。舉例而言，即使是現階段全世界最重視兩性平權的國家挪威，其女性國會議員的比例也只占36.4%；至於全世界女性國會議員比例最高的國家瑞典，其女性國會議員比例雖達42.7%，但也未及半數（行政院主計處，民91）。女性的社會地位較男性為低，確有其歷史背景與情境脈絡可循。

　　中國傳統的兩性關係更具有階級化和刻板化的特性。一般而言，男性在政治、經濟、社會及文化各領域，都比女性擁有更多的資源與權勢，若

將之反映在日常生活裡，則男性的想法、感覺及行為，都比女性的想法、感覺及行為更具有合法性及影響力。人類性別角色的刻板化印象不僅充斥於人際互動關係中，更主導了個體性別認同與社會化的成長過程，例如男孩較女孩在家中獲得更多的重視與資源。性別角色刻板化印象也往往進一步界定了男女兩性的社會角色，例如嚴父慈母、好男不與女鬥等，以及傳統性別的職業分工。在這種兩性互動關係中，男性不自覺地或有意識地操弄個人的優越和優勢，導致男性對女性的不重視和予取予求。

儘管傳統上男性角色的優勢與優越甚為明顯，但相對的也為其帶來更多的責任與更大的壓力，愈是男女不平權、愈是傳統保守的國家愈是如此，在中國、台灣、日本、東南亞或其他的亞洲、非洲國家皆然，畢竟權力權勢與責任義務是相對存在的。歷史上，中國的男人背負了許多偉大的責任與使命，不是為國家就是為民族、為家族而活，傳統社會賦予男人「光宗耀組」、「出將入相」與「盡忠報國」的期許，甚至「殺身成仁」、「捨身取義」，以留名青史。於是乎，戰國時代齊人荊軻刺秦王失敗壯烈殉死、漢朝的霍去病在君王的一聲令下被賜死於西域、宋朝岳飛被奸臣秦檜以十二道金牌追回喪命。古代男人若不能轟轟烈烈為國族殉難，至少也要做到「寒窗苦讀」，追求功名利祿，以便「出人頭地」，符合家族期待及社會評價。

古代男人為了維繫一個綿延的傳統文化，為了成就整個家族或家庭的志業，不得不費盡心力地壓抑自己，同時「機關算盡」地去壓制別人。反觀今日，現代男人依然過著壓抑與壓制的生活，依然揮不去上述傳統價值所賦予的宿命和使命，一如古代的科舉變形為今日的聯考制度般，台灣男人依然生活在「堅強下的脆弱」境遇裡，社會的價值永遠凌駕在自我的價值之上。於是乎，男人的堅強有時是不得不然的選擇，一旦難以承受外界壓力與社會期待時，違法亂紀、鋌而走險或鬱鬱寡歡、自我了斷，便成為失志大男人的下場，古代屈原悲憤投江的結局是如此，今日中年失業男子攜子自殺的悲劇亦是如此。

反觀女性，在台灣的社會文化中，「父（夫）權至上」、「男尊女

卑」的價值觀仍相當根深柢固（黃榮村，民 69；林佩淳，民 89；鄧守娟，民 91；劉仲冬，民 85），婦女一旦進入婚姻與家庭的領域內，「依附丈夫」的人依然占大多數，例如逢母親節或春節時，許多婦女仍須「隨夫返家」過節、過年，除夕全「家」圍爐團圓仍是在夫家、婆家，而非娘家的「家」。Hsu（1998）研究發現：儘管台灣已經相當程度地受到西方兩性平權思潮的影響，但年齡較長的台灣女性對婚姻與家庭的觀點，仍然表現出傳統價值觀的思維，甚至將婚姻視為一條不歸路，因此不管婚姻是否美滿，這些婦女依然得去適應這個家，得走這一條不歸路。

在中國傳統保守的社會中，男女社交生活相當封閉，重男輕女的觀念仍然相當盛行，其對女性生活的影響遠較男性為大。對男性而言，事業和婚姻可以是兩條並行不悖的生命主線，個人在追求自我成就的同時，也可以完成「養家活口、購屋置產、提供妻小美好生活」的婚姻責任。反之，對女性來說，家庭婚姻與自我成就卻常是相互衝突的兩難問題，如果女性想扮演一位能夠體察丈夫心意的傳統賢妻，以及陪伴子女成長的模範母親，那麼個人的獨立自我就必須重新調整，甚至自我犧牲（莊慧秋，民79）。傳統女性視自己為「小我」，必須忍痛放下自我去成就丈夫或子女的「大我」，最後或許能夠獲得妻以夫為貴、母以子為貴的小我成就感。

在我國的家庭教化中，仍然相當強調人際倫理與地位的排比，「男尊女卑」便是顯而易見的行為規範，一位愈是順從、柔順的女性，愈能獲得家族親友的肯定與照顧，其在家庭的地位與權力也會略為增加（夫家、頭家的「施捨」）；相對的，愈是有主見、愈是想擺脫傳統束縛的女人，其所受到的抑制與批判也就愈多。於是乎，僥倖能夠存活下來的女性，若非本性賢淑、溫馴者，便須不斷地壓抑自我、小心翼翼，期待有朝一日能夠多年「媳婦熬成婆」，當然好媳婦也有可能會成為下一個惡婆婆。余德慧（民79）認為，傳統社會「男尊女卑」所形成的行為規範，長久下來，女性的「卑」就成為一個無法消除的神經質感覺。女性終其一生也只得在家中找尋自我成就，古代的貞節牌坊與現代的模範母親表揚，似乎就是傳統女性所能擁有的偉大成就。

此外，傳統社會對男女兩性的行為評價更有不同的尺度，在在成為女性行為發展與生活適應的絆腳石。世人評量男性行為係以「能力」為標準，但評價女性則是以「道德」為基準。男性有婚外情是「左右逢源」、「精力旺盛」，女性有外遇則是「紅杏出牆」、「不守婦道」；大聲斥責他人時，男性是「中氣十足」，女性則是「潑婦罵街」；數人群聚高談闊論時，男人是「滔滔雄辯」，女人便是「三姑六婆」；長相美好者，男性是「潘安再世」，女性是「紅顏禍水」；男性經常在外交際是「人脈廣」、「為人海派」；女性若外出訪友則是「趴趴走」、「不安於室」。甚至，古人以「三姑六婆，實淫盜之媒；婢美妾嬌，非閨房之福」來做為家訓（王文俊，民88），對女性的天生儀表體態與後天人際互動，形成一定程度的壓力與壓抑。

除了兩性地位不平等之外，在新舊價值觀混淆擺盪的過渡期裡，如果兩性之間對「性別圖像」的理念不同，也會產生現實生活與理想期待上的落差，更容易激化男女人際互動的紛擾與對立，同時引發個人生活上的適應問題與心理壓力，今日離婚率升高便是一項例證。台灣地區的離婚率從民國八十五年起開始快速攀升，至今已達到平均每三對結婚人口即有一對離婚，離婚率已成為另一項的「台灣第一」，無怪乎有人將「離婚潮」和「憂鬱症」並稱為兩大世紀瘟疫（李光真，民91）。雖然多元社會必有多元文化的婚姻觀，後現代主義的社會更是一個以「變」為常態的社會，但離婚率偏高並非單純只是個人婚姻關係的抉擇問題，而是整個社會對性／性別／兩性等價值觀解構的一種徵候，值得深思與探討。

如前所述，從自然與文化二元論的觀點，女性生育是自然，男性生產是文化，文化價值高於自然功能，男性似乎較女性擁有更高的能力與地位，事實不然。基本上，巧思、企圖心與性冒險等長處乃是靈長類動物的母性特徵（Ehrenreich, 2000）。長久以來，當女人被「馴化」並被賦予生兒育女的任務，以至於「坐困於家庭」的私領域時，男性乃趁機顯露其心力、企圖與強勢的性行為而「坐大自己」，父權主義社會於是悄悄誕生，許許多多以男性為主體的「文化模式」開始在世界各地生根。等到「現代

文明」潮流湧現時，女性想要展露其企圖心、巧思與性冒險，想要做個成功的靈長類女性，已被視為是違反倫理道德的行為與本性。這一現象不僅違反古代的陰陽調和論，更違背今日兩性平等的人權思潮，值得現代人省思。

二、傳統到現代男女關係的轉變

近年來，由於電子和生物科學的急速進步，人類的工作領域與條件已不再那麼偏重肌肉、力氣，加上小家庭結構的形成、初生嬰兒的存活率幾已不成問題、家庭電器化問世及減少家事負荷等因素的影響下，女性開始接受正規教育，開始投入職場工作，這股力量很自然地形成女性自覺與自主的意識，女性開始反對加諸於她們身上的傳統限制，反對任何形式的性別不平等，並要求擁有與男性相同的權利（黃榮村，民67，民69）。這種趨勢使得人類的世界不再只由男人主導，另一半的女性也開始參與世界未來的策劃，亦即世界上的事務開始由世界上的每一份子來共同負擔。此一發展現象正顯示女性角色與地位的變遷，已受到社會學家、心理學者、教育人員及社會大眾的重視。

顧瑜君（民73）也認為，現代社會由於生產力的進步，女性同樣可以從工作的負重中解放，普遍地接受教育、開發靈智。於是，本質上女性享有與男性平等的機會，女性可以走出閨房，接受教育，參與社會上各層面的活動，擔當與男性相同的責任，並且從事各種不同性質的工作，以不同面貌的特性來跟其他人（包括男人）相處，女人不再只能以性的角色或婚姻的角色來與男人接觸互動，於是婚姻可以自主、家庭可以自主、生涯可以自主、人生可以自主。這樣的改變乃是兩性關係正常化的堅實基礎，現代男人應該調整自己的觀念與作法，接受並確認此一改變是合理的、符合世界潮流的，甚至是回歸自然的，如此才能發展出健康、和諧與平等互惠的兩性關係。

當然，從傳統到現代是一段漫長的歷史軌道，傳統兩性價值觀的改變

並非能夠一蹴可幾。無可否認的，今日台灣的婦女仍存有相當程度「從一而終」、「依賴、屈從」和「傳宗接代」等文化價值觀，此類文化價值觀在在影響到女性的思考和行動方向（Hsu, 1998）。長期以來，人類的性別差異確已經由傳統社會建構而賦予了兩性之間不同的權力關係，例如「男主外，女主內」，兩性在經濟、政治、宗教制度，以及家庭生活的權力分配都是不平等的，男女雙方也因此以性別差異及其權力高低來形成人際互動的生活腳本（劉惠琴，民90；鄧守娟，民91）。正因兩性之間的互動相處已然是上下不對等的關係，因此未來任何兩性關係的改變與發展，也必定是一段持續的、漸進的、人性的、量變及質變的歷程。

　　Lott（1994）認為，人類性別角色與行為的認同，不但會隨著時間、地點、個人和團體的環境而變，同時也會受到種族、階級和其他社會變項的影響，因此不同的世代會出現不同的價值體系。舉例而言，西漢時卓文君與司馬相如的浪漫之愛，在當時世人的眼中，是違背善良風俗的「私奔」，為人唾棄；但在現代男女的眼中，則是具有「為自由戀愛而不向現實低頭」的高貴情誼，因此今日台灣北投仍有座情人廟供奉二人，前去朝拜的年輕男女也不在少數。傳統上，把自由戀愛或「門不當戶不對」的男女之情視為大逆不道、不成體統，導致許多女性受到劇烈的迫害。今日社會風氣開放，女權與人權的觀念盛行，於是兩情若是相悅，即便外力橫加阻撓，亦能「有情人終成眷屬」。

　　傳統東西方的兩性關係相當重視「陰陽調和」、「生態平衡」的原則，任何一方的改變與成長均可能威脅到雙方關係的穩定發展與個人內在的安全感，這也就是男女「門當戶對」的時空背景。但是，今日時移勢轉，男女享有同等的工作權、受教權、參政權與生存權，兩性有公平的機會參與各式各樣的社交活動，男女之間的互動關係已較過去保守社會來得開放、多元，傳統社會下「男有分，女有歸」、「男女授受不親」等價值觀，已無法規範、防阻新時代兩性關係的發展。換言之，隨著現代社會的轉型，傳統文化對於男性以及女性性別角色社會化歷程的影響與結果，已有商榷的必要。

　　美國七〇年代第二波女性主義浪潮（The Second Wave of Feminism）的中堅人物，也是素負盛名的心理學家Chesler（2002）認為，傳統上對於男性之間的殘酷競爭及父權對女性壓迫等不合理現象，女人皆已視為理所當然。直到今日，經過第二波女權運動三十餘年來的努力之後，凡是接受女性主義思潮洗禮的人，幾乎早已深植「女性必須相互扶持、共禦外侮」的信念。而女性多年來團結一致的政治行動，也已確實迫使整個社會重新定義性別、家庭關係及職場工作的倫理，同時女性也為自己爭取到一定的政治實力、經濟獨立與生活能力，但尚未完全擁有兩性平等的地位與獨立自主權，因此未來仍有許多待努力的空間。

　　基本上，每個人對其所處環境中當代的主流文化與倫理道德，可能會有相當程度的體會覺察，但對不同時代的社會文化與價值信念卻未必能夠深刻地經驗感受。因此，唯有將傳統到現代的兩性價值觀與互動關係加以對比呈現，方能使現代男女更加體會與珍惜此一得來不易之女權運動與民主思潮的改革成果。傳統與現代兩性關係的改變不僅反映在男性角色與女性地位上，同時也呈現在雙方愛情、婚姻等互動關係與生涯發展上。首先，從男性的角色來看，傳統男性必須負起「養家活口」的責任；現代男性則是「一人養家太辛苦，雙薪家庭才幸福」。傳統男性須「君子遠庖廚」；現代男性可為「家庭煮夫」。傳統男性在家中是「一家之主」；現代男性若為人父者可能成為「兒子的大玩偶」。

　　其次，在女性角色與行為方面，傳統女性對於男性仰慕者的追求多半「欲迎還拒」、「男追女，隔座山」；現代女性則是「愛恨分明」、「女追男，隔層紗」。傳統女性對於婚姻生活抱持一種「嫁雞隨雞，嫁狗隨狗」的態度；現代女性則有不少人主張「合則聚，不合則散」。傳統女性在婚後幾乎是冠夫姓，「沒有了自己」；現代女性往往很少冠夫姓，堅持「做自己」。傳統女性期待追求者是一位溫柔多情、允文允武的「白馬王子」；現代女性則希望未來的另一半能夠「白」手起家、「馬」到成功，具有「王」者氣勢，未來能夠「子」繼父業。傳統女性習於「女子無才便是德」；現代女性大多認為「認真的女人最美麗」、「靠男人不如靠自

己」。黃榮村（民69）指出，現代女性較能獨立自主、發展自我，而獨立自主幾乎是多數學者公認新女性應具備的特質，有別於傳統的女性。

在家庭與婚姻態度方面，傳統兩性的婚姻觀強調「門當戶對，郎才女貌」；現代兩性的婚姻理念則是「年齡不是問題，身高不是距離，體重不是壓力，性別沒有關係」。傳統兩性的子女教養觀是「不孝有三，無後為大」、「養兒防老，積穀防飢」；現代兩性多半是「頂客族」（double income no kid, dink；雙薪又無子），主張養兒育女只是責任，「反哺報恩」早已過時。傳統的夫妻關係是「女子不能再嫁，男子可以出妻」、「相敬如賓」、「男有分，女有歸」；現代夫妻的互動關係則是「一夫一妻」、「男婚女嫁，各不相干」、「水乳交融」或「相敬如冰」，男人女人都有人權。傳統夫妻對於做家事的態度往往是「君子遠庖廚」、「男主外，女主內」；現代夫妻的家務管理觀念則是強調「廚藝精湛才是新好男人」、「家事一起做，日子才好過」。傳統兩性的婚姻經營哲學是「白首偕老」，「牽手一輩子」；現代男女的離婚率則是日漸升高，晚婚、不婚的人口也愈來愈多。

林佩淳（民89）則以中國傳統女人「三寸金蓮」的纏足風和現代女人的「美容塑身」來做一比較，發現今日資本主義社會下經由商業包裝的美容塑身，其實隱含同樣女為悅己者容的意識型態及父權至上的美學。例如古代男人所讚賞的美人，大多是櫻桃小口、楊柳小腰和一雙使步態輕盈的小腳。於是乎，女人為了爭取被男人憐愛的資本，就拚命纏足、束腰、削足，摧殘自己的身體。這種不健全的審美觀念，令女性盲目隨從至今。當年的纏足是風俗，今日的豐胸美容也成了風氣；當年的小腳是主流社會的代表，今日的「洋模洋樣」則象徵著摩登、獨立自由的新女性。長久以來，「重男輕女」的社會觀念及「三從四德」的禮教規範，至今依然有其影響力，使女性的內在思想和外在行為皆受到控制。

Goldberg 認為，傳統上男女之間的互動關係無法開展，主要受限於「公平」和「支持」兩大因素（楊月蓀譯，民79）。過去傳統上的兩性關係，內在存有一道雖少衝突但卻虛偽的人際互動標準，例如「愛永不

渝」、「白首偕老」、「海誓山盟」等，兩性親密關係雖令人感到羅曼蒂克，但也可能因激情褪卸而惡化成互相爭鬥毀滅。現代男女則因具有「公平抗爭與成功化解衝突」的能力，故可以防阻傳統所累積之潛在隔閡與壓制、壓抑等破壞性力量的失控、爆發。正因如此，現代兩性關係方能自陌生、疏離、抗拒與矛盾中開展，最後逐漸化解、冰釋、突破而共融共存。現代男女經過半世紀以來的努力，終於提升了女性部分的社會地位，也使「兩性平權」成為民主先進國家重要的衡鑑指標。

三、女性地位的發展脈絡與兩性平權現況

如前所述，我國傳統上的兩性互動關係一直予人「男尊女卑」、「夫為妻綱」和「男主外，女主內」的印象，事實亦是如此。回顧中國的兩性關係發展史，可遠溯自有史料記載的周朝。周代以前，我國一直是行母系社會的生活，其特點為：女性是生活的主宰，子女跟母姓，權位世襲女子，凡組織的生產活動、財產的繼承分配、婚姻制度與居住遷徙都以母性為核心（杜芳琴，民77）；換句話說，女性在家族、群聚部落中擁有一定的地位，「民只知有母而不知有父」。而後，東漢班昭作〈女誡〉七篇，宣揚「夫為妻綱」、「三從（在家從父、出嫁從夫、夫死從子）四德（婦德、婦言、婦功、婦容）」，女性地位明顯改變，蔚為一股「男尊女卑」的風潮。唐末五代時，南唐李（煜）後主首倡女子纏足之風，女性競相以纏足之美來取悅男人。明末，又形成「女子無才便是德」、「婦人識字多誨淫」的社會風氣。

及至清朝中葉，因國勢積弱不振、中國門戶洞開，此時「西風東漸」的結果，女權思潮漸次形成，尤以光緒年間為盛，包括反對纏足、興建女塾（一八九七年／光緒二十三年，康有為之弟康廣仁於上海創辦「女學堂」，為中國女子學校之創始）、女子參政、婚姻自由等。一九一九年（民國八年），「五四運動」公開鼓動「婦女解放」、「教育平等」、「思想革命」等風潮。一九三一年（民國二十年），中國國民政府「訓政

時期約法」規定男女平等的條文，成為日後我國制憲（民國三十五年）、行憲（民國三十六年）的基礎。民國五十八年，行政院「中華民國人口政策綱領」中首度出現「婦女研究」（woman's studies）的概念。

民國六十年，開啟台灣地區新女性主義運動。民國七十三年頒布「勞動基準法」，民國七十四年第一次修訂「民法」親屬篇條文，民國八十三年大法官會議宣布民法第一千零八十九條條文（親權之行使與負擔）違憲，並開始三階段修法工作，民國八十六年的「性侵害犯罪防治法」，民國八十七年的「家庭暴力防治法」，民國九十一年的「兩性工作平等法」（如附錄一）等等法令的頒布與實施，皆對婦女權益的保障有重要的規範，同時也對傳統不合時宜的兩性互動關係產生重大的影響。今日的台灣，一方面受到西方文明開放、民主思潮的影響，另一方面又存在著中國傳統社會的倫理道德思維，兩相衝突之下，兩性互動關係不免擺盪在傳統與現代之間，亟待突破與整合。

至於國際上，對女性地位提升與人權保障，以及促進兩性平權關係的努力，也有許多重要的成就，包括一九一〇年在哥本哈根召開第一屆國際婦女代表大會，公訂三月八日為國際婦女節；一九二〇年美國第十九條修正案通過，婦女終於取得選舉權；一九四六年日本和法國、一九四八年韓國、一九七一年瑞士也先後跟進，使該國婦女擁有政治選舉權。一九五二年聯合國大會通過「婦女政治權利公約」，一九七九年通過「消除對婦女一切形式歧視公約」（如附錄二），一九九三年通過「消除對婦女的暴力行為宣言」決議案，一九九八年通過「消除影響婦女和女童健康的傳統作法或習俗」等等。迄今歐美等先進民主國家對女性地位的提升與兩性平權的努力，雖已有豐碩的成果，但亞洲、非洲地區仍有許多的婦女受到不同程度的壓迫（Forney, 2002），值得重視。

一般而言，女性地位能否提升與其所處環境的國情、政經發展程度有密切關係。以先進民主國家英國為例，十九世紀英國的女性仍沒有子女監護權及財產權，直到二十世紀初的女權運動才開始萌芽，不過真正的女權革命則是在第一次世界大戰後，因為當時國內男性的人口數大量減少，加

上女人工作以及能力表現的機會大增，英國的女性才在一九一八年爭取到投票權（須年滿三十歲），一九二八年復將女人的投票年齡降至二十一歲（Magezis, 1996）。反觀另一歐洲國家波蘭，因逢國內外長期戰亂，而且是一共產主義國家，故限制了女性在政治和經濟上獨立的機會，雖近年來也有一些女性團體的成立，但女性權益的改善與爭取仍有待努力（Bysty-dzienski, 2001）。換句話說，一個國家的歷史背景、政治結構與經濟人文等發展情況，皆會影響到該國女權運動和兩性互動關係的發展。

「聯合國開發計畫署」自一九九五年起定期調查、編製與公布各國「性別權力測度指數」，以了解世界各國兩性平權發展狀況。我國行政院主計處（民91）為了解並比較台灣與其他國家有關女性政經發展的情形，特根據聯合國開發計畫署資料，針對全球六十七個國家進行「女性政經參與之國際比較（2000年份）」並加以公布，表1-1詳列九個主要國家的指數及其排名。所謂「性別權力測度」（Gender Empowerment Measure, GEM），係聯合國開發計畫署用以檢視世界各國女性政經參與程度及其決策影響能力的一項評量方法，內含四項指標：國會議員女性比例、管理及經理人女性比例、專技人員女性比例、女性平均每人國內生產毛額（GDP）占男性比例；除此之外，再輔以各國之性別發展指數（GDI）與人類發展指數（HDI）等指標。

該項調查結果顯示：台灣的性別權力測度排名居全球第二十名，亦為亞洲之冠。在亞洲國家中，台灣地區男女兩性平權的發展情況最佳，新加坡排名第二十四，日本排名第三十三，南韓排名第六十二；中國大陸因資料不全，未列入評比。儘管台灣兩性平權發展與女性政經參與情形在亞洲國家中名列前茅，但相較於全球其他先進民主國家則仍有一段差距。目前全世界前五個最重視女性權益的國家依序為挪威、冰島、瑞典、丹麥、芬蘭，皆為北歐國家，至於美國則排名第十一、英國排名第十六。若將台灣與挪威各項指標及其性別權力測度加以比較，當可發現，國內兩性平權工作未來尚有很大的努力空間，例如（括號內代表該項之世界排名）在國會議員女性比例方面，台灣為22.2%（27），挪威為36.4%（4），值得國內

表 1-1　2000 年女性政經參與之國際比較

	性別權力測度（GEM）		國會議員女性比例		管理及經理人女性比例		專技人員女性比率		女性平均每人GDP占男性比例		性別發展指數（GDI）		人類發展指數（HDI）	
	值	排名	%	排名	%	排名	%	排名	%	排名	值	排名	值	排名
挪威	0.837	1	36.4	4	25	47	49	41	64	13	0.941	3	0.942	1
冰島	0.833	2	34.9	5	27	37	53	24	61	20	0.934	7	0.936	7
瑞典	0.824	3	42.7	1	29	31	49	39	68	5	0.940	4	0.941	2
美國	0.757	11	13.8	62	45	1	54	18	62	15	0.937	6	0.939	6
英國	0.684	16	17.1	47	33	21	45	50	61	21	0.932	10	0.928	13
中華民國	0.646	20	22.2	27	15	61	43	55	55	29	0.888	23	0.891	23
新加坡	0.592	24	11.8	75	23	53	42	56	50	37	0.880	25	0.885	26
日本	0.527	33	10.0	91	9	65	45	53	44	50	0.927	11	0.933	9
南韓	0.378	62	5.9	133	5	68	34	68	45	46	0.875	30	0.882	28

（資料來源：行政院主計處，民 91）

政府單位、兩性平權工作者及社會大眾的省思、參考。

第二節　科學的「兩性關係與教育」

「科學」（science），有人視之為發明、發現，有人認為是一組知識、哲理，有人以為是一連串嚴謹的方法、設計，但「科學發明」、「科學知識」和「科學方法」並不能完全代表或等同於「科學」。早在西元前六、七世紀時，希臘哲學家即認為個人以一種超然態度，穿透變幻不定的表象世界，獲得永恆不變理性世界的知識之過程及其所獲得的結果便是「科學」（science）。換句話說，科學不僅是一種方法、一種精神態度、一種嚴謹的研究歷程，同時也是一種知識的建構、理念的驗證、實務的運用。任何採取科學方法、具備科學態度，並經由嚴謹的研究歷程所建構而成的知識、理念與實務，皆是一門科學的專業。

至於「教育」（education）乃是引導個體向善發展的過程，它是一種經由潛能的轉化而使人性改變和重塑的過程（吳明清，民 91）。廣義的教育是指一切生活經驗的傳習活動，狹義的教育則專指有計畫、有設施、有專業人力資源的學校活動。周甘逢等人（民 90）認為，教育乃是運用系統規劃的邏輯型態，以協助個體了解自己及持續適應其客體世界，進而建構完美人生的歷程。從個體觀點而言，教育的目的在於：⑴激發個體潛能，導引自我實現；⑵明確剖析自我，有效因應環境；以及⑶學習專業知能，擴展生活空間。基本上，教育就是一種導引個體向上、向善的歷程，教育是一種生活，生活中也處處可見「教育」。

一、「兩性關係與教育」的內涵

Kuhn（1969）在其所寫的《科學結構的革命》（*The Structure of Scientific Revolutions*）書中提及，科學知識的成長並非只是新發現、新發明的累積，而是一連串科學革命的改變躍進，它是一種質變重於量變的改變過程。Kuhn 認為科學革命就是「典範」轉移，所謂「典範」（paradigm）係指一個公認的模型或類型，它是一組為特定科學社群（scientific community）成員所共享的技術之整體概念；而科學知識就是將原來的典範經由科學革命的歷程轉進而成的一種新典範。Kuhn 的理念思維及其著作，迄今對美國乃至全世界人文及社會科學領域的影響仍然相當深遠。黃光國（民 90）認為科學不僅包含知識的結果，也涵蓋了知識的生產與檢驗等過程；常態性科學正是在於闡明典範所提供的理論與現象，以擴展對於某些事實的知識。一言以蔽之，常態科學就是要精練典範，增進典範在預測與事實兩者之間的吻合程度。

由此觀之，科學所建構而成的知識具有功能性、精確性、融合性、明確性、廣泛性和成效性等特徵，科學的功能並不僅限於在將新舊之間的典範做一比較，更是在傳承、交流這一連串的新舊典範，透過科學革命來改變不同世代人類的世界觀，將人類觀察世界的觀念網路（conceptual network）加以更新。「兩性關係與教育」之所以是一門科學，正是基於它是一種典範，一種新舊典範之間的交流，一種觀察傳統到現代、過去到未來的觀念網路；其所建構的知識正足以彰顯理念預測與存在事實之契合度。「兩性關係與教育」不僅是一門科學，也是一門學科（discipline），一門教導兩性身心發展與人際互動關係的學科，它是所有關心性／性別／兩性／教育等議題社群成員的共同文化財產，值得投入研究、發展。

㈠「兩性關係與教育」的專業範疇

兩性關係是指男女在現實生活中，經由彼此的互動和溝通，所產生的一種人際價值觀和行為模式。兩性關係是人類所有人際互動關係中最令人關注、著迷的一環，兩性之間的互動、接觸與相處，除了是人類行為發展歷程裡的重要任務之外，在現實生活中也一直是世間男女關注的焦點及學習的課題。因此，任何公眾人物的緋聞事件、市井小民的愛恨情仇，往往成為傳播媒體中，政治或社會版面的熱門新聞，例如璩××光碟事件、小鄭的老少配事件、女明星與男立委的婚外情、總統千金的戀愛婚禮等，其中的情節變化有如電視連續劇般高潮迭起，在在成為人們街頭巷議、茶餘飯後的話題。

「兩性關係與教育」即「兩性教育」，係一門研究兩性身心發展、互動關係及其性別角色的科學。其專業範圍係以兩性關係與兩性教育二者為核心，以兩性身心發展、兩性互動關係、兩性平等教育三者為構面，運用科學方法所發展而成的一門專業科學。「兩性關係與教育」旨在培養學習者「兩性的自我了解」、「兩性的人我關係」、「兩性的自我突破」等三種基本的核心能力（莊明貞，民88）。其專業內容與焦點包括兩性生理發展、兩性心理發展、兩性生涯發展、兩性人際溝通、兩性友情關係、兩性愛情關係、婚姻與婚姻諮商、性行為與性教育、同性戀、性騷擾和兩性平等教育等議題。由此觀之，「兩性關係與教育」的範疇涵蓋「性教育」、「性別教育」和「兩性平等教育」等學科。

「兩性關係與教育」的範疇雖涵蓋「性教育」、「性別教育」，但不

等同於性教育與性別教育，因各專業學科的目標不盡相同，教育內容也各有不同的重點、方向。「兩性關係與教育」關切的是從性及性別的發展歷程，以及兩性之間互動時所涉及的各種與性別有關的親密關係，並且反映了環境因素及社會文化價值觀等議題（劉秀娟，民87）；而性教育乃是教導受教者學習性別角色、為自己性行為負責的專業教育。由於性教育最早起源於家庭，所以它和家庭生活教育之關係相當密切（晏涵文，民81；晏涵文、蘇鈺婷、李佳容，民90）。「兩性關係與教育」的相關學科甚多，彼此之間的異同處也不少，容易令人混淆，必須加以釐清。

㈡「兩性關係與教育」及其相關學科

「性教育」、「性別教育」、「兩性教育」、「兩性平等教育」等學科，皆與「兩性關係與教育」有關，如今也已成為當代探討男女性屬與兩性人際互動的顯學，這些名詞或專業如今頻頻出現在各種傳播媒體中或其他生活環境裡，其間的相互關係與各自的意義、內容，實有必要加以探討。「性教育」（sexual education）乃是教導個體認識性並對自己的性行為負責的學科。「性別教育」（gender education）係指探討性別角色之建構、解構及其相關因素的專業。至於「兩性教育」（male-female education）或「兩性關係與教育」（male-female relationships and education），則是一門教導兩性身心發展及其互動關係的學問，兼重理念與實務，它不僅重視教導與性／性別／兩性有關的理念，更重視生活中的應用，既可視為是一門通識教育，也是一門教育專業。「兩性平等教育」（一稱「兩性平權教育」，gender and education equality）則係促進兩性性別認同、平等互動與均衡發展的一門教育。

雖然「性教育」、「性別教育」、「兩性教育」、「兩性平等教育」與「兩性關係與教育」等學科，皆是以兩性身心發展為基礎，以促進兩性和諧、兩性平權互動為目標，彼此之間關係密切。如前所述，儘管各學科核心範圍的重疊之處甚多，但也有各自不同的議題焦點與研究內涵。性教育主要界定在探討由生理性別衍生，而及於婚姻、家庭與生育等兩性互動

的相關議題；性別教育則著重在分析性別角色之社會建構的歷程與發展；至於「兩性平等教育」旨在透過教育歷程，提倡兩性平等，尊重多元價值（張玨，民88），它是以性／性別／兩性等專業內涵為核心，透過教育的歷程與方法達成兩性之平權發展、人際和諧、身心健康與生活適應的目標。四項專業的關係詳如圖 1-1。「性教育」焦點在於性與性別，「性別教育」焦點在於兩性性別與身心發展，「兩性平等教育」焦點在於兩性互動關係；「兩性關係與教育」則以此三者為基礎，以「兩性」平權為目標，所建構而成的一門科學。

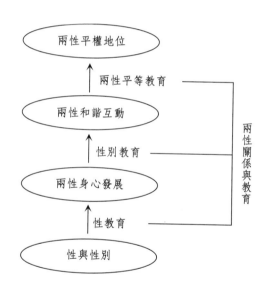

圖 1-1　「兩性關係與教育」及其相關學科關係圖

　　性教育的議題內容包括：人類發展、人際與兩性、性行為、性健康、個人生活技巧、社會與文化等概念議題（陳若雲，民87）。性別教育則涵蓋：性別史觀、性別認同、性別的社會建構、性別偏見與歧視等。兩性關係與教育的探討焦點則包含：兩性的生理結構（生殖解剖、生理疾病、身體意像等）、兩性的心理層面（認知發展、語言發展、心理特質、性取向和性心理反應等）、兩性生涯發展（自我概念、工作價值觀、職場生態環

境、生涯發展阻力與助力等），以及兩性人際互動（友情關係、愛情關係、婚姻關係、性關係與性侵犯等）。至於兩性平等教育也則融入性教育、性別教育，特別是強調性別權力的互動關係，嚴祥鸞（民 89）認為，兩性平等教育若避而不談父權社會下性別宰制的權力關係，則兩性平等教育充其量只是一種性教育而已。

二、「兩性關係與教育」的研究法

「兩性關係與教育」學科屬於社會科學的範疇之一。長期以來，社會科學領域的研究方法一直存有「量化研究」（quantitative research method）和「質性研究」（qualitative research method）孰優孰劣之爭。早年，社會科學因受實證主義（positivism）的影響，具備嚴謹、客觀、有效、具體、可驗證、可測量等優點的量化研究，一直居於主導地位。自一九六〇年代以後，因受到 Kuhn 學說及現象學、社會建構主義等思潮的衝擊，加上學術界對大量實證主義、量化研究結果的失望，質性研究遂隨之而起。質性研究因係透過研究者的眼睛看世界，重視研究場域的描述，而且強調整體主義（holism）和脈絡主義（contextualism）；其研究過程更關聯到生活脈動，相當有彈性（劉仲冬，民 85）。是故，半世紀以來，當量化研究的質疑聲浪四起時，質性研究遂成為社會科學領域的重要研究方法。

其實，質性研究與量化研究二者可相輔相成，研究方法具有互補性，而非處於全無或全有的價值地位，故宜將之結合、統整運用（王文科，民 89；Slavin, 1992）。當質性研究方法無法獲得更多資料、無法解答複雜的問題、無法確認研究變項或無法完成研究時，可採取量化研究。反之，當量化研究無法形成問題意識、無法了解情境脈絡、無法解釋研究現象時，也可採用質性研究的方法。換言之，質性研究或量化研究皆有其各自的優點、特色，研究者可根據個人的科學哲學信念、研究動機與目的、待答問題的性質、研究設計與能力、研究信度與效度等考量，來選擇適合之研究方法。

　　有關質性與量化二者研究法之比較，學者專家的論述觀點甚多（吳芝儀等譯，民 84；簡春安，民 81；胡幼慧，民 85；Bryman, 1988; Polgar & Thomas, 1981），均有助於研究者、學習者的參考。近年來，社會科學領域及其研究者愈來愈重視「多元方法、多元設計、多元測量、多元工具」的統合運用，例如三角測定（triangulation）便是一種結合量化與質性的研究方法。除了研究方法本身的考量之外，研究者個人的限制與條件也必須加以注意。陳秉華、蔡秀玲（民 88）即認為，研究人員在選取多元取向的研究方法時，必須對專業上的自我有更多的了解和反省。

　　目前「兩性關係與教育」範疇的研究結果，有取自質性研究的描述、詮釋和演繹之內容，也有來自於量化研究的實驗、調查和測量等資料；此一學科的研究學者涵蓋了心理、諮商、法律、性別、教育、社會工作和人類行為等社會科學領域，而其研究主題則與性、性別、兩性關係、兩性教育等範圍有關。基本上，「兩性關係與教育」的研究雖因不同的時代背景、情境脈絡，而有研究典範轉移的問題，但其研究結論與成果確實有助於現代人獲取從傳統到現代之性／性別／兩性等資訊，並發揮經驗傳承與知識應用的功能，故有其重要的貢獻和價值，值得投入更多的研究心力與資源。

(一)質性研究

　　質性研究相當重視研究資料的蒐集與分析。在資料蒐集方面，可採取民族誌（ethnography）、參與觀察（participant observation）、焦點團體（focus group）、行動研究（action research）或口述歷史（oral history）等研究方法。質性研究通常係以觀察、記錄和訪談等三種方式來取得資料。當然資料的蒐集只是質性研究的過程，其終極目的旨在將所蒐集到的大量語言資料，加以分析、詮釋以及呈現其發現的結果，故資料分析是質性研究的重點，也在在考驗研究者的專業理念與研究能力。在資料分析方面，可採用敘說分析（narrative analysis）、內容分析（content analysis）、個案研究（case studies）和歸納分析（inductive analysis）等方法來進行。

　　胡幼慧（民85）認為，「敘說分析」發展的重點在於，研究者將「生活故事和對話」的表達本身視為「研究問題」而予以剖析。換言之，研究者不僅是將所聽到、蒐集到的故事、說辭、對話視為「社會真相」（social reality），而且也當作是經驗的重現（representation）。語言已不只是「透明」的傳達或反應媒介（或工具）而已，而是一種「行動表達」。研究者欲進行敘說分析時，宜注意下列事項：(1)敘說結構要完整；(2)意義及情境之結構要清楚；(3)敘說要有真實性；(4)分析時要分類、登錄、編碼，選出關鍵說辭，並將之意義化；(5)考量分析的效度與限制。

　　此外，質性研究法的內容分析則是對資料內部的主要組型進行確認、編號和分類的歷程，它是一種對訪談和觀察的內容加以分析的方法（吳芝儀等譯，民84），包括個案分析和歸納分析。個案分析則是依據特殊個案來組織資料，旨在獲取每個研究個案的綜合性、系統性和深度性的資訊。歸納分析則是研究者把握自然的變化原則來分析資料的組型、主題和範疇，研究者不預先設定任何分析架構。最後，在撰寫質性研究報告時，更須注意研究格式—脈絡分析和掌握問題點，研究者的研究能力與經驗是相當重要的。

(二)量化研究

　　人類的行為複雜多變，為期有效了解、預測與掌握，不能局限於某一學科或技術的研究，因此，有許多的科學方法被用來探討兩性的心理、行為與互動關係，除了前述的質性研究法之外，量化研究更是社會科學與自然科學經常使用的研究方法。量化研究經常透過實驗法（experimental method）、評定法（rating method）、調查法（survey method）、問卷法（questionnaire method）和測驗法（test method）等方式，來蒐集研究資料，進行精確的統計分析。其中又以實驗法、調查法、測驗法為主要的研究方法。

1.實驗法

實驗法是一種嚴謹的科學研究法，其所蒐集到的研究資料也較為精

確，有客觀依據。實驗法乃是研究者在一定的控制情境下，有系統地探索自變項（X），觀察和測量其對依變項（Y）所產生的影響結果。換句話說，實驗法不只是在了解「是什麼」的問題，也在於探討「為什麼」的因果（X→Y）關係問題。研究者根據其實驗設計、研究計畫，而來控制或操縱自變項〔independent variable，又稱為實驗變項（experimental variable〕，以觀察、記錄與分析因自變項而產生依變項（dependent variable）的改變情形。例如，學生宿舍中男女合舍與男女分舍之學生心理成長的比較，該研究的自變項為不同的住宿方式（X），依變項為對學生心理成長（Y）的影響。

實驗法依實施場地性質的不同，可分為「實驗室實驗（laboratory experiment）」與「實地實驗（field experiment）」兩種。前者應用於特定的情境或實驗室中；後者則在實際的生活場域中進行實驗，亦即在實驗室以外的情境中實施研究，例如直接在學校、家庭中探討兩性平權行為。由於實地實驗干擾變數較多，大多必須進行長期研究，而且要有周詳的計畫，以維持實驗變項不變的條件，故實施上有其困難。至於實驗室實驗雖較少干擾，為人所常用，但其研究結果的推論與應用則限制較多。

實驗法雖然在科學研究上是一種應用最廣、成效最大且研究結果最精確的方法，唯因其涉及較為複雜的統計學與研究法等知識，除了少數的專業研究人員之外，一般人員較少採用此法來研究「兩性關係與教育」方面的議題。換句話說，實驗法在學術領域的研究較多，尤其是在自然科學的領域，但在兩性關係等人文社會科學方面的研究及其應用，則相當有限。

2.調查法

調查法乃是針對特定的研究主題，蒐集母群體中具有代表性樣本的意見反應。其中「代表性的樣本」來自於隨機取樣（random sampling）或分層隨機取樣（stratified random sampling），以確認樣本的意見反應足以反映母群體的感覺想法。調查法常見有問卷法與訪談法（interview method）二種，前者係將研究主題之調查內容編製成一種嚴謹的、可供量化分析的問卷表，並將之郵寄或面交予代表性樣本填寫反應；後者則是調查人員將

預定調查的內容，在面對面的情境下詢問代表性樣本，以蒐集代表性樣本的意見資料。

　　調查法通常研究的是被調查者的資料事實（informational facts）與心理事實（psychological facts）之間的關係。前者包括受調查者的性別、年齡、血型、居住地區、出生序別、宗教信仰、教育程度、社經地位、職業職務等屬於個人的背景資料；後者包括受調查者對本項調查主題的感覺、想法、態度、信念、期待、建議、行動等心理反應。例如，城鄉地區兒童性別角色認同之調查研究，透過問卷調查來探討不同居住地區、家庭背景的兒童，其性別認同發展的差異情形。

　　調查法在「兩性關係與教育」領域的應用相當普遍，一方面是因調查法可以大規模進行資料的蒐集，較少受時間、地域的限制；另一方面則在於此法的統計分析較為簡便，易於操作、了解。唯因調查時所用的問卷編製不易，其信度、效度難以確立，加上取樣的「代表性」問題，以至於調查法所獲得的結果資料，較不似實驗法或測驗法精確，因此調查研究在結果的推論與運用上更宜慎重。

3. 測驗法

　　測驗法是指運用標準化、科學化的心理測驗來探討兩性的心理特質與行為反應，據以做為兩性身心發展、職業抉擇、兩性溝通與人際互動的參考，或做為男女雙方自我了解與生涯規劃的工具。常見的心理測驗類型包括人格測驗、智力測驗、性向測驗、興趣測驗及成就測驗等。科學的「兩性關係與教育」乃是針對男女身心行為從事量化的精密性研究，因此心理測驗就是一種能將男女行為量化的主要工具，有時可研究兩性在某一方面的個別差異情形（例如兩性的人格差異），有時則在於探討兩種或多種行為之間的關係（例如男女雙方的個性、智力與其人際溝通模式之相關性）。

　　一般而言，無論是採取參與觀察、焦點團體、行動研究等方式的質性研究，或是使用實驗、調查、測驗等量化方式的研究，皆各有其特點與限

制，因此，在使用上都必須配合研究的主題、目的、特質、計畫及研究人員的條件，甚至考量經費預算與研究對象。此外，人類的心理特質與行為反應個別差異性甚大，而且複雜多變，為期達成研究目的，適當地採取多種不同的技術與方法來進行性／性別／兩性等方面的研究，實有其必要。例如，欲從事「青少年性別角色發展及其相關因素之比較研究」，一方面可先採用測驗法或調查法，來評量青少年的性別認同及其角色態度；再以訪談法，來探討青少年性別認同的心路歷程。唯有不斷精進研究發展，方能掌握新時代男女關係的多元脈動，促進「兩性關係與教育」的專業發展及其應用。

三、「兩性關係與教育」的未來展望

今日，由於人類生活的分工益精、親屬關係淡化，加上人際互動、社會交流在在以法令合約為規範，使得現代人的兩性關係益趨制式、平等有保障；事實上，無論是在家庭分工或職場工作上的表現，男女兩性皆各有其同等貢獻。無論是傳統規範男女關係的「不可以怎麼樣」或現代兩性互動關係的「可以怎麼樣」，都只是反映出一種缺乏自我原則、流於墨守成規的傳統個性。其實，「可不可以」應該由自己來負責設定，只有心理成熟開放的人，才能在感情、道德和人性中找到平衡的支點（王幼玲，民76；楊中芳，民77；Doucet, 1995）；而非只是一種依附、盲從的人際型態。

未來為因應多元文化社會及後現代主義思潮的衝擊，現代男女宜多充實自我、肯定自我，並提升自我的「三力」：行動力、成長力和自主力。首先在行動力方面，兩性宜重新思考不利於女性自我發展的傳統思維，例如「夫唱婦隨」、「女人運動神經不發達」、「男／女互動角色是保護者／被保護者的關係」。現代女性更必須確認「看男人臉色、靠丈夫吃飯」乃是「附庸」的角色，將會失去自我，故必須提升女性做事的能力，以實力、努力和獨立等行動力來證明自己的性別角色。

其次，在「成長力」方面，兩性平時宜多提升個人時間管理、情緒管理、人際管理和心靈管理的能力，現代女性宜勇於追求個人成長，確認個人成長與家庭成長並不相衝突。女性面對許多不公平的競爭，更需要運用智慧、方法與人力資源來據理力爭，以「頭腦」來凌駕男性的「拳頭」，以「方法」來面對男性的「招術」，以「人力」來取代男性的「人脈」，強化自我的性別認同，打破傳統束縛下所加諸於女性的框架限制，以追求女性的心理成長，開拓現代女人更寬廣的心靈空間。

至於「自主力」方面，現代男女要能更自在、自由和自主地掌握自己，以實現個人的生涯規劃，重新思索「女性無數字概念」、「女性屬於家庭」、「女性只能做小事、瑣事和家事」等非理性的傳統價值觀，以期做一位經濟自主、生涯自主、生活自主、時間自主和價值思維自主的現代人。至於現代男性不必再依恃傳統的優勢而能自我發展，女性也不必以傳統的價值思維來界定自我的角色，男女雙方必須持續不斷學習新知、激發行動力為良性的競爭力。

當傳統的兩性價值體系解體，而新的互動架構尚未完全確立前，現代人仍無可避免的要面臨許多待解決的困擾與須省思的課題，諸如外遇、離婚、性騷擾、未婚懷孕、婚姻暴力、單親家庭、女性權益、男性地位、性行為氾濫……等，任何企圖引用過去舊有的倫理觀與兩性互動哲學來解決上述問題的人，不免喟嘆傳統力量之薄弱。而今之計，唯有從新的知識領域：心理學、社會學、人類學與教育學等層面，來重新探討兩性關係，以認識自己、了解異性，方能建構出新的生活藍圖。科學的「兩性關係與教育」正是一門建構現代兩性互動關係的學科，也是教導新時代男女肯定自我、尊重異性、互惠平權的一項專業，值得重視、推廣。

兩性之間

有一年春節，我和幾位好朋友同遊南部橫貫公路，因連續假期也是旅遊旺季，沿路人潮不斷，同車的一位伙伴幾乎是從一出發便開始不斷抱怨，特別是在塞車動彈不得時：

「早知道這樣寸步難行，不如窩在家裡睡大頭覺。」

「我真後悔答應坐你們的車，亂塞的。」

「為什麼別的地方不去，要來這裡玩。」

....

最後，弄得整車的人也跟著心情不佳，氣氛沉悶。他的太太也因受不了而嘲諷地對他說：「你是不是也後悔認識我，娶了我？」

生活中，我們都曾經擁有如此的經驗，有些人在做了一些反應後，卻因後來的情勢發展不符合自己的想法、計畫，以至於不停地對自己說：「當初我為什麼沒……，如果……就好了。」

其實，人經常在懊悔的同時，傷害了別人，也嚴重地傷害了自己。因為生命是屬於自己的，在過去漫長的歲月中，自己曾經做了些什麼，今天就必須無條件地接受、面對。慣於後悔的人，就等於是在否定自己過去的存在、自己過去的行為。事實上，有時懊悔只是顯現我們對過去的「無助」、對現在的「無奈」及對未來的「無力」。

凡事只要事前用心地思考計畫，那麼就勇敢地去實踐它，面對它的結果，沒有什麼好後悔的。當你做了很多的思考，蒐集了很多資訊，下了判斷也做了抉擇之後，就必須面對自己的選擇決定。事前既已盡了人事，事後不妨就聽聽天命吧！

一個成熟、成功的人，絕不是一個容易懊惱、悔恨的人。男女情事，不也是如此？

學習活動

❖ 活動名稱：傳統心、現代情

活動目的：探討傳統到現代兩性關係的變遷與發展

活動時間：約需 40 分鐘

活動性質：適用於團體輔導與課程學習

活動方式：

1. 四人一組，每組準備B4紙一張，紙上畫下十字座標，橫軸右左兩端分別代表傳統與現代，縱軸上下兩端分別代表正向與負向的兩性關係。

2. 每組在紙上四個象限分別以一些形容語句來描述傳統或現代正向、負向的兩性關係（如下圖範例）。時間 20 分鐘。

3. 以兩組為一隊，每組各推派一人至同隊中之另一組交換報告。時間 8 分鐘。

4. 專家學者或教師、領導者指導。

5. 本活動也可採事先對外訪談方式蒐集資料，再以同 3. 方式進行交流。

（現代正向的兩性關係） 合則聚、不合者散……	（傳統正向的兩性關係） 男有分、女有歸……
（現代負向的兩性關係） 只要我喜歡，有什麼不可以……	（傳統負向的兩性關係） 男人可以出妻、女子不得改嫁……

第二章

兩性生理發展

「何謂男人？何謂女人？」男人和女人最大的差異取決於雙方生理結構的不同，包括兩性各有所屬的基因、染色體、性荷爾蒙、生殖系統和生理機能等。從古至今或自小到大，人類區分男女兩性的分界點大都是以其生殖器為基準，並輔以其儀表外貌、穿著打扮來做為區辨男女的標準，此類性別二分法（gender dichotomy）或性別兩極論（gender polarization）已成為建構兩性互動的主要基礎，並以此延伸為結合人類心理、文化、情慾和社會關係等層面的性別價值信念。本章旨在探討兩性的生理結構和性別形象，前者涵蓋男性與女性的生殖器官、第一性徵與第二性徵、生理與心理的交互影響等內容；後者則從人際知覺和印象整飾的角度來探討男女兩性的形象塑造，包括內在美的提升與外在美的塑造。

第一節　兩性性徵與生理結構

在大自然的世界中，包括人類在內的各種生物的進化起源，無一不是處在永無休止之變與不變的歷程中。「變」反映了一種變化、成長、變動與蛻變的狀態，「不變」代表著一種常態、脈絡、模式和穩定的架構。「生理、病理」和「心理、倫理」之間似乎存有一定的交互作用，人類複雜的「身」、「心」發展因而成為一門值得研究的科學，例如發展心理學、青少年心理學等。當個體發展呈現「超乎常態、穩定的變」時，則被視為是變異、偏差或病態，而人類各種不同程度的身心發展病變，便成為另一項專業，例如變態心理學。

性（sex）是生物學領域的語彙，性別（gender）則是心理學領域與社會文化層面的概念，性別是每個人對於自己或他人所具有的、顯露的男性化與女性化特質的一種主觀感受。性別包含了性／男性（male）與女性（female）等「兩性」概念（劉秀娟，民 87）。一個人性別概念的發展大約經歷三個層次（林惠雅，民 87）：(1)性別認定（gender identity）：兒童知道自己的性別為何；(2)性別穩定（gender stability）：兒童了解自己長大

後仍將維持同一性別；(3)性別恆定（gender constancy）：個體了解自己的性別不會因外表、穿著或從事其他活動而改變，例如男生穿裙子仍是男生，女生理光頭還是女生。

兩性的生理發展乃是發展心理學中相當重要的一個單元，也是人類成長歷程中各個不同發展階段（例如幼兒期、兒童期、青春期、成年期、中年期以迄老年期等）與不同發展層面（心理發展、生涯發展、人際發展與認知發展等）的基礎。當男性的精子進入女性的體內，與母體內的卵子結合為受精卵之受精作用一經發生時，此一新生命的性別就此決定。假使受精卵的兩個染色體同為 XX 時，即為「女」；若其染色體為 XY 時，則為「男」。至於男女兩性生理構造的最大差異，即在於雙方生殖器官（第一性徵）的不同，以及伴隨第一性徵所間接發展而來的第二性徵（例如兩性身體外貌的變化）。

一、男性性徵與生殖器官

男性的生殖器官包括陰囊、睪丸、副睪、輸精管、精囊、射精管、前列腺（又稱攝護腺）、尿道球腺、陰莖與尿道、龜頭與包皮等（參閱圖2-1）。陰囊掛在男性體外，其功能旨在容納及保護睪丸。睪丸有二，二者未必具有同等的大小、高低，其功能旨在製造成熟的精子與男性荷爾蒙。副睪乃是附著在睪丸上方的一團約六公尺長的彎曲小管，其功能可貯藏精子並分泌液體（精液的一部分）。輸精管顧名思義是輸送精子的管道，由副睪接出，左右各一，約四十五公分長，可結紮以避孕、控制生育。精囊係提供養分給予精蟲的場所，左右各一。射精管（一條直而短的小管）則是輸精管與精囊會合的一條通道，並經過前列腺而連接尿道。前列腺會分泌前列腺液，前列腺液相當重要，它是精液的主要成分，此一鹼性液體和女性陰道內的酸性分泌物，共同協助精子順利與卵子結合受孕。

男性的精液是乳白色、帶有特殊味道的黏性液體。通常 1c.c.的精液中有五千萬至一億個精子存在。一次射精約有 2～5c.c.的精液。精子的生存

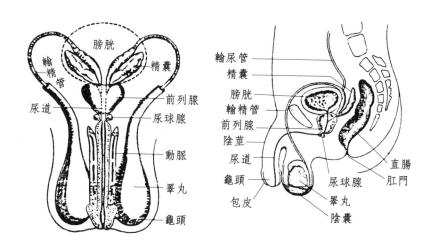

圖 2-1　男性生殖系統正面與側面解剖圖

（資料來源：國中性教育教材，民 81）

能力，進入母體子宮內可活三天，有時也可活四天。所謂受精作用或受孕，係指精子與卵子結合、孕育新生命的過程。卵細胞來自於女性體內（留待後述），當其成熟並排出時即為「排卵」。卵子的受精能力在排卵後二十四小時內有效。藉性交射入腟內的精子便開始運動，通過子宮頸，經子宮腔，前進入輸卵管。逆流而上來到輸卵管膨大部分的精子，與排卵時跳入輸卵管內的卵子相遇，之後進入卵子之中，受精作用即告完成。受孕、懷孕乃男女之間重要的人生大事，而避孕與婚前性行為亦為現代兩性關係值得重視的議題，請參閱本書第九章「性行為與性教育」內容。

　　至於男性的尿球腺有兩個，其分泌物為鹼性，分泌物的作用旨在協助精子通過尿道時，避免受酸性尿液的破壞。男性的陰莖係由三個圓柱狀的海綿體組成，可因性興奮而充血勃起。一般而言，男性陰莖勃起的長度約為七至十四公分；尿道則是包圍在海綿體內的管道，具有排尿的功能，因其連接射精管，故男性射精時，精子也從此處射出體外。陰莖末端較為膨大處為龜頭（學名「陰莖頭」），其上所覆蓋之皮膚謂為包皮。包皮若太

長，影響陰莖勃起、性行為或尿道排尿時，必須進行包皮割除手術，平時宜注意包皮垢的清洗與個人衛生習慣的養成。至於陰莖的大小，則與個人的身材、性能力、性生活沒有直接關係，一般人誤以為大鼻子、高個子或體毛多的人，陰莖可能較大；或是陰莖愈大的人，性能力愈強，性生活的滿意度也愈高。上述錯誤的觀念或疑惑，經常出現在國內外醫療院所的性問題門診、青少年問題門診或其他諮商治療機構的求助困擾中。

　　男性生殖器官的發育，亦即第一性徵的成長，約至二十歲時達到成熟（胡海國，民78），包括可以產生精子（生殖細胞）及分泌數種荷爾蒙，來控制生殖所必需的身心適應。伴隨男性第一性徵的發育，第二性徵也開始發展。所謂「第二性徵」（secondary sex characteristics）是指個體發展接近成熟時，除生殖器官成熟以外，尚有其他與男女性別發展有關的一些身體上的變化（蘇建文等，民87）。青春期之後，男女之間在身體內外在特徵的差異愈益明顯。男性的體毛（包括陰毛、腋毛等）開始增加，皮膚變得粗厚，有喉結，音調低沉有磁性，乳房周圍的小結節出現，陰莖有時不由自主地勃起等，凡此皆顯現出男性化的表徵，同時對性與異性更加好奇、注意。

二、女性性徵與生殖系統

　　女性的生殖系統約區分為內生殖器和外生殖器兩部分，前者包含卵巢、輸卵管和子宮；後者包括陰道、陰阜、大陰唇、陰蒂、前庭、前庭腺、處女膜和會陰等（參閱圖2-2）。卵巢左右各一，位於子宮的兩側，為女性的性腺所在，其主要的功能在於製造成熟的卵子和分泌女性荷爾蒙（包括動情素與黃體素；前者與性行為、第二性徵發育等有關，後者與女性懷孕行為有關），女性卵巢類似男性睪丸的生理功能。輸卵管也是左右各一，由子宮左右兩側向上，其功能旨在輸送受精卵回子宮腔內著床。子宮乃是孕育胎兒的「溫床」，包括子宮底、子宮體和子宮頸等部分。值得一提的是，女性平時宜注意個人的生理衛生，以免輸卵管受到細菌感染，

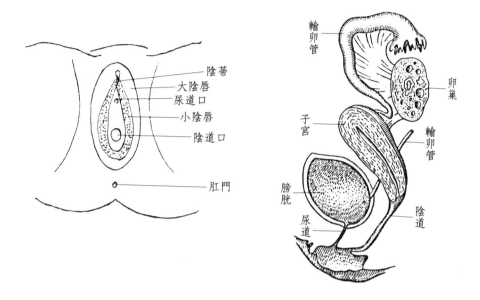

陰蒂
大陰唇
尿道口
小陰唇
陰道口

肛門

輪卵管
卵巢
子宮
輪卵管
膀胱
陰道
尿道

圖 2-2　女性生殖系統正面與側面解剖圖

（資料來源：國中性教育教材，民 81）

減少受孕的機會。

　　至於女性的外生殖器，由上往下、由前往後來談，最前面凸起的部位
（亦即恥骨上方）是陰阜，因脂肪沉澱較多故有彈性，其上覆蓋之陰毛約
呈倒三角型。陰阜後為陰蒂，類似男性的陰莖組織，性興奮時也會勃起
（不似男性陰莖明顯）。陰蒂後為尿道口和陰道口，其外有左右二片小陰
唇包圍住（亦即陰道前庭，其前庭腺分泌之黏液有助於潤滑陰道口，以利
性交）。小陰唇外又有左右二片大陰唇包圍住，以保護女性的生殖器官。
從陰道口到肛門口即為女性的「會陰」部位。

　　女性的陰道口有一層薄膜（即處女膜），其厚薄因人而異。處女膜的
形狀約有篩狀（中有數個開口）、環狀（中有一個開口）和分隔狀（中有

二半月狀開口分立），女性子宮內膜剝落所形成的「月經」，可由此開口
（陰道口）流出體外。處女膜因係一層脆弱的薄膜，故容易破裂，導致其
破裂的原因甚多，例如激烈運動、意外傷害等，至於受損的處女膜可藉由
醫學技術來加以處理。因此，傳統上將完整的處女膜視為是女性的貞操，
實已不合時宜也不具意義，值得那些少數仍存有「處女情結」之現代男女
省思。

　　女性的第二性徵最早發育的部位是在臀部。在青春期時，由於女性骨
盤的發育及皮下脂肪的增加，所以臀部會變得較渾圓寬大。同時乳房變
大，乳頭及其周圍的乳暈較為明顯突出。陰毛濃密，色澤變深，由外陰唇
向上發展、增多。體毛也略為增加、較為柔軟。聲音較男性渾厚優美。伴
隨第二性徵的出現，女性會更加重視自己的美姿、美儀。因有月經來臨，
大多數的女性必須更加注意個人的生理衛生。對於女性各方面的生理現
象，男性也必須多給予尊重、體諒與關懷。

三、性別決定個體所有的行為發展？

　　人類的身心發展具有其整體性與常態性，任何身體結構與生理機能的
改變，均會影響個體認知、態度、情緒等心理與行為的反應。舉例而言，
男性第一次夢遺或女性的第一次月經，都可能使當事人情緒受到影響。女
性月經來臨時，因黃體素造成子宮肌層收縮和動脈血管的痙攣，或因子宮
在行經時產生大量的攝腺素，使子宮收縮加劇，均可能產生輕重程度不等
的「經痛」現象，同時影響當事人的情緒波動、生活作息和行為效率。此
外，由於男女兩性生理結構的不同，也會導致兩性在認知發展、情緒發
展、語言發展和其他行為發展的不同。

(一)生物決定論

　　兩性的性別差異不只是存在於生物學領域，影響所及尚包括社會行為
與心理反應。臨床醫學研究證實，女性較男性多出二千餘萬條神經軸突纖

維（連接兩側大腦半球之胼胝體的神經，女性較男性約多出 10％），因此女性左右半腦的神經傳導速度較快，同時其認知功能的協調性也較男性為高。加上女性胼胝體的發育較男性為早，間接說明了為何女性心思較細密、較具非直線式思考、直覺性較高和語文表達能力較佳的事實。近年來，透過更多先進的醫療科技器材之協助（例如正子放射攝影術等），證實男女身心發展各方面的差異變化，源自於兩性大腦結構與性荷爾蒙的不同，女性較男性情緒化、神經質，男性較女性叛逆、攻擊性強、具反社會性格等。

　　Pease 等人（2001）也認為，男女大腦構造和荷爾蒙分泌的不同，使得兩性的心理能力也存在著先天上的差異。Pease 等人研究發現男女兩性性腺不同，男性的性腺在睪丸，女性的性腺在卵巢。由於睪丸素的分泌，使男人的空間辨識能力強，而且導致男人滿腦子都是性、不願承諾、性愛分流、無法克制自己的性慾；而且成就高的男人，其睪丸素含量也比一般人高。至於女人，天生睪丸素的分泌量就不如男性，加上分泌的雌激素會壓抑個體的空間辨識力，所以女性的停車技術不佳、不擅長看地圖等生活困擾並非女性的能力問題，而是先天生理上的限制，因此，男性也要多一些諒解、包容與尊重。

　　Pease 進一步指出，這個世界之所以掌握在男人手裡，是因為天賦能力的不同，而非傳統社會對女性的壓抑。許多女性覺得自己很沒用，或因無法在男性專長的領域中，與之一較長短而感到沮喪，其實女性根本沒必要貶低自己的能力。女性不是沒有用，而是在那些只適合於男性大腦工作性質的職場領域中，無法發揮女人的長處罷了。女性不是失敗者，只是她們擅長的事與男性不同而已。舉例而言，遠古時代男人出外狩獵、女人操持家務的分工方式，兩性關係和諧而快樂；但面對現代社會價值觀模糊的角色定位，男女雙方反而容易導致混亂與痛苦。

　　國內學者詹益弘（民 77）也指出，男女兩性的荷爾蒙會使個體表現出不同的心性和行為。男性荷爾蒙旺盛者，其為人性格較積極，勇於嘗試新事物；自制力較差，較具有攻擊性和自我傷害性；對異性好奇，性行為的

需求也較強；男性荷爾蒙的分泌機能可持續到老，使其性機能衰退較慢。至於女性荷爾蒙較多時，則易使人變得保守，企圖心較低；專情忠貞，只與所愛的人發生性關係；對不當的性行為較有罪惡感，性慾低，不易性衝動和性興奮；具有強烈的社會責任；渴望穩定、少變動的生活環境等。換言之，男性荷爾蒙愈多者，愈具有男性化的心理特質；女性荷爾蒙愈多者，愈具有女性化的心理特質。有關兩性之性別分化及其心理特質，請參閱本書第三章第二節的內容。

　　雖然生理學家或心理學者在探討有關兩性的身心發展議題時，不斷強調要中立客觀、邏輯合理，並要透過嚴謹的科學方法來研究，但專家學者個人的論點難免會受到其所處環境中社會文化和價值體系的影響。心理分析學者 Freud（佛洛依德）即主張，生物條件直接決定性別角色與性別差異，女性的「陽具妒羨」（penis envy）反映了女性是「不完整的男人」概念。另一位持「兩性生理結構決定男女未來發展命運」的著名學者是 Erikson，他也認為女人的自我意識是決定於她的性別、配偶及其子女身上。前述二人的觀點不無受其成長的時代背景與家庭環境的影響。Freud 來自於以男性為主的大家庭，他的家中共有十位兄弟，Freud 是第二任太太所生。至於 Erikson，在他出生不久後，父母即離異，他則隨母改嫁，高中畢業後曾有一段時間浪跡歐洲各地，尋找自己的人生志向。

　　究竟男女的生理結構真能決定其人生發展嗎？一個人的生理性別真的容易改變嗎？天生賦予的性別一經改變後的社會化歷程與身心適應為何？凡此皆是值得探討的議題，令人關注。英國廣播公司（British Broadcasting Corporation, BBC）曾經報導過一個案例，這故事中的主角童年時曾因意外傷害而割除陰莖，後來成為一位女人。BBC 引述其精神科醫師的評估，發現這位由男孩變成女孩的當事人，對自己的女性角色適應不良，內心非常不快樂，儘管她一直服用女性荷爾蒙來防止自己的儀表過度男性化，但她看起來仍像一位男性，以至於被其他的女性同儕所排斥，譏諷她是「野蠻的女人」（Shaffer, 1994）。由此看來，「生物決定論」儼然成立，在性別角色的分化上，似乎生理上的性別影響力仍大於社會化的學習。

(二)社會學習論

另有一派學者則持相反的看法，他們認為一個人的性別角色分化非取決於生理上的性別，而是來自於個人的自我概念和社會化歷程的結果。著名的學者 Mead（1935）曾長期觀察新幾內亞地區三個部落的生活：阿拉帕契部落（the Arapesh）、蒙都古莫部落（the Mundugumor）、初姆步利部落（the Tchambuli）。她發現阿拉帕契部落因崇尚和平，故男人和女人均具有溫柔、合作、善解人意和不具攻擊性的特質。蒙都古莫部落因係遊牧狩獵民族，所以這個部落的人，無論男女，對其他人或自己的家人都具有敵意，他們可以用自己的妻小與他人的妻小交換，家人彼此之間也相互猜忌憎恨，他們冷漠、猜疑、凶悍、殘忍而且攻擊性強。

至於初姆步利部落的人認為性別和氣質有關，但他們的性別氣質觀和西方社會的看法恰好相反，這個部落的男人較被動、依賴，性喜裝扮和研究藝術，女人則負責管理家族部落，她們獨立、果斷、有攻擊性。因此 Mead 認為，性別角色應是文化和社會影響的結果，而非生理上「天生」的角色分化。性別角色應該是立基於對個人行為的期望，並且進一步決定了男性和女性的社會角色和社會責任；換言之，生理因素並非決定性別角色和社會分工的唯一因素。

正因如此，儘管男女在生理結構、行為表現確有差異，儘管生理與心理兩層面是相互影響也各有不同的發展，但這並非意味著兩性的社會地位與身心發展就有「男尊女卑」的優劣之分。許許多多近代的生理學家或心理學者曾陸續地投入「兩性差異學」的研究，試圖驗證或駁斥人類是否確實存在「因生理差異影響男女其他方面表現」的論點，然其研究結果卻相當不一致，看法分歧。Money（1977）質疑性別的行為差異未必是由生理因素所決定的，他認為性別差異唯一可確認的是「女人有月經、懷孕和泌乳哺育，以及男人不會懷孕」的事實而已。Maccoby 和 Jacklin（1974）二人蒐集自一九六六年到一九七三年期間共約一千六百份有關性別差異的研究報告，結果證實其中大部分研究的設計、方法和結論是有偏差的，而且

隱含有性別歧視與性別偏見的成分。

　　事實上，男女之間在行為反應與心理功能上的不同，不完全是源自於其生理結構和性別因素，而是受到家庭環境、學校教育、社會文化、圖書讀物、同儕團體和傳播媒體等變項的綜合性影響。事實上，兩性外在行為潛藏的複雜度足以打破性別分化的生理模式（許麗玉，民 79b）。世界上有名的音樂家、科學家、文學家、探險家、運動家、政治家或廚師、醫生、藝術工作者……，幾乎是有男有女，各行各業都是如此，不僅男性卓越超群，女性出類拔萃者也不少。換句話說，傑出人士、成功人物的關鍵不在於其性別為何，而是在於他們的內涵（才能）與外表是否有特色，足以讓人留下深刻的知覺印象。

第二節　印象整飾與形象塑造

　　「Trust me; you can make it」是一句社會大眾耳熟能詳的瘦身廣告詞，意即只要你願意，你就可以改變自己。在兩性互動的歷程中，「第一印象」是非常重要的，一個人五官長相的美醜固然是先天遺傳的，但如何修飾個人的儀表體態，予人留下美好的人際知覺，也是必要的社會化學習。或許有人會說：「外表不重要，只要順眼就好」，實際上外表如果不好看、邋遢不修邊幅，自然而然也無法令人看得順眼。男女之間欲發展親密的兩性關係，雙方多半會重視並尋找與自己條件、魅力相當的人，以做為自己的擇偶對象或終身伴侶。因此，如何充實自己的內在美，塑造個人的外在形象，進而突破個體先天生理條件的限制，是現代人重要的學習課題。本節將分別探討人際知覺與印象整飾、兩性內在美的提升、兩性外在美的塑造等內容。

一、人際知覺與印象整飾

　　「人際知覺」（interpersonal perception）是個體試圖去了解自己與周遭他人互動的一種認知過程。每個人在社會化的歷程中，必須學習如何根據自己與他人的面部表情、眼神語調、身體動作等非口語和口語訊息，來獲得有關人類情感、情緒與認知等資訊。人際知覺包含自我概念、印象形成、印象整飾和人際吸引力等部分。任何人與人之間的互動關係皆會形成一種人際印象，人際印象的好壞會影響到個人對他人的評價、推論，以及影響到雙方關係的親疏遠近。所以，印象整飾在人際關係中占很重要的一個部分，特別是在重視「異性相吸」的兩性互動關係中。

　　每個人與他人剛認識時，都可能在自己的記憶中保存了對對方的第一印象，而且經由個人的主觀知覺而形成好或壞的印象。所謂「印象」（impression）是指人們記憶中所留存有關他人或自己的形象。這些印象並非直接從他人的記憶中拷貝下來，而是經由知覺者主動的構思所形成的。因此「印象形成」（impression formation）乃是個人將有關對他人的各種知覺訊息綜合在一起，而形成對他人整體印象的歷程。人際知覺印象一經形成，個人即會依此來與他人開展未來的互動關係。

　　至於「印象整飾」（impression management）意指個人企圖透過自我表現去控制他人，並形成對自己有利的知覺過程。日常生活中，每個人都會注意自己在社交場合中的表現，希望在別人面前表現良好的一面，讓對方留下美好的印象，例如正在交往或熱戀中的男女朋友，雙方在約會之前都會刻意地裝扮自己，以增進、維繫或改善彼此的兩性關係。Ralston 和 Kirwood（1999）認為，人類的社會行為一如消費商品般，也需要廣告包裝，每個人都會盡可能地表現自己的優點，並修飾包裝自己的缺點。從「符號互動論」（symbolic interaction）的觀點來看，個體對他人行為的反應，並非任意根據直覺來反應，而是透過思考與詮釋，賦予行為意義，才產生相對應的行為表現。因此，當個人意識到自己的行為會使周遭的人感

受到不舒服或留下不好的印象時，個人就會調整自己的行為模式，以符合人際互動或溝通上的需要。

日常生活中，印象整飾乃是人際互動中普遍存在的現象。有些人善於此道，到處受人歡迎；有些人則不諳此道，人際關係不良。每個人都希望自己在別人面前「有面子」，而不想要「失面子」。印象整飾有助於個人獲得社會認可、提升自我價值感。在兩性關係的發展過程中，印象整飾更是一項重要的催化劑與潤滑劑，使雙方感受到「賞心悅目」般的愉悅情緒。所謂「女為悅己者容」，不僅現代女人需要印象整飾，男性也不例外，現代男人的服飾、化妝品與保養品也可說是琳瑯滿目，而且不斷地推陳出新。

當然，個人的印象整飾也要考量自己的性別、年齡、個性、身分與角色等個人條件，以及外在的環境條件，例如氣候、風俗、國情或社交場合等狀況。此外，印象整飾也不限於個人容貌、穿著和儀態等外在形象的塑造，尚包括個人認知、態度、情感和心靈等自我內在的涵養。基本上，人與人之間的相處，貴在相知，唯有相知才能相惜，相惜才能相愛。男女兩性若能適時適切地塑造形象，將有助於增進個人的人際吸引力；但是，過度的、不合時宜的印象整飾，反而扭曲了個人的自我意象，徒增人際互動的紛爭與生活適應的困擾，不可不慎。

二、兩性內在美的提升

每個人的儀表外貌是遺傳天生的，不容易加以改變；即使可以改變，其改變的幅度與效果也相當有限。相對的，個體內在所散發的美好特質足以令人容光煥發，所謂「相由心生」，而且使他人樂於與之親近，朝夕相處。換言之，一個人的外在容貌會隨歲月流逝而改變，故外在美是短暫的、非人力所能控制。從發展心理學的角度觀之，個體的生理發展過程是有其階段性、規則性與整體性，從「幼兒期、兒童期、青春期」至「青年期、中年期」，以迄「老年期」，人類在前述階段的生理發展速率大致呈

現「快速成長」、「穩定」及「衰退」的現象，因此，個體的容貌、體態和身體功能均會在一定的生理發展階段中改變、衰退（胡海國譯，民78；蘇建文等，民87；Shaffer, 1999）。

　　許多人都知道要從藥物或飲食中獲取營養，以維持生理機能的運作，也知道美容養顏的生活常識，以增添個人的魅力風采，但不少人卻忽略了要維護自己的心理健康，提升個人的內在美和充實自我的心靈。事實上，人類的行為反應係受制於個體內在的心理功能。唯有充實的心靈，才能營造出豐富的生活、生命色彩及和諧的兩性、人際關係；空虛的心靈，不僅呈現了貧乏的生活、生命，也容易阻礙兩性、親子、師生等人際關係的發展。一個心靈空虛的人經常看不到生活的希望，人也因此顯得疲憊、消沉、老化與醜陋。

　　一個擁有美好外在形象的人，固然有助於增進其人際魅力，吸引他人的目光，使人留下深刻的第一印象，但是具有濃郁人文情懷與心性涵養的「內在美」，更是維繫人際情感、健全身心發展的有利因素。試想：一位全身名牌服飾、美艷嬌媚但趾高氣揚的女人，以及另一位長相平凡但善解人意、平易近人的女性，何者較容易予人好感，並樂於與之相處互動？又如一位英俊瀟灑、風流多情但驕傲自大的男人，以及另一位相貌普通、溫文有禮又樂觀自信的男性，何者易令異性感受真誠而有安全感，並樂於與之交往共處？因此，如何充實個人的內涵，塑造兩性的內在美形象，是現代人相當重要的生活課題。提升兩性內在美的管道與方式相當多，舉其要者如下：

㈠負責

　　人要隨時學習給自己一點責任，以培養自己堅忍的生命力。假使失戀者或失婚者願意負起責任，必能面對並檢視個人挫敗的兩性關係，重新出發。反之，推諉塞責的人只會增加未來兩性發展更多的自我盲點，一再挫敗。

㈡用心

一個肯用心的男人或女人，較容易看清自己的限制與盲點，也更容易欣賞他人的專長與特色。用心的人更能專注地看待生命中的一切，兩性關係才能因「專注」而「細膩分辨」，減少更多性別差異所帶來的鴻溝，所謂「認真的女人最美麗，用心的男人最有力」。

㈢求知

「知識」是塑造個人內在美的要素之一，男人女人若能多了解一些生活常識及專業知識，將更具有人際吸引力與職場競爭力，也才能夠腳踏實地地生活，進而活絡個人生命與兩性互動的脈動。「女子無才便是德」的時代已經結束，現代女性可以「增廣見聞」來揚棄傳統的「裹腳布」，讓自己更有智慧、更有自信。同理，不學無術的「西門慶」（意即紈袴子弟、花花公子）已不合時宜，現代男人不妨多閱讀求知，讓自己更加「胸懷大略」、「言之有物」。

㈣樂觀

開朗的男人、樂觀的女性，容易讓人感受到親切、自信而有創見的魅力。每個人的生命旅程總會有些悲苦、不順利，這些悲苦、不順利終會穿越生命的時空而消失無蹤。「悲」者，「非心」也，即不好的心理狀態，不僅有礙自己的身心健康，也阻礙了兩性之間、親子之間等人際關係的發展。「樂觀」實在是個人心靈和臉部的最佳「保養品」。

㈤自信

傳統的女性太過「自卑」、「壓抑」，傳統的男性又過度「優越」、「強勢」，二者均扭曲了兩性原本真實健康的面貌與平等互動的空間。現代的男人與女人若能多一點「自信」、「自制」，少一些「自大」、「自卑」，必能為自己增添更廣大的生活空間、更良性的互動關係。因此，在

未來的生活中，男女雙方不宜再出現「我們女人要認命嘛……」、「妳們女人就是……」等之類輕視、輕蔑的語詞或想法。

㈥愛

　　男人與女人之間若能隨時多一些愛與關懷，將會減少許多的怨恨與誤解。心中有愛的人，容易打開心門，讓陽光能照射進來，雨水能滋潤進來。陽光和雨水能夠進入內心時，內心的細胞自然會不斷地滋長、活動、跳躍，個人也擁有了生命的動能。何謂愛？如何做？《聖經・哥林多前書》第十三章有一段話值得參考：「愛是恆久忍耐，又有恩慈；愛是不嫉妒；愛是不自誇，不張狂，不做害羞的事，不求自己的益處，不輕易發怒，不計算人的惡，不喜歡不義，只喜歡真理；凡事包容，凡事相信，凡事盼望，凡事忍耐。愛是永無止息。」

　　除了上述六項因素之外，獨立、寬容、助人、善解人意與自我激勵等特質，也都是提升兩性內在美的要素。基於「相由心生」的理念，一個人外在的儀表容貌，也相當程度地反映了當事人內在的情緒情感、品味知覺、自我概念、學習經驗與社會化歷程等內涵。因此，具備自信、樂觀、求知、負責等內在美的男男女女，必能夠散發其內在美好的特質，使人樂於與之親近、共事與相處。同時，一個擁有內在美的人，也會時時謹言慎行，注意個人服裝儀容，而不會穿著不雅、儀表邋遢或譁眾取寵、特立獨行。不僅平時會重視自我涵養，也會留意個人外在形象的塑造。

三、兩性外在美的塑造

　　走在人來人往的街道上，舉目所見，男男女女、老老少少，有些人迎面走來，舉止優雅、穿著得體，不禁令人眼睛為之一亮、「讚嘆不已」；但也有些人談吐粗俗，外在裝扮更是庸俗地令你不禁「驚嚇不已」。現代人用心生活、忙碌工作之餘，不妨思考一下自己的言談舉止、服裝儀容是

否合宜，是否能夠建立個人美好的外在形象，進一步催化良好的人際互動關係。所謂「人要衣裝，佛要金裝」，擁有美好形象的男人或女人，足以令異性「賞心悅目」，促發正向的人際吸引力，予人留下深刻的知覺印象。Smith 和 Mackie（2001）即認為，人與人之間的互動關係有時會受到對方外貌是否具有吸引力的知覺影響，而個人外貌的吸引力，則受到社會文化及個體差異的影響。

現代男女具備年輕、活力、熱情與獨立等特質，平時若能適度地注意個人的整體造型，並適切地考量自己的角色、年齡、個性和儀表體型等條件，來修飾個人形象，將有助於增進個人的人際關係與生活品質，進而提升自我的價值感。有些人穿著邋遢，裝扮不得體，言談舉止隨便；身上所穿的衣服有時發出異味，皺褶紋痕歷歷可見；頭髮蓬鬆雜亂，甚至出門也不加以梳理，外人可從其頭髮塌陷之處，推測其前一刻的睡姿或坐姿；臉上表情經常木訥呆滯，一臉睡眼惺忪、無精打采；褲管或裙襬上翻不整，服裝之顏色款式未能符合個人的角色身分或社交場合。凡此種種皆令人為之搖頭嘆息，甚至質疑其家庭或學校的生活教育品質。

兩性整體造型的目的，不在於展現個人的心力、財力與消費習性，故不宜過度強調設計、包裝，以免製造人際假象和性別偏見（例如「愛美是女人的天性」）。兩性外在美的形象塑造乃是在於反映自我的本質與風格，並適度修飾個人外型上的缺點和瑕疵，「外在美」並非專指面貌而已，尚包括身材、衣著及其氣質、風度（柏楊，民78）。因此，整體造型有賴於個人對自我的了解、觀察、學習和體會，有時也可以尋求專家的專業意見。

無可否認的，男人或女人的穿著打扮確有一些值得參考的理念或原則。茲以女性的服裝為例加以說明，王碧瑩認為（民81）下列服飾各有其特性，適度的搭配，整體的考量，將有助於增添女性的風采與魅力：

(1)短外衣：長度到中腰或骨盤位置，能夠顯現出有精神活力，使身材修飾得較為高姚。如果臀部線條不美、太大或太低，都該避免用合身褲、裙來搭配。

(2)長外套：長度到大腿根部，可以遮掩腹、臀的缺點，但人會變得矮小。腿部不長、體型不高者，應避免用長外套搭配長裙或寬襬褲。

(3)有腰線裁剪的合身上衣：使人顯得較有精神，能展露女性身材曲線，無論高矮胖瘦，各種體型都較適合。

(4)腹部突出的人，應避免上衣太長；下半身所搭配的裙或褲，在腹部可用假片褶等飾物加以修飾，或穿下襬寬的裙子。

(5)寬鬆上衣：雖有舒適感也能遮掩腹部與臀部的缺點，但骨架太寬、太胖或小腹太突出的人，反而不適合。

(6)褲子：無論長短皆方便舒適，最易顯現臀部線條的美感。臀部不美者，應搭配長上衣；而內腿不夠長（褲襠太低）者，則應避免合身的式樣。

(7)貼身裙或褲：能展現女性的性感、青春，也最能表現臀、腿的線條美。但臀腿線條不夠美或年過四十者，應搭配長上衣，或是採用厚質料的裙或褲。

(8)寬長裙：能夠遮掩女性腹、臀與腿部的缺陷。但骨盤太寬、太胖的人，應避免抽碎褶於腹下，最好選擇片褶款式為宜。

(9)褲裙：無論長短，可兼具褲子的方便和裙子的柔美。褲裙是屬於年輕人的服裝，至於上了年紀的女人則宜慎選款型。

(10)連身洋裝：此類服飾最能顯現女人味。但身材發福的中年婦女，則要避免寬身、鬆散的式樣，最好選擇寬窄適中、有腰身的裁剪為佳。至於小腹、後臀部特別突起的人則應放棄這類款式。

一般而言，女性在選擇服飾之前，宜先了解衣服的特性與功能，才能配合自己的容貌、體型等條件，穿出所要表達的流行圖型與風格。此外，女性的整體造型也要考慮化妝、髮型、飾品、鞋襪等變項，以及表情、坐姿、聲調、舉手投足等儀態。在人際互動的場合中，女性的容貌、身材與笑容等三項外在條件，比較容易引起男性的注意，因此容貌、身材若非「麗質天生」的女性，則須重視適度、適切的化妝與服裝，以及適度親切

的笑容來修飾。儘管坊間女性的服裝、飾品、鞋襪、皮包或化妝品等整體造型物甚多，但唯有選擇適合個人條件的物品、衣飾，方能為自己的形象魅力加分。

值得注意的是，研究顯示，女性較男性容易受個人情緒的影響而錯估對自己生理形象的知覺（許麗玉，民 79a），並且比較重視個人的容貌、身材和形象等外在條件。此外，女性美的塑造也較容易受社會價值觀或性別依附（例如「女為悅己者容」）等人際知覺的影響。中國古代「三寸金蓮」的纏足風，即是代表著各種父權社會、階級權威對女性的一種限制與壓迫；現代女性的美容瘦身及其媒體廣告，何嘗不是利用新時代「女性自覺」的心態，使女性陷入更無自覺地以肉體、外形來取悅男性的危險陷阱（林珮淳，民 85），因此值得女性省思警惕。總之，現代女性外在美的形象塑造應該是個人自我概念的展現，亦即女性自覺、自由、自信與獨立的自我象徵。

至於男性的整體造形設計雖不似女性般複雜繁瑣，而且男人的穿著變化亦不如女性服飾般多樣多變，但若能適度地考量男性服飾的顏色、線條、質料及款式等因素，並重視個人的自我修養，當有助於男性展現更多出色的「前臺行為」（front stage behavior），增進他人正向的知覺印象，奠定個人生涯發展的基礎。從自我心理學（self psychology）的角度來看，個人的衣著是其自我概念（self concept）的延伸，一個人的穿著打扮具有一定的象徵性意義（symbolic meaning），能夠反映出個人當時的自我概念（黃光國，民 72）。舉例而言，西裝筆挺、衣履光鮮的人，可能是想表現出自己的形象地位；身穿牛仔褲、運動衫的青年，可能是想表現自己的青春活力。

在人際互動的場合中，男性的容貌、頭髮、體型與穿著等四項外在條件，比較容易引起女性的注意。男士的穿著服裝直接關係著一個人的體型身材，因此男性的整體造型必須有更多不同層面的考量。從「異性相吸」的角度而言，一般女性最喜歡的男人類型未必是猛男型、帥哥型，而是年輕、肌肉結實、上身倒三角型並擁有結實臂部、厚實手掌及有壯實頸部的

男士，男人的雙手及頸背部對女性尤具有吸引力（陳衛平譯，民72）。至於吸引女性的男性穿著原則，首重「合身」，其次為「合宜」。前者包括純色而有腰身的襯衫、能顯現臀部且束腰帶的深色長褲，以及能搭配長褲的純深色西裝等；後者則包括考量個人角色、身分、地位、季節、場合與流行趨勢的整體造型或服飾款式。

　　男性的整體造型不只限於上衣、長褲、外套或西裝等服飾，其他諸如領帶、襪子、鞋子、手帕、圍巾、髮型，以及眼神、表情、姿態、動作、言談等方面，都必須一併留意修飾。試想，一頭亂髮、一臉疲憊又腳蹬拖鞋、談吐粗俗的男性，如何在職場上與他人合作或競爭，如何能夠獲得人際好感與女性青睞？一般人總以為愛美是女人的天性，其實愛美是「人類」的天性，男人其實也愛美，只不過大眾傳播媒體很少對此渲染；加上男性之美較側重於個性與能力方面，其類型、典型較為複雜（林珮淳，民85），並且深受職場工作、社會角色的限制。由於男性的外在美變化不大，所以個人內在美的涵養就益顯重要。

　　心理學家 Wood 認為，改變容貌一分鐘就可以改變一個人的自我形象（呂政達，民79），足證外在形象塑造的重要性。二十世紀被視為最具影響力的性學權威讀物《新金賽性學報告》的作者 Reinisch（王瑞琪等譯，民81）指出，一個人自我意識到的外在形象即為「身體意象」（body image），正向的身體意象乃是建立個人自尊的重要過程；至於高度自尊則是與他人建立親密關係的要素之一，它同時意味著一個人值得且應該擁有情愛關係。換言之，一個擁有正向身體意象的人，而且能自我肯定的人，將不會因他人或異性伴侶發現自己的不完美，而失去愛人與愛己的動力。

　　過去身處於傳統封閉社會的男女，未必有很多機會接觸、了解異性的優點。現代社會中，一個人的內在美與外在美則是重要的人際吸引因子，尤以社會地位不及男性的女性為然，一位才貌出眾的女子往往可以獲得更多的優勢或更高的地位。柏楊（民78）在其著作《皇后之死：溫柔鄉》之〈趙鉤弋〉一文中提及：「若兼有外在美與內在美的女子，其未來準前途似景；只有外在美而無內在美者，不過是繡花枕頭，一旦色衰愛弛，只好

哀怨度日；若是只有內在美而無外在美之女性，恐怕也得謹慎應對，勿聽信男人的恭維，以免付出代價。」換言之，「術德兼備」、「內外兼修」仍是從古至今兩性人際吸引與生涯發展的不變實律。

　　現代社會因具有多元、開放的特性，因此現代人更須重視內在美與外在美的塑造。一個人若是過度強調外在美而忽略充實內在美，過度以貌取人，可能會混淆人際知覺的真實性，導致人際關係與兩性關係發展受到阻礙；反之，一味沾沾自喜於有內在美的人，在今日強調「商業包裝」的現實社會裡，也多少會遇到挫折。因此無論男人或女人，除了塑造美好的外在形象與正向的身體意象之外，平時也要充實個人的內涵，包括擁有自信、負責、獨立、求知、樂觀與愛等心理特質，並且建立個人的自我風格，樂於助人、愛人，積極參與有益的社會活動，促進個人的身心健康。如此方能成為一位內外兼修、知性與感性兼具的現代人。

兩性之間

前陣子看了一部電影《第三類奇蹟》（原名 Phenomenon，「現象」之意），劇情大致是：男主角喬治原本資質平庸，但人緣佳；後因見異光而成為一位具有超能力的人，一時之間成為傳奇人物，學者、專家、國家安全人員紛紛前來調查，擾亂了原本平靜的小鎮生活，過去的親友視其為異類。最後喬治得了不治之症而逝。全片充滿著純真的人性與濃郁的情誼。

猶記得喬治臨終前安慰女友的兩位子女說：「天下萬物都有它的方向，每個人也都有他自己的方向……。」

每個人在選擇未來的人生道路時，不要猶豫、惶恐，雖要考慮周遭的現實環境，但不要受它的支配、限制，所謂：「智者利用環境，弱者困於環境。」人往往在一念之間，鑄下無可彌補的錯失，到時悔恨晚矣！「每一個人都得為他的一生做一個交代」，所以抉擇要慎重，生活要慎重，成長過程更要慎重。例如兩性交往的過程中，能否「有情人終成眷屬」固然重要，但更重要的是，這段路程給予我們的心得體會是什麼？學習到哪些寶貴的經驗？所謂「過程重於結果」，人必須要不斷地成長，方能邁向成熟之境。

「成熟的自我」是需要情感與理智的協調，時間與生活經驗的融和，同時再投入毅力、勇氣和具備健康的人格，如此才能把握住自己人生的方向，確立正確的自我實現目標。正如同喬治對自己超能力的改變，從驚奇、自傲、懷疑、茫然到接受、隨緣、頓悟而自我確立的心路歷程一樣。

切記！人類的行為發展也是一段不斷變化、成長、茁壯與衰退的歷程。唯有接受自我的一切，無論美醜優劣，無論成敗得失，方能「與時俱進」地活在當下，成為一位受人歡迎、身心融合的人。

學習活動

❖ **活動名稱：男人女人大不同**

活動目的：認識兩性的生殖系統

活動時間：約需 60 分鐘

活動性質：適用於團體輔導與課程學習

活動方式：1.四人一組，各組準備全開的海報紙一張及不同顏色之彩
色筆兩枝。

2.在不參閱任何資料的情況下，每組成員分別在海報紙的
兩半部分，共同合作以兩種顏色的彩色筆分別畫出男性
與女性的生殖器官，側面圖或解剖圖皆可，並清楚標示
每個部位的學名。時間 25 分鐘。

3.完成後，各組彼此相互觀摩。時間共 10 分鐘。

4.專家學者或教師、領導者指導。

❖ **活動名稱：麻雀變鳳凰**

活動目的：學習塑造個人出色的外在美

活動時間：不限

活動性質：適用於個人學習、課程練習或團體輔導

活動方式：1.將最近一週之內任何一天的穿著打扮就近徵詢至少三位
以上人士的意見，並將之記錄下來。所徵詢的對象須具
有審美觀，或是其人平時之穿著裝扮為自己或他人所欣
賞者。

2.整理適合自己造型的服飾裝扮，包括髮型、飾物、化妝、
服裝之顏色與款式，或與個人儀態有關者。

3.請此一領域的專家學者或教師、領導者指導。

第三章

兩性心理發展

　　俗云：「女人心，海底針」、「男兒有淚不輕彈」，意味著女人的內心世界是相當複雜，外人往往很難加以了解與掌握；至於男人，從小到大則被期待著為人處世必須堅強、剛毅，避免在外人面前顯露出脆弱、無助、情緒化與神經質的心理狀態。男人與女人皆有「人性」，在研究性／性別／兩性時，也不宜忽略「人心」、「人性」的心理發展。舉例而言，「男兒有淚不輕彈」，其實眼淚具有淨化眼球作用，也有紓解情緒壓力的效果，對人體的身心發展是有所助益的，故不宜以「性別」限制之。基本上，每個人的行為反應經常受其內在心理狀態的影響，此為當代科學心理學基本的研究法則。是故，探討男女兩性的心理發展與內在特質，實有其必要性，唯有如此，方能增進兩性之間相互了解及和諧互動的空間。本章將分別說明性別認同以及發展兩性心理特質等兩項重要的議題。

第一節　性別認同與發展

　　「我是誰？」乃是個人生命發展歷程中自我探索非常重要的部分，它不僅是一個自我概念，也涉及性別認同和性別意識發展的問題。Super（1970）認為，個人會在生涯發展上不斷地實踐自我概念，以提供最有效的自我展露方式。美國全國職業資訊統合委員會（National Occupational Information Coordinating Commitee, NOICC）指出，兒童階段的自我認知和自我概念是包括與他人的互動關係、對生活角色的覺察、對不同性別角色的覺察（Isaacson & Brown, 1993; Richard, 1997）。兒童時期的自我概念與自我認同深受其性別的影響，此時個人的自我發展係以性別角色為導向，並持續發展「可忍受」的性別型態界線（黃文三，民 87）。此外，每個人在未來職業發展中，也會選擇與其自我概念相符合的工作（參閱本書第四章）。是故，性別角色和性別認同深深地影響著每一個人的職業抉擇與人生發展（Sharf, 1997; Zunker, 1998）。

一、性別認同

　　人類的性別起源於個體受精作用時，染色體的結合；換言之，人類性別的決定是一生理作用的歷程。性染色體 XY 為男，XX 為女，其間之可變性甚小。至於性別認同（gender identity），係指「一個人認同社會可接受之兩性行為模式的歷程」（黃德祥，民 83），或是「透過自我的行為明示他所歸屬的性別」（李美枝，民 73）。由此觀之，性別角色（gender roles）不僅意指個人所認同的兩性行為模式，亦強調社會文化對此種模式的期許、認可。它是一種涵蓋社會文化對適合兩性行為、態度的期望，以及個人將此種期望統整於其行為態度中（張瑾瑜，民 85）。個體藉由性別形塑（sex-typing）的過程中，學習與其性別有關的人格特質、態度、偏好及行為反應。因此，性別角色或性別認同是一種心理作用的歷程，也是一種社會化的歷程，其間的變異性較大。

　　在心理學的領域中，不同的學派對人類性別角色發展的看法也有所不同。精神分析學派的 Freud 認為，男女兩性的性別認同與分化是因兒童知覺其生殖器官與他人差異，透過潛意識作用而形成（黃德祥，民 83）。男孩因戀母情結（女孩因戀父情結），而受不同性別之母親（父親）所吸引，為了減輕同性之父親（母親）的懲罰，避免沮喪或不安，轉而向同性之父親（母親）模仿、學習其言行，並將其特質內化，同時藉此吸引母親（父親）的喜愛。此一觀點，雖部分解釋了性別認同形成歷程，卻無法周延地說明所有個體的性別角色發展，例如五、六歲前即來自單親家庭的兒童，其性別發展與認同經驗為何。

　　社會學習論的 Bandura 則認為，性別的認同與分化是由於環境中的父母、師長、同儕及一般成人，不時地對個體性別角色的扮演予以制約而形成，而其基本的制約（學習）原則是藉由獎勵、懲罰、模仿等方式來進行（張瑾瑜，民 85）。兒童透過此一來自自己與他人的觀察學習，完成其適性行為或職業分工的認知發展。例如，女孩每天看見媽媽化妝、煮菜、哺

育而覺知「女性的天職」，男孩模仿父親刮鬍子、看報、除草而認識「男
人的本色」。此等「覺知」、「認識」歷程，並不全然是一行為制約的學
習歷程，它也屬於個人社會「認知」的範疇。另一派認知發展論的學者，
諸如 Kohlberg，則重視個人對性別認同的內在知覺歷程，個人一旦認知自
己的性別並發展出自我的性別認同時，就會開始重視與該性別有關的特質
或事物，並以所屬的性別來看自己和這個世界，進一步發展出自我概念特
質及與自我性別有關的職業概念（游慧卿，民 75）。

　　陳皎眉（民 89）曾彙整心理學主流理論對性別認同的看法，舉其要點
如下：⑴生物學論（biological theory）認為，男女因為在性染色體、荷爾
蒙、性腺組織、內在生殖系統、外在生殖器官等方面的差異，導致雙方有
不同的行為表現與心理反應；⑵心理分析論（psychoanalytic theory）主
張，男女的性別角色發展來自於兒童早期對父母的性別認同；⑶社會學習
論（social learning theory）認為，性別角色中的性別刻板印象或性別角色
規範，乃是兒童在社會化成長的過程中，經由直接教導、獎賞、懲罰和間
接觀察、模仿而習得；⑷認知發展論（cognitive development theory）認
為，性別角色的發展與孩子認知發展的成熟度有關，而非完全由社會讚
賞、父母仿同或性別認同的結果；⑸性別基模論（gender-schema theory）
強調，孩子有一個內在機轉，使其獲得、形成與自己性別角色認知判斷相
互一致的價值觀、興趣和行為。

　　由此觀之，人類的性別認同是經由不斷的模仿、強化及自我社會化
（self-socialization）等歷程而來。這原本是一種自然的學習歷程，從對性
別懵懂無知的「未分化」性別認同，進入受環境影響開始覺知自己必須符
合社會期待、生理結構的「兩極化」性別角色。最後個人透過自我覺知、
自我悅納等探索歷程，無懼於違反傳統性別角色的束縛規範，進入性別認
同的「超越化或心理化」階段──兩性共融──個人同時具有兩性的特質
與行為，一如人體內同時具有男性荷爾蒙與女性荷爾蒙一樣。即使有些人
的性別角色發展仍是兩極化，但也是真正經過自我的社會化歷程而致之。
基本上，性別認同與發展乃是個體充分接收兩性性別分化的資訊，而形成

的一種自我選擇權與認同接納感的結果。

二、性別刻版印象

人類透過上述歷程發展其性別認同，以做為人際互動與社會分工之行為依歸。性別角色之差異是存在的事實，性別認同發展固受其生長環境（國情、種族、教育與社經地位等）條件的影響，但性別本身並無優劣尊卑之分，在學理上，生理性別（sex）和社會性別（gender）之間並無對等必然性，前者是與生俱來的，後者則是後天形塑而成（羅燦煐，民89）。「性別角色」基本上是一中性的詞彙，用來描述一個存在於社會中由來已久的現象（謝臥龍、莊勝發和駱慧文，民86）。生理性別是一種與生俱來的角色，社會學稱之為「先賦角色」（ascribed roles），例如因出生序而來的「長男」角色、因年齡而來的「老年人」角色等；而社會性別、性別角色則是個人經由自我努力所獲取的角色，亦即「自致角色」（achieved roles），包括職業、所得、學習表現與社會地位等角色，例如男護士、女司機。

在傳統社會中，由於分工的需要，對男女兩性確有不同的角色期待（例如男耕女織、男狩獵女哺育），但是長久下來，卻也使得角色分工日益僵化且固著，進而衍生「男尊女卑」、「丈夫是頭家」、「女人從父、從夫、從子」等性別認同的刻板印象。圖3-1顯示刻板印象容易導致性別偏見，性別偏見容易形成性別歧視，性別歧視更容易引發兩性之間的對立與衝突（謝臥龍等，民85）。於是乎，性別認同之刻板印象與性別偏見扭曲了兩性互動空間，形成不合理的雙重標準，也間接導致了「男尊女卑」此一兩性不平等的人際互動與認知衝突，甚至影響弱勢一方在家庭、職場及社會生活中受到不公平的對待。

方德隆（民89）認為，造成男女由於性別認同偏差而產生不平等的理論模式有三：(1)自然與文化（nature/culture）二元論，女性生育屬於自然，男性生產器物屬於文化，文化價值勝於自然功能，故男性地位高、權力

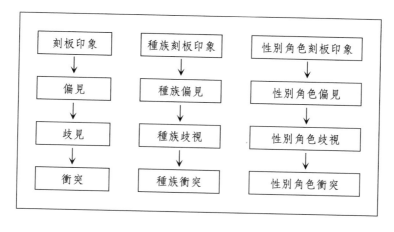

圖 3-1 刻板印象、偏見、歧視與衝突之關係
（資料來源：謝臥龍等，民 85）

大；(2)私領域與公領域（domestic/public sphere）二元論，家庭附屬於社會，家庭是私領域，故家庭內的女性只能順從那活躍於公領域的男性，難於與獲得權利和資源的男性競爭；(3)複製與生產（reproduction/production）二元論，複製（生育、孕育）人類的女性，其工作價值比不上推動文明發展的男性。上述三種理論構築出男性與女性之支配／從屬、男優女劣之不等的人際關係與生涯徑路。

　　謝臥龍、莊勝發和駱慧文（民 86）有系統地整理在男優女劣與男尊女卑的社會文化中所孕育而成的性別認同之刻板印象。結果發現，此一刻板印象影響層面涵蓋自我概念、生活適應、生涯發展及心理健康；同時，擁有「兩性化」（兩性共融內化）特質的人，其自尊、自我概念、生活適應、人際吸引等方面的發展，均較只擁有「男性化」或「女性化」等兩極化特質的人為佳。長久以來，女性一生的發展深受其性別認同與自我概念的影響，女性方面的相關議題經常被人忽略。女性在社會化過程中，往往被賦予較多的角色期待，相較於男性的角色，女性的角色發展其實較男性更為沉重、複雜（楊宇彥，民 90；Sharf, 1997）。

　　上述人類性別認同、自我發展及其相關的研究結果在在發人深省。今

日我們的家庭系統、教育體制及社會環境，是否能夠從性別認同的刻板印象中，覺察到此一性別偏見與性別歧視？是否能夠提供弱勢一方更多公平的發展機會，而非以強者姿態加諸於施捨與嘲諷？是否能夠在法令規範的層層保護下，落實、強化更多超越性別角色的教育工作？當然，再深一層地思考，性別認同的不同，為何會形成兩性在人生各方面發展的差異與歧視——又有哪些差異與歧視？未來男女平權的互動、兩性的共融內化，是在改變兩性原有的內在特質（男性化、女性化），抑或是得以產生性別兩極化之互補效果，使世間男女能各司其職，各安其位？此等問題將留待下一章「兩性生涯發展」再來探討。

三、性別角色態度

性別角色（sex roles）係指在某一社會文化情境之下，對於男性或女性之行為具有共同認可、接納的行為模式（黃文三，民 86）。長期以來，國內外不少學者投入有關性別角色及其態度方面的理論研究。Turner（1988）的角色理論（如圖 3-2）為其中代表，它是從符號互動論的觀點，來詮釋性別角色的概念化歷程。Turner 認為，個人角色的扮演乃植基於文化架構及民俗的一致性規範。當個人與他人互動時，會立即浮現出角色概

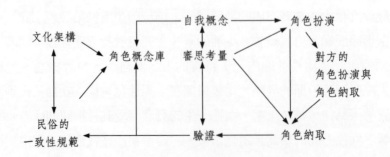

圖 3-2　Turner 的角色理論

（資料來源：Turner, 1988）

念庫（stock of knowledge）；而且在同一文化裡，人際之間也會產生互為主觀的共識性（intersubjectivity），使其成員傾向於表現出共同的角色行為模式。有鑑於此，在探討性別角色及其態度時，除了從角色期望的角度來加以考慮之外，也應著重於其人際關係模式（Friske, 1991, 1992），特別是其中的社會文化差異。

　　楊國樞（民81）以「關係取向」一詞來概括有關的角色態度與社會行為，其中尤以關係角色化及關係決定論為其代表。莊耀嘉（民85）在探討中國人角色關係的認知結構中發現，我國大學生與一般成人在形成個人角色規範之認知結構上，主要受到三個向度的影響：親疏、尊卑與兩性關係。換句話說，在我國本土化的社會角色形成歷程中，除了深受親疏遠近與地位隸屬高低等因素影響之外，也須潛在地考量互動雙方的性別因素，例如賢妻、良母、佳偶、嚴父、好男人等。

　　一般而言，個體性別角色態度的學習與發展係受到多種因素的影響（Barth & Mizoue, 1995; Basow, 1992），包括生理方面與心理層面。除了性荷爾蒙、腦神經系統等生物學的影響之外，社會化歷程和心理因素對個體行為的影響更是至深且鉅。傳統的三大心理學派（心理學的三大勢力）對個體性別角色態度的形成，也各自有不同的論述觀點（Hargreaves, 1987）。心理分析論注重親子關係的性別角色認同；社會學習論者重視性別角色的仿同學習、酬償增強等歷程（Bandura, 1977）；認知行為學派則主張性別角色來自於間接與直接的自我學習（Shaffer, 1994）。此外，吳書昀（民91）的研究發現，女性的性別意識會受到成長背景、主體經驗、書籍論述啟發、女性楷模認同、女校經驗、婚姻生活及婦女運動經驗等七項因素的影響。

　　有關性別角色態度與社會行為的理論研究中，最具影響力者當推社會學習論（Lio & Cai, 1995）。日常生活中，大眾傳播媒體所傳遞的大量訊息，即涉及到不少顯著的、通俗的乃至於隱藏的性別角色概念，諸如性別角色的特質、關係、形象，甚至性別分工，凡此都直接或間接地影響到個體學習性別的角色與行為（楊婉怡，民91），個體也不斷地建構、吸取當

地文化和個人所處環境下與其性別角色有關的態度與行為。其次，具有影響力的性別角色理論是認知論，認知學者主張，性別角色基模的建構及其分類方式也相當重要，專家學者透過對通俗傳播媒體的內容分析來看，包括主要的新聞報導、與性別相關的節目，以及一般高收視率的綜藝、連續劇等內容，來進一步了解、研究人類性別角色的概念與態度。

除此之外，從態度與態度改變理論來看，個體的性別角色態度，會受到個人對維持某種性別角色得失差異的評估影響。此等觀點認為，個體若能自平等的性別角色態度中得到利益，或是發現傳統的性別角色態度要付出更多的代價時，當事人就會傾向於支持平等的性別角色態度（Lu, 1993）。因此對兒童或青少年而言，在成長歷程中雖然並無明顯的工作或生活經驗，來決定其性別角色的態度傾向，但是父母親的職業、個人所選擇的學校科系類型，以及在家庭中的排行出生序等等因素，均會間接影響其所屬的性別角色利益（黃文三，民 87；Kulik, 2002）。伴隨著年齡的增長，個人身心發展以外的因素，諸如居住地區或學區，或是其成長經驗事件，或是與社會環境的互動頻率，均會使個人的性別角色態度受到影響，進而產生改變。

總之，性別角色與性別認同是個人社會化歷程的發展結果，性別角色的認同、適當性別角色態度的表現與學習，均是個體成長歷程中身心發展的主要任務（張瑾瑜，民 85）。由於性別角色的形成在學齡前就已逐漸發展顯現出來，所以家庭環境對個人性別角色及其態度的發展影響甚大。通常家庭環境中，影響個人人格發展最重要的人物就是父母，父母會根據其本身的性別角色經驗來教導子女，要求子女表現出社會文化所期許、認可的性別角色行為；子女亦會透過模仿、認同父母而習得適當的性別角色。此外，家庭中兄弟姊妹的關係及相處情形、其他親友對於性別角色的看法，也有相當的影響力（Lasonen & Brge, 1991）。個人的性別認同與性別角色態度的發展，深深影響著人類的身心發展、兩性關係與社會化的適應歷程。

第二節 兩性的心理特質

無論是在金庸的武俠世界裡，或是瓊瑤的言情小說中，男、女主角多半擁有「陽剛／陰柔」的心性，以及「高大／纖細」的身形，從《倚天屠龍記》的張無忌、《笑傲江湖》的令狐沖、《天龍八部》的喬峰和《神鵰俠侶》的楊過到《幾度夕陽紅》的楊曉彤、《彩雲飛》的楊涵妮、《煙雨濛濛》的陸如萍和《還珠格格》的紫薇，無一不是突顯了傳統社會下男女的性別角色差異。究竟人類男性化與女性化等心理特質的差異，是源自於個體內在成熟度、先天體質的發展因素，抑或是受到其所處環境社會期待、性別認同的影響，迄今尚無定論。目前有關兩性心理特質方面的國內外研究結果，大多顯現性別角色的心性差異確實存在；至於形成兩性心理特質差異的基礎為何，則尚待更多實證性研究的進一步探討。

一、性別分化

如前所述，性別刻板印象影響層面甚廣，涵蓋人類自我概念、生活適應、生涯發展及心理健康等層面。此外，擁有「兩性化」（兩性共融內化）特質的人，其自尊、自我概念、生活適應、人際吸引等方面的發展，均較只擁有「男性化」或「女性化」特質的人為佳。當一個人具有很高的男性特質、很低的女性特質時，便是「男性化」（masculinization）的人；相對的，當一個人具有很高的女性特質、很低的男性特質時，則為「女性化」（effemination）的人。此外，當一個人男性特質和女性特質都很低的時候，則屬於「未分化」（undifferentiated）的人；又一個人男性特質和女性特質都很高的時候，將被視為「兩性化」（androgynous）的人。

Bem（1981a）曾調查美國大學生兩性性別角色的分化程度，結果發現，男人「男性化」、女人「女性化」仍是主要的發展現象，但「兩性

化」也有日漸增加的趨勢,詳如表 3-1。一般而言,兩性的性別角色與心理特質的差異,會受到種族、遺傳、成熟度、學習、環境等因素的影響,例如青春期的少男少女,其所承受的性別期待與社會壓力較多(Basow, 1992),並且會加速影響其性別角色分化的程度。有趣的是,具有「男性化特質的女性」比具有「男性化特質的男性」表現出更多正向的自我概念;同時,具有「男性化特質的男性或女性」也較具有「女性化特質的男性或女性」擁有更多正向的自我概念(Marsh & Byrne, 1990)。換言之,男性化特質的人似乎對自己有較正面的看法、態度和情感。但也有其他學者的研究發現,擁有「兩性化特質」的人,較能適應外在環境的變化與壓力(Shaw, 1982),社會適應與社會行為方面的表現較好(Piche & Plante, 1991)。前述差異,皆係受到種族、遺傳、學習、時空背景與個人成熟度等因素的影響。

表 3-1　美國大學生性別角色分化的差異表

分化結果 女性特質 ＼ 男性特質		男性化特質	
		低	高
女性化特質	低	未分化 18%女性 27%男性	**男性化** 12%**女性** 42%**男性**
	高	**女性化** 39%**女性** 12%**男性**	兩性化 30%女性 20%男性

(資料來源:Bem, 1981a)

　　Bandura(1989)即認為,個體的自我概念、心理成長和性別角色,深受父母價值觀和親職教育的影響。父母對於正在成長中子女的自我效能感具有絕對性的影響力,此一自我效能感會影響到子女未來個人的興趣、目標及個人特質,亦即家庭環境和兩性的心理成長有密切相關。例如父母親一直告訴女兒「男生的數學能力較強」,將導致女兒對於自己數學能力的

自我效能感降低，而認為自己沒有數學方面的能力。老師在教學過程中不自覺地提及：「女學生比男生細心，比較感性」，也可能加深男學生對自己考試粗心的知覺印象，甚至成為個人行為不當的合理化藉口。

　　換句話說，男女兩性的心理成長和個人的自我概念、性別認同和生理結構等因素有關，也與其生長環境、居住條件有關。林淑美（民67）曾以美國佛羅里達大學住宿學生一百人為樣本，探討不同形式的住宿條件是否會導致學生心理成長的差異。該研究「心理成長」的定義為：較獨立、較能接納自己、較能生活在當下、較能表達自己的情感、較能發展親密且有意義的人際關係。研究結果發現：男女合舍（不分男女皆可住宿的宿舍）的學生較男女分舍（男生宿舍和女生宿舍）的學生，在表達情感方面有較佳的成長，而且女生表達情感的成長速率又比男生優異。此外，在獨立性、接納自己、生活在當下與良好人際關係等方面，住在男女合舍的學生也較男女分舍的學生之心理成長為佳。

　　Kline等人（1989）的研究顯示，在「女性化特質的母親」和「男性化特質的父親」的組合家庭中，較易形成愛、尊重、關懷、照顧和支持的成熟氣氛，有助於子女的兩性互動和心性發展。由此觀之，中國傳統家庭中「嚴父慈母」的環境結構，對子女的性別角色、兩性關係和身心發展也有一定程度的正向影響。當然，成長歷程中，每個人都會不斷地對自己的長處和弱點進行評估再評估的工作，也因而形成了個人一種獨特的自我效能知覺形式，這種自我效能的知覺會影響我們所選擇的活動，也決定了我們是什麼樣的人物，以及將成為什麼樣的男人或女人。因此，個人成長歷程中的整體知覺經驗，會逐漸塑造出男女兩性的性別認同及其心理特質、心性發展。

二、男性特質與女性特質

　　「男人少根筋，女人多根筋」，這是日常生活中經常用以形容兩性及其互動關係的話語。有時男性覺得自己「少根筋」大而化之的個性，更容

易與人相處，不會與人斤斤計較；相對的，女性則認為自己「多根筋」的細心、善解人意等特質，更易於拉近人與人之間的距離，有助於經營和諧的人際關係。男性喜歡獨立自主，不喜歡受到拘束；女性心思細膩，會為別人著想。男女兩性的心理特質似乎影響其人際關係、家庭結構、愛情婚姻與生涯發展等各個生活層面。究竟男人與女人的個性和心理特質是否真有「性別差異」，迄今仍莫衷一是，是一項值得關注的議題。

Gray（1992）指出，當男性認為自己的言行是正確時，他們只要女性順從、接受，不喜歡女性提出任何的批評和忠告，並期待女性欽佩他們；當女性的論點是對的時候，她們則喜歡不斷地談論她們的問題，她們期待男性是有耐心的聽眾，不一定要為她們的問題提供解決辦法。男性性喜「單兵作戰」，力求個人表現，當身處在壓力情境時，他們往往會撤退到自己的「地盤」裡，不想被干擾，並堅持自己重新開始，而不想要任何的幫助；女性則在壓力之下或在大部分時間裡，喜歡尋找和製造人際之間的接觸，但也較容易鑽牛角尖、相互猜忌。男性雖較具有攻擊性，但性別歧視的特質反應則兩性並無明顯不同，只是男性較具社會地位的優勢。

Chesler（2002）則認為大多數的女性都是性別歧視者（sexists），女人對女人也會採取各種「間接、迂迴、細緻但極具毀滅性的攻擊手法」，女性之間的相互競爭壓力並不亞於男性對女性、女性對男性。例如母親貶抑女兒、親生姊妹之間暗中較勁、女性朋友相互以流言中傷、女主管喜怒無常又濫用職權等。又如少女和少女之間，由於對同儕的親密關係特別依賴，故排擠、流言、冷默對待等這類對同性的「懲罰」往往特別有效；就成年女性而言，她們寧願選擇與男人共事、分享資源，對同性反而以更高的標準來要求其言行表現。Chesler認為，女性應該停止這一切互相貶抑、彼此傷害的心理現象與行為反應，才能追求人際和諧關係，並爭取女性的權益、地位。

綜合國內外學者的看法（李美枝，民79，民81；劉秀娟、林明寬，民87；Basow, 1992; Brovermen, 1972; O'Neil, 1982; Scott, 1981），典型的女性化特質有：較少激進、較不獨立、富感情（不隱藏感情）、主觀、少主

見、服從性高、容易被人影響、對細節敏感、被動、少攻擊性、言詞有時不合邏輯、間接溝通、拐彎抹角、無冒險性、猶疑、難下決定、缺乏自信心、無野心、多話、靈巧、溫和、善解人意、安靜、缺少安全感、對藝術與文學有興趣、能表現溫柔的性情。

至於典型的男性化特質，則包括：富冒險性、有決心、有野心、沉穩、直爽、粗魯、不解風情、習於嘈雜、有安全感、對藝術與文學較無興趣、不善於表達情感、進取、獨立、冷漠、無耐心、幾乎永遠隱藏感情、非常主觀、支配慾強、不容易被影響、對小事不激動、激進主動、有競爭性、有商業才能、直截了當等。在職場上，大部分的男性承認他們的男性化特質是來自於工作上的競爭，不得不如此。而男性之間強烈的競爭，可能和其工作環境的壓力與工作焦慮有高度的關聯性（O'Neil, 1982）。

此外，O'Neil（1982）進一步彙整出典型男性化和女性化的兩極角色如下：

㈠典型男性化有關的特質：⑴控制他人的權力，有強烈的個人意志想將任務完成；⑵大量的精力，持續不斷地工作和高抗壓性的體能；⑶合乎邏輯的解析能力，理解如何解決問題；⑷高成就感與強烈的企圖心，努力地工作想出人頭地，為自己與家庭賺取更多的財富。

㈡典型女性化有關的特質：⑴柔弱的、脆弱的、柔順的與不果斷的行為；⑵準備成為其他更大力量的受害者；⑶維持有限的體能以朝向重要人生目標持續地努力；⑷情感直覺，決策時基於情感而非透過謹慎的分析；⑸建立一個巢，照顧丈夫和子女的需要；⑹喜歡同性友誼。

國內學者李美枝（民81）曾以大學生為對象，調查男性和女性適切的人格特質各為何。研究結果發現，男性人格特質的適切項目與傳統對男性期待的「陽剛」特質符合，女性人格特質項目也與傳統對女性期待的「陰柔」特質相符合。當然，兩性的心理特質並非固定不變，有時也會相互影響而產生改變。換句話說，當男性與女性相處時，若雙方的關係愈親密或愈在乎對方，則其陽剛、陰柔或原有的人格特質也會受對方的影響，而趨向於表現出對方所期待的特質或呈現出雙方互補的個性，例如男的精打細

算，女的大而化之；男的沉默內向，女的活潑外向。

柯淑敏（民 90）曾調查男性和女性吸引人的心理特質為何。研究結果發現，男性吸引人的特質為：溫柔體貼、穩重、聰敏的、負責努力的、幽默風趣的、有領導力的、帥帥的、整潔的、會做家事的、不大男人主義的、有生活情趣的、孝順的、健康的、誠實的。此外，吸引他人的女性特質則為：溫柔體貼、善解人意的、聰敏的、有思想的、活潑可愛的、積極的、美麗的、獨立的、會做家事的、不強悍的、有生活情趣的、孝順的、健康的、純樸的。基本上，個人的正向心理特質乃是人際吸引力的要素之一，亦即本書前一章所提及的「內在美」。所謂「異性相吸」，正亦顯示男女雙方各有其引人注目的特長與優點。如何培養個人正向的特質、風格，正是現代人必須學習的重要課題。

由於人類的個別差異乃是心理學領域非常重要的研究法則，故探討兩性心理特質時，也必須深切了解所謂「典型的女性化特質」和「典型的男性化特質」，僅是同一尺度上的兩極端，僅是統計學上常態分配的兩極端，其所占的人口比例甚少，大部分的男男女女都可能擁有「非典型」的特質。此外，心理特質亦有其正向面與負向面，即「一體兩面」，例如「小氣」也可能有「勤儉」的正向面，「擇善固執」也可能會有「墨守成規」的弊端。換言之，每個人的人格特質都有其複雜性，但也有其一致性與持續性，故兩性的心理特質各有其特長與限制，也各有受歡迎與不受歡迎的優缺點，詳如下頁表 3-2 所示。

Heerden（1999）曾提出「基本的謬誤歸因」概念，他認為人類的行為反應有由環境所引起，也有的是由與生俱來的心性或個人特質所形成。人們往往偏愛將成就歸因於是他們個人內在的心性所造成，而將失敗或錯誤的結束歸咎於外在環境的因素；相對的，在解釋他人的行為時，往往會以恰恰相反的角度來說明或探討其因，此即為「基本的謬誤歸因」。基本的謬誤歸因論未必能夠解釋人們為什麼會犯同樣的錯誤，但卻可提供人類一個自我反省的空間。同理類推，兩性的交往互動，若只見「同性」的優勢、「異性」的缺失，少見自我的盲點和對方的優點，那麼男女之間的相

表 3-2 兩性受歡迎與不受歡迎的特質

項目	受歡迎的特質	不受歡迎的特質
外在儀表	1.好看、予人好感 2.女性化，身材好（女） 3.男性化，體格好（男） 4.乾淨、整潔、衣著合宜得體 5.身心健康	1.舉止令人生厭 2.男生像女生 3.女生像男生 4.慵懶的、邋遢的、衣著不合身的、不愛乾淨的
社會行為	1.外向、開朗 2.友善、親切 3.有活力、精神飽滿 4.樂於參加團體活動 5.社交技巧：有禮貌、應對得體、自然溫和、幽默風趣、善解人意、能動能靜、富同理心	1.羞怯、畏縮 2.過度沉默寡言 3.被動、孤僻、不喜參加團體活動 4.喧鬧嘲諷、態度惡劣、自大自誇 5.社交技巧：粗魯無禮、冷酷無情、口出惡言、不學無術、自我封閉、憤世嫉俗、幼稚不成熟
個人特質	仁慈、有愛心、有同情心、合作的、積極的、公平的、不自私、慷慨大方、樂於助人、愉快的、樂觀的、誠實可信、負責的、敬業的、腳踏實地、有自信、謙虛的、大方的、情緒穩定、有正義感、謹言慎行的	自私的、不體貼的、冷漠的、情緒化、具有敵意的、好爭鬥的、不關心他人、囂張跋扈、愛發牢騷、小氣吝嗇、悲觀消極、不負責的、不可靠的、說謊欺騙、自大自滿、愛慕虛榮、貪小便宜、不公平的

處將會產生更多的指責非難與「謬誤歸因」，值得現代人警惕。

三、現代人的兩性特質觀

「性別」是二元的，是先天的生理結構所決定；性別認同是多元的，是來自於後天的社會化歷程。一個人無法認同自己的性別，可以經過專業歷程的評估，自由選擇是否變性；但性別認同的社會化歷程，乃是一個人從模仿、認同、內化中，逐漸擁有更多的資訊刺激，並且經過個人化的統整，最後形成「我是怎麼樣的一個人？」、「我是怎麼樣的一個男人（女人）？」、「我喜歡這樣的性別及其所帶來的角色嗎？」即使我不喜歡這

樣的一個性別角色或生活模式，但我必須學會接納自己、尊重異性，同時
選擇自我調適或規劃不同的發展路徑。性別認同既是多元的，也該當是有
彈性的，對自己或他人的認同及角色期待可以不斷地模索、選擇、修正與
形塑。

當個人對自己或他人的性別期待與人際互動形成固著、僵化的認知
時，性別認同的刻板化、生涯發展的迷思與兩性關係的衝突將隨之而生。
於此，現代人必須再進一步地思考：當兩性之性別角色分際模糊時，男女
之間或許多了平等、尊重，但是否兩性之間的互動也將失了常軌？個人成
長與發展的歷程中，是否也將因此缺乏了形塑、模仿及認同的對象或模
式？兩性性別認同的刻板印象是「必然之惡」——一定會形成性別角色的
偏見否？一定會引發兩性關係的限制、衝突否？如何透過兩性教育與諮商
輔導等社會化歷程，增強性別認同的客觀性與多元性，減少性別認同的固
著、僵化，以促進兩性關係的和諧，凡此或許正是未來努力的方向。

晏涵文（民 79）即認為，在社會變遷的過程中，男女雙方對自己所該
扮演的性別角色常感到迷惘。男性擔心自己若是表現得細心、愛美或膽
小，容易被別人嘲笑；女人也害怕自己表現得主動、競爭或果斷，就會令
人望而生畏。其實，性別角色是一個人自我的一部分，關係到一個人一生
中的生活型態與發展，進而影響其人際關係，同時在約會、婚姻問題中也
占有舉足輕重的地位。因此，現代人要學習做一位新男人、新女人，培養
「兩性化」的特質，亦即男女雙方都能做到「剛柔並濟」，新時代的男人
可以表現出溫柔、體貼、顧家和負責的一面，新時代的女人也應有自信、
果斷、聰明和堅持信念的一面，雙方同時能夠學習到因時、因地、因事、
因人而制宜自我的性別角色與行為。

在兩性互動的世界中，性別差異是無法改變的事實，唯有了解男女雙
方彼此個性、認知、態度和感受等心理層面的差異，方能在「更多了解、
更少誤解」的情況下，增加兩性和諧的互動空間。若是強將自己的價值標
準或性別期待加諸於對方身上，意圖控制其行為反應，只會引發兩性之間
更多的衝突和對立。一般人總以為兩性的差異是無所不在的；也有人認為

除了生理結構不同之外，男人與女人並無其他方面的差異；另有一些人將兩性截然劃分，將「妳們女人……」或「男人總是……」變成個人的口頭禪，導致男人女人之間的互動壁壘分明，形同水火。其實男人與女人之間有其同質性，皆為「人」，故有「人性」；男女也有別，故相互視為「異性」（如圖3-3）。「了解人性、尊重異性」便成為兩性相處的不二法門。

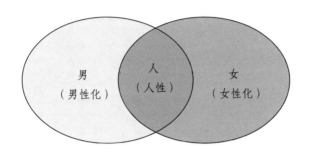

圖 3-3　男人與女人之異同

　　中國傳統一向講求「中庸之道」，典型男性化或女性化特質固然符合「陽剛陰柔」的兩性形象，但「極陰」與「極陽」在人際互動或生活適應上也有其不良的後遺症。舉例而言，三國時代曹操的野心最大，但最後竟連神醫華佗都不敢相信，終於中風而死；周瑜滿腦子個人主義的英雄思想，最後一氣吐血而亡；孔明生性極為「淡泊」，卻不能不以神化的魔術家姿態出現，對抗那時代「野獸」的呼嘯，最後也力竭氣虛而死。再如狂飆性格的馬超、魏延，最後也都抑鬱而身變，病死馬超，氣死魏延（羅龍治，民76）。其他諸如漢朝時李廣的自殺、李陵的流亡、華佗被殺，皆是狂飆英雄極端非理性言行的下場，值得深思。

　　總而言之，基於「異性相吸」、「異中求同」，男人與女人身心發展的不同，正足以建構出繽紛多彩的人際與人生。現代社會強調男性也能擁有部分女性的正向典型特質，例如善解人意、細心溫暖等；女性也能具有若干男性的正向典型特質，例如堅毅獨立、膽大冒險等。事實上，「角色

統整」有時比「性別區分」更為重要。若是陷入「男女有別」的性別刻板印象，將易導致「性別歧視」、「性別衝突」。兩性關係乃是所有人際關係中重要的一環，兩性之間的歧視、衝突與對立，必將影響個體其他層面的人際互動關係。是故，現代人更應重視並塑造具有「兩性化特質」的新好男人和新好女人的形象。

兩性之間

有一回，北上演講後，搭夜車南下。

凌晨時分，當自強號列車駛過彰化站後，睡意正濃的我，依稀聽到前排座位上有一對男女正發生爭執。在寂靜的深夜裡，在空盪的車廂內，他們倆的聲音是如此地清晰。仔細一聽，二人的對話迴盪在耳畔……

「既然在一起彼此不痛快，不如分手好了？」男的說。

「好呀！分手就分手，誰怕誰！」女的答。

「哈！」男的沉默半晌，冷笑一聲：「我太了解妳了，每次說分手的是妳，先來找我的也是妳。」

「是呀！是呀！」女的不甘示弱：「就算你了解我，可是你太不了解你自己，所以在我還沒去找你之前，你已經先來找我了。」

這樣的對話，乍聽之下令人不禁莞爾；仔細一想，卻令人感觸良多。

兩性之間，唯有彼此了解才能和諧相處。可惜的是，現代男女往往過於認識自己，卻少有了解對方；或是汲汲於揣度對方，疏於反省自我。

人要時時了解自己、了解他人、了解狀況。世間男女更要了解戀愛、分手是正常的事，假設狀況對、成熟度夠，就情深意濃；否則多情就多辛苦了。

「天地創造陰陽，孤陰不生，獨陽不長，唯有陰陽調和，天地才能大化。」男女互相吸引本是正常的事，我們得用平常心去看待異性。現代人流行自我探索、生涯規劃，相同的，是否也應自我了解、規劃情感呢？每天報紙新聞的社會版，上演一幕幕的婚姻悲劇，甚至結婚人口與離婚人口的比率已上升至四比一，凡此皆因不了解異性，缺乏溝通所致。

所以我們得認識異性、了解異性，同時要認識自己、了解自己。

學習活動

❖ **活動名稱：女人心、男人性**

活動目的：探討兩性正向與負向的心理特質

活動時間：約需 40 分鐘

活動性質：適用於團體輔導與課程學習

活動方式：

1. 四人一組，每組準備 B4 紙一張，紙上畫一十字座標，橫軸左右兩端分別代表男性與女性，縱軸上下兩端分別代表正向與負向的心理特質。

2. 每組在紙上四個象限分別填上男女兩性正向與負向的心理特質（如下圖範例）。時間 20 分鐘。

3. 以兩組為一隊，每組推派一人至少一組交換分享報告。時間 10 分鐘。

5. 專家學者或教師、領導者指導。

（男性正向特質） 冒險的、果斷的……	（女性正向特質） 溫和的、善解人意……
（男性負向特質） 自大的、好鬥的……	（女性負向特質） 膽小的、情緒化的……

第四章

兩性生涯發展

俗云：「男怕入錯行，女怕嫁錯郎」，顯示兩性在生涯發展上各有不同的任務與危機。男女之間除了生理與心理等方面發展的差異之外，兩性的生涯發展路徑、工作價值觀和職業抉擇模式也均有所不同。探究其中差異，實乃受到遺傳、環境、成熟和學習等四類因素的影響。男女雙方在生涯發展歷程中皆承受了不少壓力，從傳統「男人要能養家活口，女人須守三從四德」的性別角色期待，以迄今日「男人失業，女人失婚」的危機，在在顯示兩性生涯發展的差異與不平等。究竟男女兩性生涯發展的特色及限制為何？各有哪些生涯發展的壓力與型態？各有哪些生涯發展的任務？雙方在工作價值觀的差異為何？以及職業抉擇各有何考量……等，凡此議題皆是本章所要探討的重點。

第一節　兩性生涯發展的理念

　　章小屏打算大學畢業後，前往一家著名的會計事務所從事會計工作，因該事務所面試時，相當重視應徵者的在學成績、實習經驗與專業證照等條件的考評，因此章小屏在畢業之前，必須做好時間規劃與管理，以便完成各項就業前的準備。她的壓力異常沉重，尤其是她的家境並不好，父母皆希望她畢業後能盡快找到工作，賺錢協助家計；同時她也發現，最近自己和男朋友的關係日漸疏離。當下的生活困擾，令她不知如何是好，不得不求助於生涯諮商人員。

　　相較之下，同班同學徐東林雖然也即將畢業，但因他的家人期望他畢業後先服役，退伍後並打算送他出國進修深造，一切都在父母的妥善安排下，而且他也沒有任何經濟壓力，所以畢業前夕，徐東林的學校生活似乎仍顯得輕鬆自在且胸有成竹。從前述的兩個實例看來，每個人在不同的人生發展階段都會面臨不同的生涯課題，生涯不僅是升學與就業的問題，甚至影響到一個人的人際關係、兩性關係、親子關係、個人生活、家庭生活、學校生活及整個自我的人生。

一、生涯的基本概念

　　「生涯」（career）是指個人生活中各種事件的演進方向和歷程，它也是統合了個人一生中的各種職業和生活角色，由此表現出個人獨特的自我發展組型（Super, 1976）；換句話說，生涯即是個人終其一生，伴隨著與工作或職業有關的活動與經驗。生涯一詞，有人視之為人生、生活、生計或生命。每個人一生中的生涯發展歷程，皆深受其家庭、地域、經濟環境、政治生態和社會文化等因素的影響，因此個人的生涯規劃自亦必須考量各方面的變數。所謂的「生涯規劃」（career planning），係指人生發展的計畫或規劃人生各方面的發展方案。

　　一般而言，最簡單的生涯規劃步驟是「**知己**：自我探索與了解」、「**知彼**：環境資訊的了解」和「**決策**：根據前述知己、知彼的內容，為個人的生涯規劃做最佳的決定」。生涯規劃的內容涵蓋範圍甚廣，包括三大領域十大層面的規劃：(1)**前程領域**之「學習（升學）規劃」、「職場（就業）發展規劃」；(2)**人際領域**之「同儕關係規劃」、「親子關係規劃」、「兩性關係規劃」；(3)**生活效能領域**之「時間管理」、「壓力管理」、「情緒管理」、「投資理財規劃」與「身心健康規劃」等。不同領域、不同層面的生涯規劃，彼此之間皆會相互影響，例如一位身體狀況不佳的人，可能會影響到自己的職場發展或學習效率；一位情緒管理不好的人，可能會影響了個人的親子關係、時間管理和職場發展。

　　Super（1981）認為，人生的總體發展係由時間（time）、深度（depth）和廣域（breadth）等三個層面所構成的。從時間的觀點而言，人的生涯發展歷程可區分為出生至十四歲的成長期（growth）、十五歲至二十四歲的探索期（exploration）、二十五歲至四十四歲的建立期（establishment）、四十五歲至六十四歲的維持期（maintenance）和六十五歲以後的衰退期（decline）。從深度和廣域而言，人的生涯發展歷程即是各種不同角色、不同投入程度的扮演歷程，例如兒童、學生、休閒者、公民、工作者、家

庭主婦等。因此，一位能夠恰如其分扮演人生各種角色的人，也可以說是一位生涯發展成功、成熟的人。

二、兩性生涯發展的壓力與迷思

綿延數千年的中國文化，為男人和女人「設計」出許多不同的角色，也製造了許多不同的生涯壓力。有些人以為，女人的壓力較男人多樣化，日常生活中的一些柴米油鹽、街談巷議，都足以把女人壓得喘不過氣來；其實男人從小多多少少也被安上「光宗耀祖」、「揚名立萬」的重責大任，有時壓力大到如鳥兒折翅無法展翅高飛。一般而言，男人面臨了三種主要的生涯發展壓力，所謂「男人折翅三嘆」：一嘆家庭壓力重，二嘆工作壓力重，三嘆社會期待重。許多男人小時候都有類似的經驗，當和姊姊或妹妹搶玩具，因沒搶到而自覺委屈、眼眶蓄滿淚水時，大多數為人父母者會對他：「查甫囡仔，你哭什麼，見笑（羞）死了，為什麼一點志氣都沒有，你還哭，你再哭哭看，我數到三喔，一、二……。」甚至在學校念書也一樣會有壓力，包括課業的壓力、擔任幹部的壓力……。尤其是在大專院校文、法、商等類的科系裡，有些班級全班往往只有兩三個男生，每次幹部選舉或粗重工作，怎麼輪都會輪到男生負責。

男生在兩性互動的社會中，必須有一種自覺：「我是男孩子，我要保護女孩子，我要像個男人。」舉例而言，如果班上舉辦活動直到深夜才結束，班上很少有女孩子會跑去對男孩子說：「我看你長得很危險，我保護你回去好了！」相對的，女生可以義正詞嚴、理直氣壯地對男生說：「回我家路上要經過墳場，比較黑暗、危險一點，拜託你送我回家囉！」然後男生就必須「全副武裝」地扮演強者的角色，即使自己膽子很小，也不敢承認。於是乎，他只得像個雄赳赳、氣昂昂的大男人，保護女同學回家。等到女方回到家把門一關後，這下可慘了，男孩子回頭一看，眼前黑壓壓、陰森森的一片，頭皮直發麻，但是他還是得裝得很鎮定的樣子，晃呀晃地走回去，內心壓力大到只能口中直唸「阿彌陀佛」來壯膽。

　　所以在成長的歷程中,男性所承受的角色壓力也是很大的,特別是結婚成家後必須扮演「為人夫、為人父」的角色。大部分的男性都必須負起家庭經濟與保護妻小的責任,甚至要「光宗耀祖,揚眉吐氣」,傳承整個家族命脈。家裡粗重的活(工作),一定是男人的事,即便他是「文弱書生」,也要責無旁貸地保家衛國。至於在職場上的工作壓力更是大,因為工作不順利、事業發展不如意,男人不可以很瀟灑地說:「我不做了,我去找人嫁了。我不想再看老闆(或主管)的臉色了,可以吧?」當然不行,因為男人要工作,他就算不養自己的家人,也要養活自己。可是女性呢?有能力工作就工作,沒興趣工作也可以說:「對不起,我丈夫不喜歡我拋頭露面!」失業的男人較無業的女人更容易令人瞧不起。

　　男性隨時都需要工作,工作甚至是男性化的象徵,男人失業,有哪一位女孩子敢託付終身?傳統上,甚至將「成家、當兵、就業」視為男孩子轉為男人的三件大事;這是要大事張揚慶祝的。男女相親時,女人有沒有工作,無妨!男人就不然。在職場上工作還要處處與其他男人或女人競爭,有時候有些女人還會對他的男同事或丈夫說:「你打拚幾十年了,還是小職員,你看我,你看我,現在……。」如此一來更加重了男人的壓力,在職場上工作處處有壓力:競爭的壓力、創造的壓力、合作的壓力、進修的壓力……等,不管在職務升遷上、工作成就上,男人隨時都有壓力。隨著不同年齡階段的發展及不同的社會期待,男人始終要面對各式各樣不同程度的壓力,尤其是在失業率居高不下、經濟不景氣的時候。

　　俗云:「男人真命苦」。傳統上男人的命苦是來自於女性因居弱勢地位,男性必須扮演一個保護者的角色;現代男人的命苦則是因為女性意識覺醒之後,反傳統、爭女權,現代女人打破了傳統的性別期待與角色形象,她們不再像從前那樣順從、溫柔、需要男性保護,反而積極爭取女性應有的權利,以及長期以來失落的地位和尊嚴。如此一來,現代男人在兩性互動上雖減少扮演保護、統馭的角色與責任,但卻出現了更多的競爭者、挑戰者,而且還是女性的競爭者、挑戰者,因此男性必須重新學習接受新女性的形象,並學習調適自己來與之相處、共事。

有些男人面對上述男性角色與局勢的改變，仍「活在過去」的兩性世界中，既不想輸於同性和同儕，也難忍受自己的生涯發展被異性打敗，久而久之，自然在心理上會產生更大的生活壓力。舉例而言，男女二人在同一家公司工作。上班時，只見女的很有效率地一口氣把三個企劃案完成，而男的卻仍在那兒咬著筆桿想點子，這個時候，相信這位男性的壓力必大於「易地而處」的另一位缺乏績效的女性。這與男女雙方的工作能力未必有關，而是涉及兩性各自承受社會的性別角色期待與壓力有所不同。

其實，男人加諸於女性的要求也相當多且不合理。有時既要女人崇拜他們，但又不能給他們太大的壓力；有時既要女人多關心自己，但又不能過度干涉男人；有時要求女性在男人面前要表現得堅強自主，有時則要求他們最好表現得柔弱依順些……。持平而論，現代女人有時面對男人的自大與自卑，如果不神經錯亂已經不容易了。女人談戀愛時要像小貓，我見猶憐；結了婚後要像頭黃牛，任勞任怨。懷孕時要忍耐痛苦、生育小孩，還要很有耐心地把小孩養育成人。如此看來，有時女人比男人命苦，生涯壓力也不小。女人苦於面對傳統男人的「自大」（看不到別人）與現代男人的「自私」（只看到自己）。

成長過程中，男人的生涯行是一路綠燈，通行無阻，享受傳統「父系社會」、「父權條款」的保障。可是女性呢？生涯路上多的是黃燈或是紅燈。何謂「紅燈」、「黃燈」？一言以蔽之，便是生活中的阻礙、挫折太多。試想：家裡若有人生病，病情嚴重到需要長期看護，屆時要請假、休假、蹺班或辭職回家照顧家人的是誰？恐怕多半是患者的姊姊、妹妹、太太、媳婦、媽媽或女兒等女性。此外，女人懷孕、生小孩更是備極艱辛，從驗孕確認懷孕開始直到生產，大部分女性的生活「包袱」就很重，有些人甚至產生嚴重的妊娠症候，其痛苦更是筆墨言語難以形容！有人從懷孕第四個月起，幾乎不能吃東西，一直靠打針過日子，不喝水時嘴唇就脫水乾裂流血，可是一喝水，又害怕等一下會嘔吐出來。所謂「害喜」似乎就是「不好的喜事」。

女人除了懷孕生產對個人生理所帶來的不便之外，其他的壓力也不

少。首先，他們必須面對反「新女性」之傳統男人的「反撲」，這些人無所不用其極地將新女性「污名化」、妖魔化。其次，現代女性必須面對現有環境與制度上的限制，包括法律上、職場上與生活上各種不公平的措施，例如，懷孕婦女的工作權被剝奪、男女「同工」但女性薪資不及男性、職場的性歧視與性騷擾（參閱本書第十一章）等。女性即使受政府公權力的各種保障而略微提高其社會地位，並不代表她們在家庭中的地位也能夠相對地提高，有些女性依然遭受家人歧視、暴力相向，甚至因婆媳不和、操持家務等家庭壓力，而罹患憂鬱症、焦慮症等心理疾病，凡此皆值得傳統男人和現代男女的省思、關注。

更有甚者，女人的一生必須經歷生子、撫育、停經……等過程，如果換成是男人來面對這些生涯任務，恐怕也會受不了，所以女人有時較男人情緒化與神經質，那也是不得不然的生存之道。此外，女人的神經質有時也來自於她的家人或配偶太大而化之的個性。舉例而言，有些女性抱怨子女出生後，晚上有嬰兒的哭聲大部分是為人妻和為人母者才聽得到，這時候為人夫、為人父的男人若非耳朵自動封閉，不然就是聽而不聞不問。為什麼？只因為女人被社會期待扮演照顧、撫育嬰兒的角色，導致女人必須神經敏感，加上女人自小被教導做人要細心、善解人意，於是乎經年累月地變得神經質、心思細膩而又難以捉摸。

有時女人的依賴、柔順性格也是被男人培養、「制約」（condition；強制學習之意）而來的。自古以來，男人慣於將女人分類：一是良家系統型的女人，那是娶回家做太太的；另一類是風塵系統型的女人，那是供男人尋歡作樂的。男人希望風塵系統型或良家系統型的女人，都能按照他的意思來過日子，無形中強塑了女人的依賴性格。舉例而言，中國竟然有長達一千年的歷史讓女人纏小腳（參閱本書第一章），只因為要讓女人行動不方便，好讓她在家做家事，不希望她走太快到外亂跑；而且如此走路可以婀娜多姿，塑造「纏腳女人最美麗」的風氣。即便是美麗，那也是男性的審美觀，男人未曾了解這種違反生理發展的纏腳對女性所造成的痛苦與不便。由此觀之，男女兩性的生涯發展是相互影響、密切相關的，而且也

各有其生涯發展的壓力。

三、兩性生涯發展的型態與任務

　　男人與女人的生涯發展型態是有所不同，故所承受的生涯壓力自然也有差異。一般而言，常見的女性生涯發展型態約有四類（莊慧秋，民79）：⑴家庭主婦型：又稱為「傳統型」（the conventional type），女人不須出外工作，丈夫、子女與家庭是她們整個生涯發展的重心。⑵內外兼顧型：又稱為「雙軌並向不悖型」（the double-track type），她們都是「出將入相」的職業婦女，在外工作是能者，為人行事面面俱到；下班回到家後，也能把家庭照顧得很好。⑶獨立自主型：又稱為「多重嘗試型」（the multiple-trial type），此一生涯型態的女性相當獨立，婚姻、家庭並非是生活的全部，甚至有些女性是不婚主義者，她們只想擁有自己的生活空間，喜歡嘗試各種生涯挑戰。⑷突破轉變型：有些女性過去可能是前面三種類型之一，但因不滿如此生活或生涯歷程中突然遇到重大挫折，於是乎人生有了一百八十度的轉變，例如先生外遇、婦女喪偶、婚變受暴或遭受意外等，使這些女性的生涯型態與生活態度剎那間完全改變。

　　如前所述，女性的生涯壓力較男性為重，其原因甚多，有源自於傳統環境的因素，也有來自於女性個人的自我限制。吳武典（民78）認為，女性的生涯發展有下列的障礙：⑴性別角色的制約與社會化；⑵婚姻及工作中多重角色的角色衝突；⑶對婚姻存有過多的幻想；⑷缺乏工作定向（lack of work orientation）；⑸性別歧視（sexism）。其他諸如成功的職業婦女角色太少、深受家庭或子女羈絆的影響、缺乏自控性的成就動機、社會環境的不公平對待等，也都會影響女人的生涯發展。一般人認為「事業有成」是成功男人的指標，但檢視職場中成功婦女的條件則較為嚴苛，除了評量她的事業成就之外，還要檢驗她的婚姻、家庭和子女表現等。換言之，一位成功的女性在生涯發展上往往背負了許多的包袱，包括個人形象的塑造、個人女性特質的「男性化」、社會的質疑歧視等（吳芝儀譯，民

87）。

　　至於男性方面，常見的生涯發展型態也有四種類型：(1)汲汲名利型：有些男人一生發展以追求功名利祿為職志，為了爭名逐利甚至不擇手段，包括背叛婚姻、犧牲家庭或出賣人格等。(2)技術本位型：又稱為「傳統型」（the conventional career pattern），這些男性的生活世界完全以專業技術、工作事業為導向，休閒樂趣未必是生活的重心。(3)玩家冒險型：又稱為「不穩定生涯型」（the unstable career pattern），有些男人一年到頭幾乎都在換工作，沒有生涯定向，今天興致高昂就出去做他想做的事，明天可能又更換不同的職業，喜歡嘗試冒險，隨性率性地遊戲人間。(4)默默守成型：又稱為「穩定生涯型」（the stable career pattern），這種人的生活型態便是上班提個公事包，下班回到家就規律地吃飯、看報紙或電視，日子一天天過且胸無大志，生活平淡又「安分守己」，是典型的「居家型」男人。

　　男性生涯發展的阻力雖不似女性般多，但男人所承受的社會期待並不少。男人從小到大被多重的社會影響力所包圍，例如父母親的態度會主觀地促使子女成長為男性角色。有些父母會為男孩與女孩選擇不同類型的玩具，至於對兒童玩具的選擇，父母往往基於其所認知的適性角色，子女無從自我選擇（Rosenwasser, 1982）。成家立業後，面對「雙軌並向不悖型」（內外兼顧型）的妻子，有些男性仍要承受一些傳統角色的壓力，例如要不要幫忙家務都會有人非議，做太多家事，媽媽可能不滿而婆媳不和；不幫忙家務，妻子或旁人可能埋怨。顯然職業婦女的先生比家庭主婦的先生，要負擔更多的家庭工作和家事責任。換言之，現代男女紛紛投入職場工作，夫妻雙方的職業生涯也會導致家庭的性別角色改變。

　　現代社會中，男女兩性皆須面對人生發展的各種任務與挑戰，一如不同的人生階段有不同的發展課題，兒童期、青春期、青年期、中年期以迄老年期均有所差異。表 4-1 顯示兩性在不同的發展歷程中所須面對之共同的與各自的生涯任務。當然，人有個別差異，故兩性的生涯發展也有個別差異。余德慧（民 79）「陰陽反轉論」的觀點即指出，男女兩性在不同的

表 4-1　兩性生涯發展歷程與任務

發展階段	共同的生涯發展任務	兩性的生涯發展任務
成長期 （0-14 歲）	・學習並適應各方面的身心發展 ・學習群體生活	・學習並認同男性性別角色（男） ・學習並認同女性性別角色（女）
探索期 （15-24 歲）	・第一性徵及第二性徵出現 ・探索自我、了解自我 ・發展個人專業知能 ・認識職業世界，準備發展經濟生涯 ・對異性好奇，學習與異性相處 ・建立自己的價值觀念與道德標準 ・參與社會活動，表現自主與負責的行為	・發展男性化的社會角色（男） ・發展女性化的社會角色（女）
建立期 （25-44 歲）	・適應與父母分離，學習情感獨立 ・學習並適應工作者角色 ・選擇伴侶與準備結婚，並適應新角色 ・調適職場壓力 ・發展經濟的個人生涯，厚植經濟基礎	・發展以家庭為重心或雙生涯的生活（女） ・承受不婚或未婚所帶來的社會壓力（女） ・發展以事業為重心的生活（男） ・建立個人的處世風格（男）
維持期 （45-64 歲）	・善盡個人公民責任 ・調適性生活的改變 ・達成並維持個人生涯領域的滿意度 ・以「個人化」取代「配偶化」來看待另一半	・完成女性「獨立自我」的發展（女） ・接受並調適中年期的生理改變（女） ・平衡家庭與事業的生活重心（男）
衰退期 （65 歲以後）	・適應逐漸衰弱的身體狀況 ・接受並調適「配偶逝世」的生活 ・建立滿意的休閒與社會生活 ・調適並承受權力和收入的弱化現實	

人生發展階段，其重視的焦點與承受的壓力也會有所不同。四十五歲之前，女性的重心在家庭，男人則重視事業發展；四十五歲以後，男人若事

業有成，會逐漸關注於家庭與子女，女人則因子女已成長、求學或就業於外（家庭進入「空巢期」），開始擴大個人的生活圈，進而從事一些個人有興趣的事務或職業。男女雙方呈現不同的生涯發展方向。

近年來，大多數的男人已開始重新檢視他們自己的角色、信仰與價值觀，以及他們與女性之間的關係，這是可喜的、進步的社會現象；但也有一些男人仍然「緬懷過去」傳統的優勢風光，不願接受兩性生涯改變的事實。當然，意圖短時間內改變男性傳統角色的觀念及其生活風格，將是一件很困難的教育工程，因為男性的性別角色與社會優勢是長期社會化過程的產物。是故，未來必須加強兩性平權教育及其宣導工作。男女雙方要設法克服性別的外在框框限制，充實求知，提升自我內涵，否則兩性將漸行漸遠，現代人將難以跨越性別鴻溝，生涯路上必當險阻重重。

四、現代兩性的生涯觀

究竟兩性生涯發展歷程中是「男人命苦或女人命苦」，此一問題不同的世代將會有不同的答案。今日觀之，無論是男人或女人，只要生而為人，可能就必須面對人生許多問題，所以問題本身不是問題，重要的是，如果兩性皆能熱愛生活、皆能做好生涯規劃，那麼「苦」就是一種磨練、一種生涯助力；如果不能對生命執著、對生活熱愛，並妥善規劃生涯時，這個「苦」就是一種壓力、阻力。有人面對阻力，無法跨越生涯困境，有人面對壓力，無法克服調適；但也有人面對壓力、阻力時能激發潛能，突破並超越生命障礙。所以男人、女人誰命苦？答案是：只要是人都命苦。至於這個「苦」的意義為何，每個人從不同的角度去詮釋，意義自有不同。從正向的角度積極思考，命苦本身就是一種磨練、挑戰；如果從負向的角度去探索時，將會發現到這種苦是一種壓力、一種挫敗，甚至覺得生命已面臨一種關卡桎梏，沒有辦法獲得解脫，所以「改變信念就能改變生涯、改變生命」。

男人、女人雖然生涯發展有各自的壓力與危機，但也不要忽略「了解

異性，認識自己，齊心協力，共創生涯」的重要性，所謂「夫妻一條心，糞土變黃金」。人不要只看到自己的苦，也要看到別人的痛。男人若能看到女人的痛，就不會高高在上、盛氣凌人，而會與周遭的女性同甘共苦，相知相惜；同樣的，女人若可以體會到男人的苦，就會和身旁的男性禍福與共，相互扶持。男人女人彼此之間都能「同理」對方的苦，相互尊重體諒，兩性之間是可以和諧相處的。唯有兩性和諧相處，整個人生、世界才是有希望的，整個生涯發展也才會有希望。人，終其一生就是在尋找「另一半」，構成一個「完整」的個體，所以，現代人對兩性的生涯觀要隨時有清澈的前瞻與省思。

　　無論男人或女人的生涯發展型態為何，整體而言，不分老少男女，現代人的生涯觀約可區分為四種類型：第一種是快樂又成功的人，第二種是快樂但不成功的人，第三種是成功但不快樂的人，第四種是不成功也不快樂的人。有些賺大錢、做大事或登高位的人，生活得不快樂，心理壓力更大；另有些人雖然錢賺得不多，生活中「一簞食，一瓢飲，居陋巷」，卻也不改其樂，因此，每個人的生涯定向與目標也有其個別差異。依此類推，女人男人終其一生各種艱困的處境與角色都必須面對嘗試、接受挑戰，兩性生涯發展的先決條件，就在於個人能否接受自己的性別角色。

　　事實上，從世界各國變性人口不多的角度來看，兩性生涯發展的重點不在於自己的性別，也不在於「為何我不是女人」或「我想做男人」，若花太多時間去思考、埋怨或羨慕「異」性，只是在消耗、磨蝕自己生命的能量，喪失了個人生涯發展的契機。唯有不斷地充實自己，了解兩性職業抉擇的模式與澄清個人的工作價值觀，同時掌握外在的環境，了解各項資訊與充分運用資源，方能在「知己」、「知彼」與「做最佳決策」的有利徑路下，開創個人適切又美好的生涯發展方向。

第二節　職業抉擇與工作價值觀

　　我是一位就讀理工科系的大學生，班上只有我一位女生，我在班上人緣很差，我很孤獨，沒有朋友。不知是因為我的性別，還是我的長相、身材（我醜得容易讓人誤認為我是男生），班上同學經常會以此來開我玩笑或羞辱我。例如，當班上同學提議要找別系女生班遊，而我表示不想去時，全班男生會鼓掌、吹口哨，拍手叫好；我常被視為「本班異類」；作實驗要分組時，沒有人願意和我同組，老師規定抽籤，大家會雙手合掌，祈禱不要被我抽中，他們視我為「瘟疫」；他們說我愛現、愛特立獨行、錯在我選系自不量「性」。每天上學變成了一種痛苦，我不知道我是否能熬到畢業，就算畢業了，屆時工作或再升學又如何面對另一群男人（據我所知，各大專院校我讀的科系幾乎清一色是男生，真不知是否也有人遭遇與我一樣慘）。老師，我快崩潰了。

　　從上述案例內容，可以感受自我認同、性別認同對個體身心發展、人際互動及生涯發展的影響相當大。人類自出生開始，「性別」似乎決定了他（她）的一切：心理、行為、態度、價值觀、角色期待、自我意象、互動模式、職業抉擇及生涯發展。「生物本質論」、「性別決定論」儼然成為一道緊箍咒，規範了人倫、人際，也提供了一切行為發展個別差異的合理化解釋。於是乎，自我認同、性別認同長久以來成為許多心理學、諮商學、人類學、管理學等人文及社會科學研究的重要變項，今日也是多元文化諮商、諮商歷程研究等學科的重要研究議題（楊瑞珠，民 85；Pedersen, 1994）。由自我認同、性別角色與職業分工所衍生出來的角色刻板印象與生涯發展的性別偏見，亦為人類帶來許多負面的影響（謝臥龍、莊勝發和

駱慧文，民 86）。

　　傳統上，將生涯視為與個人職業角色、工作價值觀和職場有關的活動歷程。今日隨著時代的發展，生涯的概念較為寬廣，不限於升學與就業的抉擇，已如前述。生涯可視為整個人生各層面的發展，亦成為人類整體生活型態的複合詞（楊宇彥，民 90）。自我認同與性別角色是人類成長階段中重要的發展任務，二者也是影響個人生涯發展的主要因素。每個人外在的行為反應皆係其內在認知、情感、態度和價值信念的產物，依此類推，兩性價值觀的差異，也會影響人未來生活的職業抉擇、兩性關係與生涯發展。

一、兩性工作價值觀之探討

　　性別對於工作行為的影響，不僅來自於男女生理狀況的不同（包括第一性徵、第二性徵方面），例如女性的情緒常隨著月經來臨而有週期性的變化，進而又影響其工作效率（陳家聲，民 82）；同時，男女雙方的心理特質差異，也導致不同的工作能力、工作表現與工作價值觀。儘管今日「兩性平權」的觀念已較為普遍，昔日女性「在家從父、出嫁從夫、夫死從子」的生涯觀也隨之改變，女性生活空間已不再局限於家庭中；然而，受到社會大眾對性別角色期待的不同及兩性生理結構的不同，男女兩性的行為表現仍有其差異性。

　　一般人認為男性長於技能學習，女性則擅於語文學習，根據我國行政院衛生署編製之國中性教育教材（民 81）的內容顯示，只有語文能力（女優於男）、數理能力與視覺空間感能力（男優於女）等項，兩性確實有所差異之外，其他各項：社交、自信、推理分析、成就動機、簡單重複性工作等方面的能力表現，男女並無顯著不同。因此，構成男女兩性在學習能力或工作行為上的差異，社會因素的影響反而大於性別本身的因素。此一影響明顯反映在職業選擇與工作價值觀上。Chusmir（1983）的研究發現，選擇非傳統職業（例如高科技）的男性高於女性，但即使是從事非傳統職

業的女性，也通常具有男性特質：自主的、主動的、野心的、個人主義與成功取向的。劉修祥、黃淑貞和陳麗文（民89）的研究也發現：不同的性別、不同的社會期待，均會影響個人的升學意向與職業選擇。

　　近年來，由於社會變遷加速，影響了社會結構的改變，社會結構的變化也加速催化男女兩性的生活型態與工作價值觀，各種職業類型的分工也愈趨精細與複雜。影響人類工作行為與學習效率的因素相當多，工作價值觀是其中一個重要變項。男女兩性或許受限於主觀因素（生理結構、分化能力等）及客觀因素（教育機會、社會期待等）的差異，而有不同的職業選擇或工作表現。但是，兩性在工作價值觀上是否確有差異，其差異為何，則值得進一步探討。

㈠工作價值觀的定義與內容

　　從性別認同刻板印象的「複製與生產二元論」觀點來看（參閱第三章第一節），若生育、複製人類是女性的天職，其工作價值比不上推動生產器物、發展文明的男性，似乎意味著男人較重功利主義、實用主義，女性則較重視人文關懷、人本主義。有些學者（劉珠利，民88）認為，男性往往從工作（學習）成就中尋求自我認同，女性則經常從人際關係中認同自我，亦即slef-in-relation。究竟在工作情境中的男性或女性，誰較重視工作本身的成就感，誰較關心地位升遷，誰較看重同事互動關係，誰較重視薪資待遇，誰較期待工作的挑戰性與工作性質的豐富化……，凡此皆涉及兩性工作價值觀的議題。

　　綜合國內外學者（朴英培，民77；李華璋，民83；吳鐵雄等，民85；白景文，民86；Becker & Mcclintock, 1986; Chusmir & Parker, 1991）的看法，「工作價值觀」（work values）係指職業發展過程中，個人對職業生活的一種偏好與價值判斷，亦即個體從事職業活動的能力、意願與態度之傾向，並將之形成為個人內在支持或引導系統，進而表現出的一種外在行為。工作價值觀可適切地反映出一個人的工作態度與行為表現，也是個人工作動機的一部分。

根據 Super（1970）「工作價值觀量表」（Work Values Inventory）的內容顯示，工作價值觀包含利他主義、美的追求、創意尋求、智性的激發、獨立性、成就感、聲望、管理能力、經濟報酬、安全感、工作環境、與上司的關係、與同事的關係、變異性，以及生活方式的選擇等十五項。國內的「工作價值量表」（吳鐵雄等，民 85）則區分為自我成長取向、自我實現取向、尊嚴取向、社會互動取向、組織安全與經濟取向、安定與免於焦慮取向、休閒健康與交通取向等七個向度，每一向度均代表個體一類的工作價值觀。

(二)兩性工作價值觀的差異

近幾年來，伴隨國內高普考女性報名人數及錄取率有增加的趨勢，以及坊間媒體一再報導的影響，以至於社會大眾的知覺想法中，形成了「女性重視工作的環境、穩定性及同事關係，男性擇業較考量工作的變化性、自主性與挑戰性」的刻板印象。事實也是如此，Beutell 和 Brenner（1986）的研究結果就支持男、女兩性在工作價值觀、職業選擇度與生活型態上是有所差異的。Super（1970）也發現，男性關心「經濟報酬」，女性較重視「聲望」；此外，女性較男性在意工作尊嚴（面子），男性則較重視「獨立」與「物質」的實際條件。

Gade（1977）的研究顯示，男性的「經濟報酬」、「獨立性」與「安全性」等三個外顯性的工作價值觀分數均較女性為高，而且達到顯著水準；至於女性在「利他性」、「道德性」等內隱性的工作價值觀分數則較高，而「利他」與其他「創造」、「心智刺激」及「管理」等項工作價值觀，將會影響女性的職業抉擇與生涯成熟度。Cherrington（1979）的研究發現，男性對「升遷」價值的重視高於女性，但在工作的愉悅感與友誼的重視度卻低於女性。但是，Cherrington 的研究結果並未支持前述男性重「金錢」、女性重「道德」的工作價值觀。

國內學者支持工作價值觀存有性別差異看法的人也不少。有的研究發現男性比女性重視「管理」的價值觀，女性較男性在乎「成就感」的價值

取向（林邦傑，民79）；有的調查顯示男性明顯地較女性注重工作的「挑戰性」，而女性較男性重視專業性、變異性及人性化管理的工作價值觀（謝馥蔓，民83）。此外，黃同圳（民81，民82）針對我國勞動者進行工作價值觀與組織向心力的研究調查發現，女性工作價值觀傾向藉由工作達到經濟獨立與擴大生活圈的目的，而男性較強調實現生活理想與創業成功。男女兩性在「外在工作價值期望」、「外在工作價值信念」均有顯著的差異，例如工作條件、工作環境；但是，在「內在工作價值信念」與「內在工作價值期望」則性別差異未達顯著，例如自我成長、自我實現。

㈢兩性工作價值觀的省思

上述國內外的研究結果，確實有值得現代人省思之處。男性為何比女性更重視管理、地位，並有較高的企圖心想在工作上發揮影響力；女性為何較男性重視安全性與身心健康的工作，同時有較強的工作道德觀念；女性為何比男性更在意工作環境與制度。從心理學上「刺激－反應」的因果關係角度觀之，前述研究結果是否也意味著：處在長期以來男性優勢主導一切政經權力與社會資源分配下的環境，女性較容易缺乏安全感，生存空間也嚴重受到男性的威脅、擠壓，於是乎，女性反映出的價值觀與工作行為是先求「生存」，再求「發展」。同時，這樣的研究結果是否也顯現，女性長久以來較少獲得公平的生涯機會與績效考核。

今日，在多元開放的社會結構下，女性投入就業市場的人數日漸增多，女性也較男性更珍惜工作機會，以至於女性的工作道德感與工作投入感也相對增加。有些研究顯示，若是女性愈具有平等的性別認同態度，愈能顯現其強烈的工作承諾與職業抱負，也愈有意願從事非傳統女性職業的工作（Ahrens & O'Bren, 1996; Matula et al., 1992; Chatterjee & McCarrey, 1998）。在勞力性、機械性的工作方面，女性雖然平均體力較男性為差，但並不意味著個別具體的女人就一定輸給個別具體的男人（畢恆達，民89）。

雖然過去十年來，台灣女性勞動條件有很大的改善，但台灣勞動市場

對女性的歧視卻有加深之趨勢（Wang, 1997），女性投入職場工作後，仍然必須面對許多的性別偏見與性別歧視；同時，也要承受來自家庭與職場的雙重壓力。未來雙生涯婦女所必須承受的壓力及自我調適的問題，更是現代女性面對新時代「兩性平權」意識下必須學習的功課。基本上，女性的學習態度與能力、職業倦怠感，與男性相較並無顯著的差異（張治遙，民80）。

因此，現代女性不宜妄自菲薄，以「性別差異」做為個人行為反應不佳、學習能力不良的「保護傘」。至於男性，面對「女性的挑戰」，不能再憑藉傳統優勢，不能再自恃「男性的優越」，現代男人必須排除不當的自我認同和大男人形象，以調適個人的工作價值觀，融入職場的新文化，學習接受、尊重「平起平坐」地位的女性，學習與工作能力相等的女性共事相處。任何批評異性、安於現狀、得過且過、藉口逃避的行為反應，都是阻礙兩性生涯發展、自我開展的重要阻力。國內外現階段的社會環境與教育歷程對已扭曲的兩性價值觀、性別認同與工作態度，都有許多待努力的重塑空間。

二、兩性職業抉擇與生涯發展

前述「男怕入錯行，女怕嫁錯郎」，正顯示出一個人職業選擇的重要性。從有人類的歷史記載以來，男性似乎一直是社會的主導者。在性別角色認同與期待的社會化過程中，主觀、領導、獨立、積極、支配、冒險性格的男性，在職場上占有極大的優勢地位，享有一切的職場資源與權力；相對的，被社會大眾與傳統文化塑造成親切、順從、保守、溫柔、情感用事、善解人意的女性，就只適合於在職場中從事「陪襯」、「附屬」的角色，不適任於主管職。現代職場上確實反映了不少此類性別差異的現象，值得關注探討。

㈠性別與職業類型

　　若有一天，你發現在醫療院所為病患打針送藥的是位男護士，在百貨公司電梯內服務的人員是位男性，在建築工地上操縱「怪手」的是位女工人，在計程車上轉頭問你欲往何處的是位女「運將」，在托兒所為人育嬰照護的是位男保母，此時你的感受反應會是什麼？若有異於平常，問題恐怕不在於該項職業、工作，而是從事該項職業工作者的性別。傳統上，從性別認同的觀點而言，通常將職業類型區分成「女性職業」、「男性職業」與「中性職業」三種。所謂女性職業是指從事該類型職業者大多為女性，例如美容美髮師、護士、幼教老師等；所謂男性職業是指從事該職業者多半為男性，例如軍人、警察、機械工程師等；至於中性職業是指男女從事該項職業的人口比例大致相等，例如業務員、室內設計師、企管人員等。中性職業人口的增加已成為現代先進國家和兩性平權社會的重要指標之一。

㈡性別與職業抉擇

　　在成長過程中，每個人透過自我學習與他人教導，對職業予以探索、選擇、評估及適應。此外，性別認同的刻板印象也會隨著個人的成長發展而改變，同時影響當事人未來的生涯決策；因此當個體成年後須做生涯抉擇時，通常會考量社會期待與性別認同。根據過去幾年來學者的研究發現（田秀蘭，民 85；Betz, 1994），女性在其生涯發展及事業追求的過程中，大部分均未完全發揮個人的天賦潛能，尤其是在傳統以男性為主的職業領域裡，女性無法發揮其潛能的現象更為明顯。

　　Gianakos（1995）的研究發現，性別認同不論對男性或女性的職業抉擇與自我效能感等，均有顯著的影響。國內陳麗如（民 83）的研究顯示：男性及生涯未定向者的生涯阻礙因素較多。性別認同的存在，使個人在職業選擇時，會考慮性別角色的適合度，而忽略了學習、試探或考慮個人自我與職業的適切性。劉修祥、黃淑貞和陳麗文（民 88）的研究發現，不同

性別、不同教育程度會影響學生升學與就業的意願，且已達到顯著水準；同時，也會影響其職業選擇型態與行業類別（黃素菲，民87）。

王淑敏（民89）的研究結果發現，大專學生職業的自主選擇或妥協選擇的影響因素中，確實存在有自我層面的差異、性別層面的差異，以及性別在跨文化上的差異和選擇兩難情境上的差異。有趣的是，國外 Super（1970）的研究顯示，男女在工作價值觀上的差異是男性重視「獨立」，女性重視「聲望」；但王淑敏的研究結果卻顯示：國內男女大專學生的職業選擇皆偏好「聲望」，其抉擇的策略因素與「性別角色」、「職業興趣」、「自我概念」、「職業心向」、「職業資訊」、「目標選擇」、「職業性向」、「問題解決」、「未來計畫」及「自我了解」等變項有關。

Farmer（1995）認為，因為過去女性的社會地位不高，加上對女性的性別偏見與刻板印象，導致在職場發展上女性的職業選擇較為狹窄。今日在教育及媒體的影響下，雖然兩性平權觀念日漸普及，女性也已擁有更多公平的就業機會，但是在高階、高薪及高聲望的職位工作上，女性人口的比例仍偏低。此一研究結果顯示，傳統的性別刻板印象雖已不再能做為職業選擇的參考依據，但「性別偏見」、「性別角色刻板印象」仍處處潛藏在我們的生活經驗中，甚至影響到一般人的職業選擇和職場發展。

(三)性別與生涯發展

人類生涯發展的歷程受到許多變數的影響，例如個人條件、家庭背景、居住地域、經濟環境、政治生態和社會文化等因素，一如前述，此等變數若干擾個人的生涯發展，即為生涯阻礙（career barriers）因子。Swanson 和 Toker（1991a）的實證研究顯示，生涯阻礙有內在與外在兩大類因素。前者包括人格特質、自我概念、性別意識、性別角色、價值信念等內在的想法或心理傾向；後者諸如生涯規劃、學習機會、家庭責任及人生經驗等。一般人的看法認為，女性「生涯阻礙」因素與狀況較男性多，大多數學者的研究也證實此一看法（謝宏惠，民79；陳麗如，民83；繆敏

志，民 83；Beutell & Brenner, 1986; Betz, 1994; Gianakos, 1995），例如雙
生涯婦女，離婚、喪偶或懷孕的婦女等。

　　Betz 和 Fitzgerald（1983, 1987）有系統地研究影響女性生涯發展的因
素，詳如表 4-2。女性的生涯發展深受家庭和工作交互作用的影響，而男
性則將家庭與工作視為各自獨立的領域，故影響其生涯發展的因素較少。
女性認為工作和家庭的角色難以兼顧，容易產生衝突；男性則較少面臨此
一雙趨衝突和利弊抉擇。DiBenedette 和 Tittle（1990）也認為，男女兩性
面對家庭與工作的雙重角色與雙重壓力時，女性的內在衝突與壓力顯然大
於男性。

表 4-2　影響女性生涯發展的因素摘要表

一、個人方面的變項	二、背景方面的變項
1. 能力佳 2. 性別角色的價值觀是開放的 3. 有利的（instrumentality） 4. 中性化的人格特質 5. 高度自尊 6. 較強的自我概念	1. 母親是職業婦女 2. 父親的支持 3. 父母皆受高等教育 4. 有女性角色的模範 5. 年輕時有工作經驗 6. 父母對小孩是中性化的教育態度
三、教育的變項	四、成人生活型態
1. 學歷高 2. 長期對數學有興趣 3. 在女子學校及大學就讀	1. 晚婚或單身 2. 無小孩或小孩很少

（資料來源：Betz & Fitzgerald, 1987）

　　因此，男女兩性的生涯發展不僅受到性別認同、家庭生命週期、社會
支持系統、個人職業資訊與工作價值觀的影響，同時，也須考量個人生活
經驗、自我了解、目標設定及生涯規劃等因素。誠如本章前一節所言，兩
性生涯各有不同的發展任務與危機，與其思考、爭論男人或女人誰命苦，
倒不如從「人」的角度省思如何充實自我，開拓個人的生涯發展。當一個
人擴大了職業抉擇的角度、廣度與深度後，無形中自我的生涯發展空間也

將更加遼闊，不再局限於傳統的職業類型與性別角色。

三、兩性職業抉擇與生涯發展的省思

儘管男女兩性在成長背景、生活經驗、個人需求及身心發展等方面的差異，可能導致雙方職業抉擇與生涯發展的不同，唯此等發展的差異有時非性別之必然，而係人類個別差異所使然。因此，若是以性別來做為工作價值觀或生涯諮商的研究變項，關注的焦點不只是「知其然」（what），而須進一步探索「何以然」（why），如此將有助於釐清兩性生涯發展的真正內涵，減少性別認同與職場分工的刻板印象，創造兩性生涯發展更大的共融互補、分工合作的空間。楊清芬（民 88）即認為，團體分工可以依性別所附帶的社會建構意涵來做為分派的準則，舉例而言，校園內的班級事務，總務、服務、學藝等幹部可由女生擔任，康樂、體育、風紀等幹部則由男生擔任；也可正副幹部由男女兩性搭配。

雖然有些專家學者的研究結果發現，女性的工作價值觀偏向「經濟報酬」、「穩定性」、「人際關係」及「工作成長」；男性則較重視「獨立」、「管理」、「工作挑戰」、「升遷進修」等工作價值，如此一來，使人誤以為女性較重「功利」、「人際依附」、「不切實際」，以至於陷入另一層兩性生涯的刻板框架中。其實，在開放、多元的今日社會下，女性之所以重視經濟獨立、生命自主及生活安全感，在生涯發展上追求與男性能夠公平地享有生存權、工作權及自主權，乃是長期以來女性受「男尊女卑」煎熬壓迫的結果；因此，現代男性若是將上述女性工作價值任意曲解，反而無助於建構未來兩性平權、和諧的互動空間。

如前所述，國內外學者專家的研究大多證實，人類的工作價值觀確實存有性別差異，此等差異亦將影響其行為反應、工作效率、生活適應及生涯發展，並影響其生涯歷程中任何的決策，包括職業選擇、升學與就業選擇、家庭與工作的抉擇、個人與家庭的抉擇……。其實，兩性在不同的生涯發展階段皆各有不同的發展任務與生涯課題，任何生涯徑路或職業選擇

的考量應是全面的、深入的及邏輯的,如此較不易產生適應與發展的問題。當個人生涯發展或職業選擇的考量係以單一變項「性別」為出發點時,亦即男生適合做什麼工作,女性適宜從事什麼職業,如此不但固化了性別認同的刻板印象,也窄化了生涯發展的空間方向。

今日我們要客觀地面對此一嚴肅的課題,必須深思:兩性之間的生涯發展目標是否不同?生涯規劃的內容是否有差異?達成目標、實踐夢想的方法是否有別?生活輔導與生涯諮商的策略是否不同?社會資源的運用與分配是否不均等問題。若上述問題的答案是否定的,則性別認同與自我概念並不構成兩性生涯發展的阻礙,更不會導致婚姻關係下夫妻雙方的生涯徑路阻塞或「進退失焦」,任何兩性生涯議題的探討,不宜輕率以「性別」歸因之。若答案是肯定的,則其差異係不當社會環境所使然,或個體生理結構之必然,凡此皆值得省思。

總之,人類的行為反應與身心發展是有個別差異,性別認同、生涯決策模式與工作價值觀只是其中一二,但不宜輕忽每個人皆有其獨特的發展潛能。今日,在現代化的社會中,性別認同若仍完全主導了我們的職業選擇與生涯發展,則學校教育與諮商輔導的功能確實值得商榷。進一步言之,未來國內生涯教育與兩性教育的空間是無限寬廣的,有待專家學者與社會大眾共同努力。唯有每一個體皆能深切地自我認識、自我肯定與自我悅納,了解並掌握自我不同人生階段中的各個生涯發展議題;同時,適度地運用社會資源與專業諮商,兩性的生涯發展才能有更大、更好的空間。

兩性之間

　　現代人生活在忙碌、緊張、講求效率的環境中，自然時時感受到壓力。「壓力」是個人自覺身心狀態受到威脅所產生的一種不良反應組型。壓力是一種刺激，也是一種反應，更是一種過程。如果不適時紓解，壓力就會慢慢破壞人體的免疫系統、身心健康，輕則失眠、感冒、疲勞和焦慮，重則崩潰、自殺或傷人。

　　每一個人在生活中，幾乎要面對大大小小的壓力。有一次演講時，我請教在場所有的男士一個問題，如果有選擇的機會，下輩子還是願意當男人的請舉手（幾乎所有在場的男士都舉手）。我再請問在座的女性觀眾，下輩子寧為女人的請舉手（在場約一半女士舉手）。會後，有許多舉手的男性告訴我，他「寧為女人」，只是剛才不好意思不舉手。

　　有趣吧！男士在公開場合回答假設性問題，舉不舉手的同時，也背負了一些社會壓力，這個時候他要不要舉手，牽涉到人家怎麼看他這個男人。相對的，女性朋友若選擇下輩子要做男人，別人會同情她，只因這輩子她做女人做得太辛苦了，可能「遇人不淑」囉！反之，若是下輩子她仍寧為女人，只因為這一輩子她是個幸福的小女人或大女人。

　　由此可知，男人的社會期待與角色壓力相當重，當然，女性也可能會有形象的壓力、角色的壓力、性別歧視的壓力等。總之，人的「存在」本身就是一種壓力，適當的調適壓力才能豐富快樂的心靈。

　　在此，提供個人一項簡單測試壓力的方法，就是將手掌放在脖子上，如果手的溫度比脖子還低的話，就表示你是壓力的受害者。至於調適壓力的方法有很多，包括改變認知思考、重新安排生活、重視休閒娛樂、學習發洩方法、拓展人際關係、重新規劃生涯等。當然，充實自己、激發潛能更是世間男女最有效調適壓力的動能。

學習活動

❖ **活動名稱：生涯有夢、築夢踏實**

活動目的：學習人生定向與生涯規劃

活動時間：約需 40 分鐘

活動性質：適用於團體輔導與課程學習

活動方式：

1. 三人一組，各人準備 A4 紙一張。

2. 每人分別在自己的紙上寫下現階段生活中最想要的一個生涯目標。時間 5 分鐘。

3. 三人腦力激盪，共同協助每位組內成員規劃如何達成目標的方法及其阻力、助力，並記錄在各人紙上。時間共 30 分鐘。

4. 專家學者或教師、領導者指導。

❖ **活動名稱：男人女人誰命苦？**

活動目的：增進兩性相互了解彼此的生涯發展歷程

活動時間：約需 60 分鐘

活動性質：適用於團體輔導與課程學習

活動方式：

1. 男女分成兩大組，各推派三位代表先各自說明男性和女性在生涯發展過程中的辛苦。每人 3 分鐘。

2. 男女兩組其他成員（含前述代表）針對「男人命苦（男生組）或女人命苦（女生組）」議題自由交叉辯論。時間 30 分鐘。

3. 專家學者或教師、領導者指導。

第五章

兩性人際溝通

　　「昨夜星辰昨夜風，畫樓西畔桂堂東，身無彩鳳雙飛翼，心有靈犀一點通。」這是唐朝李商隱的〈無題〉詩。男女之間若真能從語通、音通進而心意相通，確實令人羨慕。無論是在友情、愛情或婚姻的互動關係中，由於男性與女性身心發展、語言結構的不同，加上受到成長環境及傳統觀念的影響，兩性溝通雖不至於「雞同鴨講」，但彼此之間要能達到「心領神會」的境界，也並非易事。若能了解兩性身心發展的差異及其語言表達的方式，學習「翻譯」對方的語言與肢體語言，並且勇於表達自己的情緒、感覺和想法，如此持續不斷地相互了解，必能增進和諧的兩性關係及有效的人際溝通。本章第一節旨在探討人際溝通的基本概念；第二節則在說明兩性語言表達與溝通實務。

第一節　人際溝通的基本概念

　　在現代開放、多元化的工商業社會裡，「人際溝通」已經成為時髦流行的名詞，不僅職場工作需要溝通，商場交易消費需要溝通，學校生活、家庭生活與社會生活等情境中，也處處可見人際溝通。人與人之間，熟識與否要溝通，時空不同也要溝通；衝突誤會是要溝通，談心話閒也是溝通；甚至電視台等傳播媒體也開闢有專門強調溝通的 call-in、call-out 節目。因此，親子要溝通、夫妻要溝通、師生要溝通、勞資要溝通、兩性要溝通，即便是政府官員與民意代表、社會大眾也要溝通。然而，有些現代人不願與人溝通、無力與人溝通、期待他人主動溝通，或是缺少與人溝通的勇氣和時間，最後導致人際疏離，誤會衝突加大。

　　人際之間為避免互相傷害，必須學習主動與人接觸、溝通，唯有不斷溝通、體會、經驗，人際衝突與誤會才可以化解，才可以減少傷害，才可以「異中求同」獲得人際共識，不同的意見才可以交換，不同的心意才可以交流。舉例而言，女方不喜歡男友亂開玩笑，特別是對其他的女性，但又擔心男友或旁人認為她無聊、不夠大方，故經常隱忍不發，但因臉上仍

會顯露不悅，難免會掃了大家的興致、破壞團體氣氛。如此一來，經年累月地一再發生此類不愉快的相處經驗，終於導致男友無法忍受提出分手，直到分手協議時，女方才表明個人的人際價值觀，但為時已晚。所謂「有溝通就有了解，有了解就有諒解，有諒解就有包容，有包容就能和諧」，人際溝通乃是現代人相當重要的學術議題與生活課題。

一、溝通的意義與重要性

「溝通」（communication）意即「分享」或「建立共同的看法」。溝通是指個體或團體與其內外在環境、其他個體或團體之間訊息的傳遞、交換與相互影響的過程。溝通是一種人際之間雙向交流、互動的過程（process），包含了三個重要變項：傳訊者（encoder）、訊息（information or message）、受訊者（decoder），三者之間訊息彼此的傳遞、交換與相互影響，就構成溝通的互動模式。基本上，理想、完整且有效的溝通應是雙向溝通，亦即當傳訊者將訊息傳達給受訊者時，後者同時將訊息加以解釋（譯碼、轉碼），再回應予傳訊者（此時二人的角色互換，傳訊者已成為受訊者，受訊者則成為傳訊者），彼此交互作用，直至雙方都能了解對方的看法與感覺；反之，若是傳訊者將訊息直接傳達給受訊者後，溝通過程即告完成，此為單向溝通。

溝通的良窳不僅影響人際之間意見的交流、資訊的交換等結果，同時也會改變人際互動的品質與工作的效率。隨著工商業的發達，現代社會人際之間的互動更為頻繁，人與人之間已無可避免的必須產生接觸，有接觸就會涉及雙方態度、價值觀的交流。換句話說，有人聚集的地方，就會有人際溝通與互動的問題，即使是一個人離群獨居，也終不免「自言自語」、「自我沉思」或「吾日三省吾身」，此等「自我對話」也算是另一種形式的溝通，也同樣能夠產生訊息交換、自我回饋的功能。是故，溝通的重要性與日俱增，它已成為促進個人成長、增進人際情感、提升生活品質、提高工作效率與帶動社會進化的重要媒介。

二、溝通的層次與形式

基於前述溝通的意義與重要性，人與人之間的表達溝通也有不同的層次。人際溝通最基本的層次乃在於「傳達資訊」，藉由溝通之一方呈現事實、訊息予另一方，例如甲告訴乙說，校內有一新的選課規定。溝通的第二個層次是「表達情感」，溝通之一方表露個人感受、情感予另一方，例如甲男對乙女有好感，向其表露個人情感欲與之交往，或是丙對丁傾訴失戀後內心的痛苦。溝通的第三個層次是「遂行企圖」，溝通之一方或雙方基於個人的需求或意圖，藉由接觸、交談或採取某些行動，來滿足需求或實現目標，例如，甲男買禮物送乙女母親並陪對方談天，以獲得女友長輩的好感。溝通的第四個層次是「形成共識」，溝通之雙方藉由不斷的討論、說明或研究，集思廣益以異中求同，例如公司欲遷廠至大陸，資方與勞工協商資遣事宜。溝通層次雖有不同，但並非各自獨立、互斥。

至於溝通的形式，可依其不同的向度特性來區分。若就人數多寡而言，包括自我溝通、一對一溝通、小團體溝通、大團體溝通，以及一對多（例如公眾演說）、多對一（例如甄選面試）、多對多（例如政黨協商）等溝通；若就溝通的訊息而言，可以區分為語言溝通與非語言溝通；若就溝通方式而言，可以分為書面溝通與口頭溝通；若就溝通的性質而言，可以分為認知溝通、情感溝通與意向溝通；若就隸屬關係而言，可以區分為垂直溝通與平行溝通；若就溝通時機而言，可以分為正式溝通與非正式溝通。不同形式的溝通皆有其利弊得失，對人際溝通的品質亦有不同程度的影響。例如，口頭溝通雖較書面溝通更具影響力與說服力，但書面溝通的優點是有助於記憶和學習複雜的資料。

三、人際溝通的盲點與障礙

個體身心發展的個別差異，正是人際溝通的困難所在。由於每個人的

個性、動機、情緒、態度、習慣與價值觀等身心狀態皆有所不同,因此,人與人之間的溝通互動也難免有些盲點與限制。一般而言,造成人際溝通障礙的原因包括:⑴時空的阻隔;⑵知識與經驗的差距;⑶個人立場的不同;⑷主觀的態度;⑸利害衝突;⑹面子問題;⑺溝通技巧不良;⑻其他因素,例如身體狀況不佳等。若溝通雙方上述因素的差異性愈大,則人際溝通的難度愈高、障礙愈大、盲點也愈多。

　　人際溝通出現盲點、誤差時,有時會造成資訊互換錯誤、延誤時效,有時會引發人際衝突,阻礙個人成長,不可不慎。例如,面對男朋友的大男人主義,女方終於忍無可忍的想提出分手,但男方卻認為是女方移情別戀,加上其他人的傳言渲染,「非己之罪」,導致男方動手打傷女方,對簿公堂。由於人類聽話的速度大約較講話的速度快,因此一般人在傾聽他人說話時,往往會以多餘的時間想其他的事情,有時就會出現溝通的盲點。此外,「因人廢言」,有時因對對方的印象不好,也會影響雙方的人際溝通。另有些人在溝通的場合裡,故意擺出一副專心聽講的姿態,這種「假性溝通」也容易阻礙人際資訊的交流。

　　一般而言,人際互動時經常容易出現下列的溝通障礙:語氣的障礙(語氣不同令人會錯意)、動機的障礙(動機不同令人會錯意)、情緒的障礙(情緒化的言行阻礙溝通)、形象的障礙(職位、角色不同影響溝通的真實性)、防衛的障礙(心理防衛無法真誠溝通)及專業的障礙(專業領域不同,影響不同行業的交流,例如聽不懂對方的專業術語)等。當人際溝通障礙出現時,人與人之間住往會產生「搭錯線」、「表錯情」、「會錯意」、「傳錯話」等互動不良的結果。因此人際溝通時,不妨多澄清彼此的訊息及意向,適時地運用手勢、動作、語氣或錄音、錄影、簡報等輔助方式,來強化溝通的內容和效果。除了了解人際溝通的阻力之外,更積極的作為乃是學習人際溝通的技巧與理論,以便掌握正確、有效的人際溝通。

四、人際溝通的能力與原則

　　每個人人際溝通的能力與其人際關係的發展息息相關（鄭佩芬，民85）；同時，個人的人際溝通能力也會影響其生活適應、自我概念與生涯發展。Wiemann（1977）認為，人際溝通乃是個人在其所處的情境中，為了達到自我目標所採取的有效行為。Trenholm 和 Jensen（1996）則強調，人際溝通能力對個體、群體是相當重要、必要的生活行為能力。Clarkson（1999）和 Perls（1976）也認為，一個人缺乏創意的表達能力時，其當下所產生的激動狀態便是個人焦慮的來源。王彥程（民89）的研究發現，一個人的人際溝通能力，意指透過互動的行為以滿足溝通目標，包含調適自我、配合他人的人際互動歷程。由此觀之，人際溝通與我們的身心健康和生活適應密切相關。

　　一般而言，人際溝通要注意下列原則與要領：(1)不要太急於或勉強溝通、互動；(2)溝通時，注意彼此的聲調、語意、表情、態度等細微之處，以及溝通訊息的基本內容，避免對方曲解意義；(3)語言的選擇，特別是微妙的語意或情緒上的形容詞，都會影響溝通者的感受；(4)溝通時，宜同時注意對方內在和外在所表達的訊息，尤其是面對一位個性內向的溝通者，更須察覺其非語言行為；(5)把握時機，適當地蒐集有助於溝通的消息或價值的事例，促進雙向溝通；(6)檢討自己的溝通方式或內容，鼓勵對方表達他的反應（回饋），以及事後自我檢討；(7)理想的溝通狀態是「團體中心」的溝通，而非「自我中心」的溝通；(8)溝通應是個人自己互動、自發性的交流；(9)留意「團體外溝通」及「次團體溝通」對整體溝通網路的影響；(10)適當運用溝通技巧來達成有效的溝通目標。

　　Verderber（1996）強調，人際溝通是一種持續性的學習歷程，任何新事物或生活知能的學習是困難的，不但要深入了解其內涵、方法，而且要在現實生活裡不斷地學習應用，人際溝通亦然。每個人剛開始要學習人際溝通技巧時，都可能會感覺這些技巧是虛假的、不切實際的；但是，唯有

依照一定的步驟和方法不斷地學習、練習，才能使所習得的溝通技巧能夠自由自在地運用在個人的生活中，也才能提升自我的人際溝通能力與發展良好的人際關係。人際溝通的效果不僅繫於溝通者的理念、內涵與表達能力，更重要的是，互動雙方是否相互了解其溝通態度為何。人際溝通的態度有時往往重於理念與技術的運用，所謂「有口（技巧）有心（態度）」的溝通重於「有心無口」、「有口無心」或「無心無口」。

　　人際溝通的態度包含真誠、尊重、接納和同理心等內涵。任何一種人際溝通行為皆有其不同的哲學、人性觀與專業學理，在在值得探索、參考，如此方能建構出人類複雜行為的真實面貌與完整輪廓。當人與人之間的個別差異性愈大，其人際溝通的品質與效率也會受到影響，兩性溝通亦然。由於男女兩性的生活環境不同、性別角色差異，故其語言結構自有不同，例如男性慣用戰場語言，著重理性分析；女性使用家庭語言，善於感覺的傾訴。因此，性別差異容易導致雙方的想法、情感與意向更加難以契合共鳴，值得深入探討、關切。

第二節　兩性溝通與表達實務

　　男女之間的表達溝通，雖因「異性相吸」而有其異質互補性與成長包容性等益處，但也可能因性別差異而導致雙方的認知感受有所誤差，頻生人際互動的誤會、衝突與困擾。舉例而言，花前月下之時，公園內的角落有一對熱戀的男女朋友正相依相偎於濃情蜜意中，女方先打破沉默，感性地暗示男方：「嗯！聽說男人手臂的長度等於女性的腰圍，是嗎？」只見男方一頭霧水地直接回應：「誰說的？有這回事嗎？」

　　正當女方一臉愕然、不知如何接腔答話時，又見男方也一臉無辜地補上一句：「就算真有這回事，以我手臂的長度、妳的腰圍……」男方話說一半，眼神飄向女方腰部，再補上一句：「很難喔！」語畢，女方已悻悻然地掉頭離去，留下呆若木雞、搞不清狀況的男方。由此觀之，兩性的人

際溝通是一門專業學問，也是一項生活藝術，無論處於友情、愛情、親情或婚姻等任何一種兩性關係發展階段的現代男女，都必須正視、學習之。

一、兩性的語言系統與表達特徵

　　人類的語言系統具有社會性與適應性的功能，若無足供「傳情」、「達意」的語言、文字與符號，現代人的人際互動關係必然充滿粗糙、原始的意涵與反應，人際之間的交互作用也將因而停滯或複雜化。人類由於擁有共同或互通的語言、文字和肢體動作（例如手語、表情），才能創造出具有社會凝聚力功能的有效人際溝通。然而，兩性在社會化過程中，往往因社會價值觀與人際互動文化的薰陶、塑造，導致原有共通的語言、文字與肢體動作被分化、區隔，阻礙了男女之間的互動交流與表達溝通。例如女孩被教導要以「女性」方式說話，不要像男孩子一樣隨便發言，男人說話可以隨「興」（高興）之所至，女人則要隨「性」（性別）之所至，似乎連語言表達也有性別偏見（陳光中等譯，民81）。男生狂叫、發脾氣代表精神，會受到他人的包容或肯定，但女生發脾氣就是潑婦，不夠溫順。

　　由此看來，天生的性別差異往往在人類社會化的過程中「變質」為性別偏見，甚至成為性別刻板化印象，導致性別歧視，兩性溝通受阻、人際互動關係產生困擾。Rasmussen 和 Moely（1986）認為，當兩性語言型態不能符合男女性別角色的社會指標功能時，經常容易受到性別偏見的標籤化影響，當男性使用偏向「女性語言系統」的型態表達時，往往容易被他人誤以為是「同性戀者」；女性使用「男性語言系統」的表達型態，也會被視為自大傲慢。人類在家庭社會化的成長歷程中，最容易呈現此一性別角色分化的語言系統、人際溝通型態，例如父親的口語表達方式經常成為兒子的典範，有時可見滿口粗話的父親，可能會有個言必「三字經」的兒子；相對的，女兒也往往在無形之中被母親同化為說話像「婆婆媽媽」。

　　從解剖學或臨床醫學的角度來看，男嬰與女嬰腦部活動的波長確有不

同，而且男女雙方的腦部構造也截然不同。Jakob（2002）引述美國波士頓兒童醫院醫師 Duffy 的研究發現：在人類生命發展的歷程中，十八至二十六週大的男性胚胎在母體內，其腦部會因被一些男性荷爾蒙沖洗，而損壞了連結左右腦的一些纖維組織，導致右腦輕微收縮。正因如此，大多數的男性都是左半腦發達、較為理智，其理性功能也較強。然而，女嬰的右半腦卻沒有遭到這種破壞，故女人在語言、感情、人際與溝通的能力則較男性為佳（人類右半腦之職司功能）。換言之，在日常生活中，特別是在人際溝通的時候，男人重視溝通的目標、時效，女人則重視溝通的過程、感受；男性語言重命令、具有支配性，女性語言是含蓄的、從眾的；男性語言講求實際、主動，女性語言則重視感覺、被動。

另一項與生理構造有關的兩性語言表達差異，就在於女性處理溝通訊息時，會同時使用到大腦的左右半球，男人卻往往只靠左半腦的功能運作來處理與外界的互動訊息。因此，女性較男性更能完全控制個人語言方面的表達與溝通，而男性則傾向於透過視覺能力、空間關係和邏輯推理等能力，來處理外界的刺激訊息。亦即男人重事理、黑白分明、擅用理性分析，而女人則重語言、直覺和感性分享。舉例而言，當男性開車迷路時，較喜歡看地圖、憑記憶或個人的方向感來找路徑；女性則不然，在人身安全不受威脅的情況下，女性較喜歡直接找人問路（Fry, 2002）。當然，此類性別差異究竟是受社會文化的影響，抑或是受到前述生理結構不同的影響，值得探討（參閱本書第二章）。

兩性溝通表達的歷程與結果，除了受到前述男女生理結構與性別認同等身心發展因素的影響之外，也與個人社會化的經驗有關，亦即成長歷程中男女雙方皆會受到社會文化或其他人的影響，包括專家學者、傳播媒體和學校教師等因素的影響。Henley（1977）即認為在社會文化價值下，女性談話較有禮貌、舉止謹慎、情緒表達直接、面部表情變化較多。男性在兩性溝通上則較具有主導性，內在感受較少自我表露，慣於掌控人際，較難與他人建立親密的人際互動關係。Gray（1992）在其出版的《男人來自火星，女人來自金星》（ *Men Are from Mars, Women Are from Venus* ）一書

中，進一步細分男女兩性在心理反應與表達溝通上的差異。例如男性為交換資訊而談，女性喜歡分享情感；女性的語氣、語調會有自然的高低和循環，男性則較單調、低沉，而且富有磁性；當男性和女性說相同的話時，可能有不同的表達方式與意涵。

Mars 意為「火星」，原是希臘羅馬神話裡「戰神」的名字，形容男人較具有攻擊性、衝動任性；Venus 是金星，音譯為「維納斯」，希臘神話故事中的維納斯係「愛之女神」，今日用來形容女人的可愛、和平、美麗多情。從占星學的角度來看，火星象徵著精力的來源、勇氣、侵略與性慾，金星則代表一個人的愛情觀，以及對真善美、對人際和諧的追尋。金星與火星皆是宇宙的一部分，二者各有航道，相容共存。Gray 認為，來自火星的男人對「物體」和「真理」比較有興趣，而來自金星的女人則重視「感覺」和「關係」；女人分享感受，男人解決問題；男人藉由解決問題來讓自己感覺舒服，女人則藉由傾訴談論來使自己感覺舒服。儘管兩性溝通雖有不同的方式與見解，但只要相互了解、「截長補短」，亦可「陰陽調和」相容成長。

Gray 認為，男性較喜歡幫女性解決問題，而女性也習慣於依賴男性；但男性往往討厭女性「越俎代庖」替他們解決問題，令他們感到難堪。每當男性心情低落的時候，他們希望女性能夠給予愛的關懷與傾聽，而不是理性地探討問題或提供意見，男性喜歡被讚美以及被女人信任。有趣的是，當女性心情低落的時候，她們喜歡說著自己的問題，而且希望男性是位關心者，是一位能夠同理她們的傾聽者，而不要急著提供解決問題的方法給她們，更不要輕易地論斷評價、掌控主導一切。換句話說，男女雙方在語言表達時，都希望對方是一位傾聽者，所不同的是，男性期待女性是一位仰慕的傾聽者，而女性則希望男方是一位溫暖的傾聽者。

一般而言，男性較女性常表達支配性的口語行為，人際之間只要有男有女在的場合，經常可見男性高談闊論，操控溝通的議題與速率，甚至有些男性較女性更喜歡說話、發表高見，而且說的時間很長。男人對於感興趣的事務或公眾議題（例如政治、經濟、機械、科技等），往往可以投入

許多時間與心力去探討，並表達其心得，甚至強迫他人聽講，但對於不感興趣的主題則避免談論或懶得回應，談話「草草收場」。至於女性在與異性溝通時，則較喜歡傾聽，表達意見時也比較喜歡使用高半音的說話方式（除了聲音方面的生理結構因素使然之外，也反映其情緒感受及人際期待）；但對同性的溝通則不然，傾聽與否經常受到雙方關係、個性特質與認知理解等因素的影響。

綜合上述的觀點，男女的語言系統與溝通模式確有相當程度的差異，詳見表 5-1。典型男性化的口語表達類型（直線式溝通、自我中心的表達），反映出男人對社會支配性的追求及對權力、能力的關注，男性會使用談話的方式去協調、控制，並維持、強化自己的地位；相反的，典型女性化的口語表達類型（曲線式溝通、以他人為中心的表達），正反映出女性的相對附屬的社會地位及較強的人際需求，女性會使用語言（例如傾訴、自怨）去取得人際互動方面的支持及好感。

由此觀之，男女語言系統的差異可能會造成兩性人際溝通方面的障礙與問題（曾瑞真等，民 85；劉秀娟，民 87；Tannen, 1990）。但是，倘若現實生活中，男性表達多一點感性、女性多一些理性，兩性溝通自然也可以「琴瑟和鳴」。唯有相互了解與尊重，學習兩性溝通技巧，並適度表現能夠滿足對方需求的文字語言和肢體反應，方能促進和諧、有效的兩性溝通，例如男性無法忍受他人打斷其談話（象徵他人對自己的否定），有時也會誇大自我的訊息，例如：「想當年我……」、「要不是我，她就……」，當女性對此有所了解時，自然不會視之為缺點、感到不滿或為之所惑。如此一來，男女雙方才能建立更多的互信與共識，搭起兩性關係的互動橋樑。

二、兩性溝通技巧及其實務

近年來，受到後現代主義思潮的影響，多元文化已成為各專業、各學科領域的重要學術議題與研究焦點。「多元文化的溝通」（一稱跨文化溝

表 5-1　兩性語言系統與溝通型態的差異對照表

項次	男性	女性
1.	口語支配性	口語依附性
2.	說話較多、較久	善於傾聽
3.	喜歡主導談話	容許他人打岔
4.	喜歡說笑	少幽默感
5.	音低沉	音調高
6.	聚焦於公眾議題、喜高談闊論	聚焦於個人訊息、喜同理傾聽
7.	運用較多的說話技巧	常使用附加問句，少技巧
8.	直接陳述、說服	間接表達、暗示
9.	忽略個人情緒	重視個人情緒
10.	命令語句	徵詢語句
11.	善用語言告知	善用非語言反映
12.	較少視線互視或「虎視眈眈」	較多視線接觸
13.	聚焦於自己（專注於己）	敏銳覺察他人（專注於人）
14.	表情變化少	表情變化多
15.	重視工具性功能	重視情感性功能
16.	自我中心	同理他人
17.	理智	感性

註：表內內容係綜合國內外學者的看法。因人有個別差異，故僅屬於相對參照，非絕對差異。

通，cultural communication）被視為是一種高難度的人際溝通，即使是在個人最佳的狀況下，想要達到有效的多元文化溝通也是相當困難。多元文化溝通即在於強調並重視不同文化之間的差異性，以及透過溝通的歷程來融合此等文化差異，因此，多元文化溝通過程的關鍵要素就是訊息的傳遞、編碼、譯碼與解碼等活動。當傳訊者與收訊者雙方的背景條件差異愈大，其所呈現的語言文字和行為反應等意涵的差異性也愈大，溝通者的背景條件包括種族、性別、年齡、居住地區和教育程度等，男女因性別不同，自然對相同事物的描述、詮釋或判斷也會有所差異，故宜探討、學習兩性溝通的理念與技巧。

(一)兩性溝通的原則

兩性溝通時，雙方面對性別差異的事實，或其他背景條件不同所可能導致的誤差、衝突，必須先有必要的認知準備與心理建設。首先，男女在尚未發現彼此的相似性與形成共識之前，雙方須先假設存有性別差異的事實，但不能以此做為攻擊對方、防衛自己或提早結束溝通的理由（藉口）。例如避免表達「男人都是霸道的，說了也是白說！」、「女人就是小心眼，和她們談話要很小心……」之類的話語，不妨多表示這樣的態度：「雖然我不了解女孩子，但我仍然想聽聽妳們的意見」、「我承認這件事情，男女雙方的觀點可能會有不同，但只要我們願意談一談，總是有幫助的，對嗎？」

其次，兩性溝通時宜多重視事實的描述，而非一味地解釋或太快介入批判、評價，前者對事不對人，後者易因言而傷人。舉例而言，有一家人於假日相約爬山，爬到山頂時，因子女想吃熱食、喝飲料，為人父者雖已累極，也只好多走幾步路，前往雜貨舖購買餐飲。由於環保考量又未自備塑膠袋，但見爸爸雙手捧著大包小包食物，手忙腳亂的；當他回頭瞧見妻子不但不前來幫忙，反而坐在涼亭內，開懷地大聲戲謔：「老公，加油喔！一、二，一、二！」為人夫者此時不由得怒火攻心地喝斥說：「妳不會過來幫忙嗎？妳呷便呢！哪阿伯！（台語；意指妳像老太爺，要我服侍）」只見路人為之側目，妻小頓時尷尬不已，愕然掃興。前述對話中，男方前半句話即是反映事實（妳不會過來幫忙嗎？意思是「我需要幫忙喔！」），後半句話便是批判、評價。日常生活中，此類對話不勝枚舉：「小心一點（事實），走路不長眼睛啊（批判）！」、「我已講過了（事實），妳沒大腦嗎（批判）？」值得注意。

除此之外，兩性之間的人際溝通宜多一點同理心。在傳遞訊息之前，先設身處地地為收訊者著想，對方的價值觀、經驗和參考架構為何？對方當下的身心狀態、感受、想法為何？自己是否已清楚對方的認知感覺？是否給對方表達意見、抒發情緒的機會？對方的教育、背景與成長歷程，是

否也令自己獲得一些啟示？每個人不妨試著運用同理心去感受對方的感受、體會對方的體會。夜歸的丈夫若能同理在家候門、憂心忡忡的妻子，便會早點返家或撥個電話回家；上課的學生若能同理站立授課、備極辛勞的老師，自然不會蹺課、打瞌睡或怠惰學習；盛怒的雇主若能同理績效不彰但敬業守分的員工，必能「揚善公堂、規過私室」的與之溝通，而不會公開羞辱之；占有慾強的男人若能同理心生束縛、失去自我的女友，便能相互尊重個人的生活空間。因此，同理心正是兩性心靈相通的橋樑。

　　每個人都是自己的主人，兩性溝通時要能表現自己的特色，也要欣賞對方的言行，如此才能相互成長、交流學習。有時不妨告訴對方一些趣聞或有挑戰性的往事；此外，多多注意自己的肢體語言，當和異性接觸時，要適時點頭打招呼，並回以微笑，從雙方聊天中發現共同的興趣、目標和經驗，盡自己的能力去幫助對方。有時也要讓自己或對方扮演專家的角色，面對對方開放式的問題要採開放的態度，表達詳細清楚，現代男性不宜過度誇大，新時代的女性也不宜妄自菲薄。對於異性對自己的好感與興趣，宜審慎評估並諮詢他人意見，以表示熱忱或婉謝，進退有度。在交換彼此的資訊時，要顧及施與受的平衡，付出與收穫的平衡。針對不同的話題發表適度的意見，沉默寡言未必符合現代人兩性溝通的人際特質。

　　兩性溝通時更要兼顧理性與感性的平衡，儘管男人擅長理性分析，女性較多感性分享（Fry, 2002），但現代男女若能在言談中展現適度的理性與感性，必能增進兩性關係的良性發展。舉例而言，丈夫回到家，對鎮日埋首家務的妻子說句：「辛苦了！我今天在網路上看到一則笑話，我說給妳聽……。妳看，我連在上班時都會想到妳喔！」此話一出，無論當下妻子嘴上如何回應，相信其內心是溢滿幸福的。反之，當男朋友高談闊論、舌燦蓮花時，為人女友者未必要表現一副無知、崇拜的神情，有時不妨同理一下對方之後，再引經據典地「指正」其論點的謬誤之處，相信成熟的男友會更加珍惜智慧的女人。當然，若對方無雅量接受建言，甚至惱羞成怒時，也正是重新評估二人交往的時機，並可以藉此檢視對方的修養與人格特質。

　　男女雙方若認知見解不同或人際溝通有障礙時，切不可輕率地以性別差異來歸因，阻斷進一步「異中求同」的溝通管道與機會。日常生活中經常可見男女發生意見衝突或不滿對方言行舉止時，脫口一句：「算了，好男不跟女鬥！」、「唯女子與小人難養也」，或是「你們男人都是這樣不講理」、「男人沒有一個不偷腥的」。當兩性溝通存有諸如上述性別偏見的論點，或太快歸因於性別差異，往往會模糊議題焦點，而且導致人身攻擊的缺失出現；更重要的是，雙方或其中一方會因此而失去交流成長的機會。因此兩性互動與表達溝通時，宜抱持開放的態度與求知的精神，多注意雙方的議題、論述與價值觀，少聚焦於彼此的性別、年齡和地位等背景，切勿「因人而廢言」或「因言而廢人」。

　　兩性溝通時，也要考量雙方關係的發展及對對方了解的程度，來決定表達的方式、內容與用句遣詞。當雙方關係非常親密時，宜避免過度區分你我，例如丈夫手握電話筒高聲叫著太太：「妳媽媽的電話，趕快接啦！我要去我媽那兒……」令人感覺生疏有距離，何妨代之以：「媽媽的電話，在線上喔，我去灣裡（地名）的媽媽那兒……」同上，當娘家與婆家的母親皆健在時，夫妻交談、提及彼此的母親也可用「××（娘家或婆家的所在地名）的媽媽來電」表示區隔，以示與配偶「夫妻一體，不分彼此」。此外，男女之間若有涉及個人隱私的部分，例如童年的創傷、個人的財產等，也要視對方的個性、價值觀等特質及雙方的關係進展，來決定是否要真誠表露或予以保留。

　　綜合上述所言，男女相處互動時，雙方若能確實謹守：⑴先有必要的認知準備與心理建設；⑵多重視事實的描述，而非一味地解釋或太快介入批判、評價；⑶多一點同理心，先設身處地地為對方著想；⑷能夠表現自己的特色，也能欣賞對方的言行；⑸交換彼此資訊時要顧及施與受的平衡；⑹要兼顧理性與感性的平衡；⑺不可輕率地以性別差異來歸因；⑻考量雙方關係的發展及對對方了解的程度等八項溝通原則，將有助於增進兩性溝通表達的品質與效率。此外，掌握求知、自信、互敬、互重、情緒穩定、剛柔並濟與統整人格的溝通要訣，學習有效、多元化的表達溝通技

巧,例如傾聽、具體、摘要、情感反映、澄清探問、自我表露等,以及擅用肢體語言、物理情境來催化溝通氣氛,如此必能創造出和諧愉悅的兩性關係。

(二)兩性溝通技巧

一般而言,人際溝通具有心理層面、社會層面和決策層面的功能。人類為了滿足社會性需求和維持自我認同而溝通,人類也為了發展人與人之間的關係而溝通;此外,每個人在做決策的時候,必須憑藉更多、更完整的資訊,故人類也為了掌握資訊或影響他人而溝通。當然,人是情感的動物,除了重視與他人的意見溝通之外,也需要多多關心互動雙方的感覺或情緒。男女之間因身心發展與心理需求的不同,往往會為不同的事物與目的激發出不同的興趣、反應,例如男人和女人使用語言的目的就不盡相同,男人慣於用言語來維持自我的獨立自主性,及鞏固個人在組織群體中的地位,女人則是用語言來營造人際的親密感;換言之,兩性溝通是一門值得現代人探索與學習的專業科學。

兩性溝通是一種結合了男人與女人的思想、感情與言語交流的行為反應,男女之間的互動溝通若出了問題狀況,有時是因為溝通的頻道不同。舉例而言,男人的溝通頻道如同 AM,女人就像 FM 頻道,若要男性能對準女人的頻道,或是女性能夠對準男人的頻率,相互溝通,則須先了解兩性的基本差異與了解異性的「頻道」所在。除此之外,尚需學習必要的溝通技巧,Trenholm 和 Jensen(1996)認為,有效的人際溝通須視個人的溝通能力而定,有時溝通的情況是具有相當複雜的個別差異性,因此每個人都需要具有彈性的溝通能力,並且需要學習更多的人際溝通技巧以運用於生活中。

1.非口語的溝通技巧

除了語言障礙者之外,大多數的人在溝通的時候,所使用或傳遞、接收的訊息幾乎都是語言;換言之,「語言」是人際溝通基本的、主要的單位,故現代人的確有必要學習並適當運用語言的技巧。然而,這並非意味

語言就是人類傳情達意的唯一工具，有時非語言訊息也同樣可以增進人類的情感，甚至可藉此化解人際之間的誤會與衝突。例如一聲嘆氣、一個微笑、一個點頭、一次握手或一番動作，皆可能代表「千言萬語」，所謂「此時無聲勝有聲」。當然，相同的非語言訊息在不同的時空下、面對不同的對象，也可能具有不同的意義與內涵，例如男女之間的相互微笑，可能代表一種社交禮儀，也可能隱含了彼此的好感或「異性相吸」的意涵。因此，探討人際溝通的學者或重視兩性溝通的人，皆視非語言技巧及其訊息為重要的溝通單元。

　　非語言技巧意指溝通者使用除了語文之外有助於人際溝通的任何表達方式，包括眼神、表情、聲音、姿勢、動作或其他。兩性互動溝通時，可以藉眼神、表情來傳達個人的意見、感受或態度。對於互有好感或情深意濃的男女而言，眼神正可以用來表達個人對對方的情感，所謂「眉目傳情」、「情深款款」、「含情脈脈」；此外，熱戀中的情侶眼中自是無法容下其他人的身影，只對焦於一人身上。至於表情與聲音的變化，更可以流露出個人好惡悲喜的心情，男女兩情繾綣時往往滿面春風、笑容可掬；反之，當雙方戀情觸礁時，經常可見這廂黯然神傷、那廂雙眉深鎖。當溝通雙方見解相同時，必是相視而笑、頻頻點頭；反之，一方高談闊論、聲色俱厲，另一方不斷搖頭、咬牙切齒，就可能意味著彼此意見不和。

　　姿勢與動作也是兩性溝通的重要媒介。Williams 等人（2000）曾取樣一百二十位大學生，探討人際之間的握手動作與其性別、人格、人際第一印象等因素的相關，研究結果發現：(1)兩性握手的時間與習慣都相當穩定，並無顯著差異；但是(2)男性握手時較女性展現更多的自信與堅定；(3)握手堅定的人通常較自我開放、少害羞與神經質；至於(4)握手動作適當與否，並不會影響其給人的第一印象。日常生活中，男女雙方若能善用非語言的溝通技巧，將有助於彼此的情感交流。舉例而言，舉案齊眉、相依相偎或閨中畫眉等肢體動作，皆有助於發展相敬如賓、情投意合的兩性關係；相對的，若是夫妻之間經常漸行漸遠、拳腳相向和頤指氣使，恐怕婚姻關係難以為繼。

2.口語的溝通技巧

在兩性關係中，最重要的不外乎就是雙方的溝通，而女性的口語溝通風格是偏向於「鼓勵的」，男性的溝通風格是傾向於「競爭的」（Tingley, 1994）。女性的心思表現上比較細膩，所以會比較希望對方給予自己適時的鼓勵及讚美，這不是說男性就不需要鼓勵，而是女性在這方面的需求變化比較明顯。至於男性的口語溝通風格是競爭取向的原因，乃在於男性事業企圖心及其社會期望較高，故競爭就是許多男人生活的重心，包括事業的競爭、成就的競爭、意見表達的競爭、個人家庭的競爭等。男性在進行有關競爭優勢的炫耀或劣勢的辯駁時，最容易以口語來反映。因此，當生活中出現重大的煩惱或不如意時，男性有時比女性更饒舌、更想抒發；女性則因善於鼓勵式口語溝通，故遇到想抒發不如意的男性時，比較會傾聽，也願意傾聽。

「競爭式」的口語溝通反應較常使用澄清、解釋、具體、面質、引導、結構化、立即性、自我表露與資訊提供等溝通技巧；「鼓勵式」的口語溝通反應通常採取尊重、支持、摘要、探問、回饋、激勵、同理心與關懷性肢體動作等技巧來與人溝通。如前所述，男人重事理、黑白分明、擅用理性分析，而女人則重語言、直覺和感性分享，若因此能使雙方產生溝通互補、和諧的效應，自有其正向的意義與功能；但若因男女雙方語言系統的不同，而導致男性強勢語言結構抑制女性的意見表達，實與現代兩性平權關係的發展趨勢背道而馳。

今日的社會環境受後現代多元文化與女性主義等思潮的衝擊，現代女性已非昔日傳統婦女般的「男尊女卑、夫為妻綱」，加上女性接受教育機會大增，且在職場上表現傑出，故現代男女若欲增進兩性溝通，則宜適度地學習「兩性化」的語言表達和上述所有可能的溝通技巧，避免再以傳統「典型男性化」與「典型女性化」的口語溝通，如此方能促進兩性的相互了解與交流成長。故女性表達時可多一些「競爭式」的口語溝通（參考下列一至八項技巧），男性也可以學習、運用多一點的「鼓勵式」的口語溝通反應（參考下列九至十六項技巧）。

⑴澄清：意指針對對方所表達的內容，再進一步提出疑問來加以了解。例如，當夜歸的丈夫來電說明其去向時，為人妻者先不急於「發火」，可適度地表露擔心情緒並澄清之：「嗯！剛才我還在擔心你，現在我比較放心了，那你事情還要談很久嗎？大概幾點會回來？開車小心點！」或「你的意思是很難走得開了，你希望我幫什麼忙嗎？」

⑵解釋：意指在增進相互了解而非自我防衛的前提下，針對對方的疑問或針對個人的立場所做的陳述、說明，以使對方有所領悟、促進雙方認知與情感的交流。例如，夜歸的丈夫一走入臥室，瞧見端坐於搖椅內的妻子，趨前並關懷地解釋：「我回來了，吵到妳睡覺了喔！歹勢啦（抱歉之意）。王總有位日本的客戶明早要回國，今晚為他餞行，我不便先離開。下次遇到這個情況，我會先告訴妳，若妳也能陪我去，可能可以早一點結束。」

⑶具體：意指溝通之一方詳細明確地表達個人的想法、感覺、行動或經驗，或是詳細明確地詢問對方的想法、感覺、行動或經驗。例如，女性部屬對其主管說：「經理，今天早上九點到十一點你要到總公司開會，你希望幾點開車去接你？十一點半到下午一點××公司的林副董約你用餐，地點在××，你要我準備什麼資料或禮物？」又如男友來電約女友到家中聚會，女友告知：「我很想去，但是我有兩份課業報告未完成。上次帶書去你那裡，沒有辦法做功課。這次我的壓力好大，我想做完再去囉！大約下午四點才能到你家。」

⑷面質：意指針對對方表達內容、行為反應或個人的感受、思考等矛盾、不一致之處，提出來相互溝通，以期協助對方自我覺察或增進雙方關係的發展。例如，女方對前夫說：「你一直說你很關心小孩、很愛他們，但他們想見我，你又加以阻止。現在的問題不是我要不要跟他們在一起，而是你的愛能不能讓他們快樂地長大。況且你剛才在說關心他們的時候，為什麼你臉上的表情是很冷淡的樣子？你認為我不能和你在一起生活，也代表我和孩子不能相處嗎？其實我只是想幫你分擔一些啊！」

⑸引導：意指依循雙方溝通的內容，藉由口語與非口語的表達方式，

使對方的意見、感受與行為反應，能朝向個人所設定或雙方有共識的目標來溝通。例如，男方想與女方發生婚前性行為，女方並無意願，於是對男友說：「我知道你喜歡我，現在我很想先聽聽你的一些意見，再來談那件事。嗯，你喜歡一個人是要做她高興的事，還是令她擔心的事？」、「你想做是因你的需要，還是我們的需要？」、「如果做完之後，可能會影響我們的感情，你會如何？」、「兩個人相依相偎、談天說地的時候，我很喜歡這樣，你呢？」

(6)結構化：意指與他人溝通時，一方清楚表達或雙方相互告知溝通交談的時間、目的、限制與議題等方向。例如，男方欲至女方家中拜訪，行前女方特別提醒男友：「待會兒到我們家後，除非我媽問你，否則你不要一直說話。以前你每次說話的時候，我常常抓不到你的意思，你可以先條例式地表達你的重點再解釋。我們大概坐個三十分鐘。喔！不要問到太多我爸爸的事。可以嗎？一切都會 OK 的。」

(7)立即性：意指針對雙方所發生的狀況或交談的內容，當下進行直接且坦誠的處理、溝通。例如，女友一再提醒男友，不喜歡他老是忘了雙方的約定、約會，以及經常和其他女生太過隨便嬉笑，她表示若再出現這些情況，雙方就要分手。一日，男友又忘了約會時間，而與班上男女同學數人在教室內玩橋牌，笑聲、吆喝聲連連。約莫過了五十分鐘，經同學點頭、嘟嘴暗示，男方始回頭驚覺女友不知何時已在教室後門站立，男方雖滿懷歉疚，但並未立即趨前致意。一方面因顧慮自己在同儕面前的尊嚴，另一方面又見女友當下微笑著對他揮揮手，再以食指朝下指了指，又朝他指了一下。

當時，男方以為女友那天心情不錯（微笑）地在對他表示：嗨，沒關係（揮揮手），我在這等你（食指朝下指了指），你繼續玩（朝他指了一下）。因此，便放心而且得意地回頭對其他人炫耀說：「看，我馬子多賢慧，不會掃興。來！再玩一下下，我就要和她約會去了。」從此以後，那女孩再也沒有和他約會，直到現在男方仍懊惱不已。原來當天女友的意思是：我是很有風度的（微笑），你又忘了我們的約定；再見了（揮揮

手），從今以後，我是我（食指朝下指了指），你是你（朝他指了一下）。由此可見，若男方當時能與女友先針對彼此的關係或訊息進行立即性溝通，或許戀情仍有挽回的機會。

(8)資訊提供：意指運用勸告、建議或給予資料等方式，協助對方獲得新的方法、知識與經驗。例如，一位女性身受丈夫家庭暴力的侵擾傷害，其姊妹淘（友人）雖表同仇敵愾，但仍理性地為她分析並告知，她可依家庭暴力防治法來保護自己，並提供其婦女人身安全保護機構的相關資訊。

(9)自我表露：意指男女雙方針對溝通的議題，適時分享個人有關的感受、看法與經驗，以增進彼此的了解、成長或問題的解決。Altman 和 Taylors（1973）強調，人際之間自我表露與溝通話題的深度會影響雙方關係的親密度，而且二者成正比關係，亦即當雙方自我表露愈多、交談內容愈深入，彼此互動關係的親密度愈會增加。因此，無論是友情、愛情或婚姻階段的兩性關係，或是在家庭、學校與職場等生活情境中，適度的自我表露有助於催化雙方關係的發展。

舉例而言，當女同事對男同事訴說對自己男友的不滿，欲與之分手時，男同事可以對她分享一些個人的自我經驗：「我知道妳很難過，以前我也曾遇到這樣的事，我女朋友告訴我想分手，她說了一些對我不滿的事，大部分是我從來不知道的。當時我告訴她，『我很難過，不希望和她分開，但會尊重她的決定，我感到不捨的是，妳說的許多事是我第一次聽到，那不是不能改變的，我也可以做到啊。』就這樣，我們談了好幾次，一起克服了感情的低潮，而她也做了我老婆。妳了解我的意思嗎？妳聽到些什麼？」

(10)尊重：兩性溝通時，對彼此的感受、想法與經驗，不輕易給予建議或亂加評價、批評，甚至不隨意以性別差異來加以歸因、下結論，而能運用適當的口語和非口語方式反應，使對方感受到溫暖、自在、安全與擁有自我。例如，女友對男友所服務的公司有意見，男方很有耐性地傾聽之後，輕聲又關懷地說：「我知道妳是為我好，妳剛才所說的話，我都聽到了，我會把它放在心上。」而不是疾言厲色地對女友說：「妳不懂的事，

不要亂批評，真是婦人之見……」

　(11)支持：意指對對方的表達內容與感受，提供適度的肯定與接納。例如，妻子對丈夫表示想外出工作，無論丈夫的意見為何，他仍是以一種溫暖、關懷的態度對妻子說：「我知道妳的想法。的確，一個人在家有時是很無聊的，更何況妳是一個有能力的人。嗯，我們來看看要怎麼樣做最好囉！」

　(12)摘要：有時因對方表達的內容或議題很多，為了增進效率、確認主題和掌握重點，故先予以必要的整理、歸納來陳述之。例如，婆婆對媳婦不滿並向兒子抱怨，為人子者先不急於認同或反駁，而是溫和地將母親冗長的抱怨加以摘要、回應地說：「母啊，妳是講阿滿最近煮菜沒好呷，攏走去外面；錢嘛莫知羊開去什麼所在；還個有給妳硬嘴喔，敢是這三項代誌？」意指「媽，妳是說阿滿最近煮菜不好吃，常往外跑，錢亂花用，以及頂嘴等三件事令妳不滿意嗎？」

　(13)激勵：意指針對對方的表達內容及其態度，給予正向的增強，使其認知、情感和行動得到肯定、鼓勵，並增加個人的自信心。例如，丈夫輕擁著心灰意冷的妻子，對這位飽受婆婆責難又被小姑挑剔的妻子說：「我知道妳很辛苦，怎麼做都有問題。在我明天要去和媽媽、小麗她們溝通之前，我要先告訴妳我公司同事對我說的話，他們說：『阿青，你呀，能夠娶到大嫂這麼能幹又賢慧的女人，是你唯一比我們強的地方。』妳知道嗎？他們說出了我對妳的看法。嗯！不會怎樣的，讓我們像以前一樣，一起努力完成這次不可能的任務吧！」

　(14)同理心：意指設身處地為對方著想，體會他的體會、感受她的感受，並將之表達予對方，讓對方感受到被了解、被關心，相互共鳴。初層次同理心最簡要的表達方式可採用「簡述語意」和「情感（或情緒）反映」的組合來反應。例如，妻子對失業賦閒在家的丈夫說：「我知道你心裡很不舒服、很不甘心（情感或情緒反映），自己很有能力卻無用武之地……（簡述語意）」；又如發生婚外情的丈夫對傷心的妻子說：「妳為家庭付出這麼多，我卻這樣對妳（簡述語意），我可以體會到妳現在對我的

失望與痛心（情感或情緒反映）……」

⑴探問：意指針對雙方溝通的議題內容，個人從另一個思考角度提出一些詢問，協助對方對議題有新的、明確的、完整的了解與領悟。例如，一位女性經理對與她關係不睦的男性部屬說：「我很希望能和你一起打拚，你的能力很強，我不知道你希望的主管是怎樣，你願意告訴我嗎？如果我是一位能幹的男主管，你想我們在一塊做事的情況會如何？」

⑴回饋：意指兩性溝通時，適時適切地將個人或其他人對對方的感受、看法反映予對方知道，促進其自我了解與問題解決。例如，有位男同學對班上一位情緒化的女同學說：「我很高興我們班上有一位女同學，我知道我們這一系很少女生就讀，大家都希望多了解妳一些，比較好相處，但兩年下來，包括我、××、××在內，大家面對妳時都有點不知所措。妳很聰明，但好像情緒變化比較大，我們……」；又如有位女性對公司內經常喜歡講黃色笑話的男同事說：「公司內有許多男同事說你很幽默、很大方，我們科裡的三位女生也覺得你很熱心，但我們共同的苦惱是當你在講笑話的時候，好像沒有注意我們女性的感受喔！」

上述溝通技巧可因人、因事、因時、因地和針對不同的議題而彈性運用，若能配合前述非語言的技巧，例如眼神、表情或關懷性的肢體動作，必能促進兩性和諧的互動關係與有效的表達溝通。茲因人類是兼具理性與感性的動物，故兩性溝通時，除了要注意男女有別的身心發展與語言結構之外，更要留意個人情緒狀態對溝通過程與結果的可能影響。雖然女性較情感取向、情緒變異性較大，但並不代表男性就是情緒穩定或沒有情感的人（O'Neil, 1982；李美枝，民 79，民 81；胡海國，民 78；柯淑敏，民 90）。因此任何人與人之間的溝通，都必須注意雙方的情緒狀態，以便調整個人的溝通技巧與應對進退等行為。

3.情緒反應與兩性溝通

所謂「情緒」（emotion）乃是個體受到刺激後所產生的一種激動狀態，此一激動狀態，個體雖可以自我覺察，但很難加以控制，對人類的身心發展具有干擾與促進的作用（張春興，民78）。換言之，人類的情緒具

有動態性、自覺性、失控性、刺激性、促進性與干擾性等作用，它會影響到每個人的身心健康、學習態度、工作效率、人際關係、生涯發展與自我概念。正因如此，當一個人在情緒化或情緒穩定的時候，其所表現的言行舉止可能會有很大的差異，例如，怒火攻心的人可能會言行失態，心平氣和的人則較容易與人溝通相處。所以兩性溝通時，也需要考量自己與對方的情緒狀態，並適時調整個人的溝通策略和技巧。

當男女雙方的心情都不錯時，可採取「完全式溝通」，既可以發展人際情感，也可以完成工作任務。換句話說，溝通雙方在「你好我也好」的情緒狀態下，可以感性分享感受，也可以理性分析事理，任何溝通技巧皆可運用。當對方心情不佳而自己心情不錯、「妳不好我好」時，溝通的焦點宜置於對方身上，故宜採取「支持式溝通」，多運用同理、探問、激勵等溝通技巧。當自己心情不好而對方心情不錯、「你好我不好」時，溝通表達宜適度的自我控制，以免因自己情緒失控而傷害彼此；此時若無法抽身靜心，則不妨多使用傾聽、簡述語意或摘要、解釋等技巧，適時回應即可。當雙方處在「我不好你也不好」、心情都不佳的狀態下，宜採取「延宕式溝通」，暫時停止交談或擇期再行溝通，此時可運用同理心、立即性、結構化等溝通技巧，詳如圖5-1。

兩性溝通的開放性與實質內涵乃是當代社會文化發展的一環，同時呈現了不同時代對不同性別的主流價值與權力認定，更是男人與女人一種「自我認同」的獨特反應。舉例而言，傳統女性在與人溝通時，最常使用的詞彙便是以「我父、我夫、我子」之類為起始的語句，顯現當時父權社會下「夫為妻綱」的主流文化；相較於傳統女性，現代女性在表達意見時，則出現較多「我要、我的、我想」等語句與訊息，更為重視自我存在的意義和價值。因此人際之間的互動與溝通，也相當程度地反映出一個人的自我狀態與時代背景。當然，因人類的行為發展有其個別差異性，故兩性溝通與表達亦有個別差異的現象。

茲因男性與女性身心發展、語言結構的不同，加上受到成長環境及傳統觀念的影響，故男女雙方都必須學習主動與人接觸、溝通。唯有不斷溝

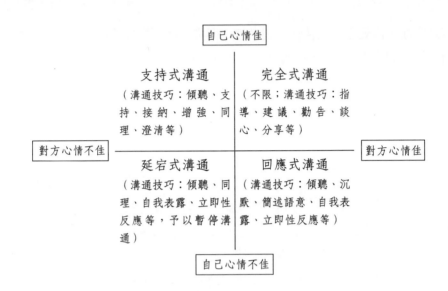

圖 5-1 情緒狀態與溝通表達之關聯運用

通、體會、經驗,才可以減少並化解兩性關係發展歷程中任何的隔閡、誤會與衝突,也才能夠跨越性別鴻溝、「異中求同」。兩性溝通表達的良窳不僅影響雙方意見的交流、資訊的交換,同時也會直接影響到男女之間的友誼、愛情或婚姻關係,包括家庭生活品質與職場工作效率。兩性溝通的目的不僅在於「資訊傳達」、「情感交流」,也有助於滿足動機、形成共識,因此,男女之間的互動與溝通,宜留意語氣、動機、情緒、形象、防衛和性別等障礙。更重要的是,真誠一致的態度(有時重於溝通技巧的學習與運用)以及兩性相互的尊重與了解,如此必能創造和諧、成長的兩性關係。

兩性之間

　　每個人都有其獨特的個性、特質、習慣、思想、價值觀與行為反應。婚後，當發現對方的行為舉止、思想觀念與自己的差異很多時，不妨透過理性溝通、感性分享來改變對方。若是努力一段時間，改變效果有限時，為了婚姻的持久與和諧，一方面仍須繼續溝通，另一方面就要適時調整自己以適應之，否則二人都想「出拳」要求對方改變，必然會兩敗俱傷。

　　夫妻溝通要考慮溝通的時機、溝通的地點、溝通的氣氛與溝通的技巧。溝通技巧可分為：非語言與語言二部分，前者包括眼神、表情、姿勢、動作、距離等，後者包括語氣、語調、語言的溫和性、語言的具體性、語言的同理心、語言的立即性、語言的建設性、語言的引導性、語言的激勵性、語言的自省性與包容性等。此外，也要了解夫妻雙方的語言結構與特色。

　　有一次我從高雄北上至台中演講，恰巧友人夫婦要開車至苗栗，邀我同行，我遂搭其便車。車子奔馳在高速公路上，接近台南仁德休息站時，友妻問友人：「你是否要上洗手間？」友人回答：「沒有需要！」

　　接下來，每當快到休息站時（新營、西螺），友妻都會提醒、詢問一下友人飲食與排泄的需求，友人都回以「NO！」，就這樣一路到了台中交流道。當我要下車時，友妻又再詢問其夫，友人答案依然。此時，友妻再也忍不住地冒出一句：「你不需要，我要，我已忍了很久了！」友人責其妻，為何不早反應自己的身心狀態，友妻答以在外人面前，怎好直接表達此種排泄需求。友人聽完後啼笑皆非，我更是一臉尷尬。

　　由此可知，語言表達背後的真實內涵，才是男女雙方乃至任何人際溝通時，要真正掌握了解的重點。人必須學習「譯碼」，以免傳送、接收訊息錯誤。人與人之間、女人與男人之間，有溝通才能相互了解，相互了解才能包容體諒，包容體諒才能人際和諧、兩性和鳴。

學習活動

❖ **活動名稱：妳心知我心**

活動目的：學習兩性溝通的技巧及其問題解決策略

活動時間：約需 50 分鐘

活動性質：適用於團體輔導與課程學習

活動方式：

1. 三至六人一組，各組準備 A4 紙一張。

2. 每組經討論後寫下一個常見的兩性溝通問題案例。時間 5 分鐘。

3. 與其他組交換問題案例，共同討論解決方法，並以戲劇方式呈現。時間 25 分鐘。

4. 各組上台表演，相互交流。每組時間約 8 分鐘。

5. 專家學者或教師、領導者指導。

❖ **活動名稱：比手劃腳**

活動目的：訓練肢體反應與催化團體氣氛

活動時間：20 分鐘

活動性質：適用於團體輔導與課程訓練

活動方式：

1. 將古今中外約 30 部電影片名分別寫於 30 張的 A4 紙上，並分編成五組，每組六張，各組的難易度均等。

2. 每組派一代表出列。

3. 各組代表將六張電影片名依序比手劃腳（不可出聲、張口），讓同組之其他成員猜答。每組計時競賽。

第六章

兩性友情關係

　　兩性之間，除了愛情、親情與婚姻關係之外，是否存在著單純的友誼關係，兩性互動可否避免涉入性與愛，異性友誼與同性友誼是否不同，友情與愛情、愛與喜歡何以區別，以及如何經營一般的兩性關係，凡此皆已成為現代人生活的重要議題與學術研究的課題。儘管今日大多數國家基於其風俗民情與法律規範等考量，實施「一夫一妻制」，但由於世界上男性女性各自擁有為數眾多的人口，故男女之間欲「從一而終」只與少數一、二位異性交往相處，而能夠不與其他異性發生接觸、共事或共處，在現實生活中是一件不可能的事。換言之，兩性之間應不僅止於愛情與親情的互動關係。若能以「友情」為基礎，相互認識、「知己知彼」，亦有助於兩性愛情關係與婚姻關係的經營。本章將分別說明兩性人際的發展歷程、友情與愛情的區別，以及如何經營一般的兩性關係。

第一節　兩性的人際發展

　　早期處於保守傳統的封閉社會裡，男女之間的互動機會極其有限，大多源於血緣、姻親或族群認同等因素，故兩性的互動關係較為單純，兩性互動問題也因受制於倫理道德規範，較易處理。時至今日，社會開放多元、家庭結構轉型、功利主義瀰漫、婦權意識抬頭，男人與女人之間的互動關係亦隨之而量變質變，多少人感嘆「做事容易做人難」、不認識自己也不了解異性；多少人迷失在疏離冷漠的都市叢林中，對異性敬而遠之，惟恐受到傷害或遭人誤解。男人與女人之間除了先天與傳統限制所導致的心性、思想與情感差異之外，又因處在競爭激烈的工商業社會裡，法令、規定、契約、利益、職位取代了情感、道義、人倫、角色、品德，更增添了今日兩性互動的人際疏離、誤解與衝突，現代男女內心不免充滿寂寞、挫折、傷痛、無奈與無力等情緒。

一、兩性人際發展的歷程

從人際發展取向觀之，人自出生後，即無法避免與異性接觸，包括家人、親友、同學及同事等。在幼兒期，個人對兩性尚未有清楚的區辨觀念，生活嬉戲無性別之分，是為「無性期」。及至兒童期，「二分法」的認知發展阻礙了小男生、小女生同歡嬉戲，至此形成懵懵懂懂的兩性觀念，是為「同性群友期」。進入青春期，人際關係的發展進入「同性密友期」，多數的好男好女各自尋找同儕認同，對異性既有「少年情懷」的好奇心理，也有「重色輕友」的矛盾心態。伴隨生活經驗的擴展，社會規範的鬆綁，青年男女開始相識、交往、學習、摸索，是為「異性群友期」。及至「眾裡尋他千百度」終尋得「燈火闌珊處」的伊人時，即進入「異性密友期」、「情愛期」、「婚姻期」。

男女婚後，並不意味著兩性互動的結束，而是另一階段的經營開始，此時夫妻之間的互動關係，又可區分為濃情蜜意、耳鬢廝磨的「蜜月期」，相愛容易相處難的「衝突期」，以和為貴、相互忍讓的「調適期」（或個性不合、勞燕分飛的「離異期」），以及白首偕老、終老一生的「和諧期」。在離異期階段的男女，即可能進入離婚前後的「沮喪期」、「自閉期」及「調適期」。兩性關係的人際互動，在不同的發展階段有其不同的發展任務與經營原則（晏涵文，民81），故現代人必須多加分辨了解。以「同性群友期」而言，即是在發展個體的「社會感」，拓展人際關係；「同性密友期」則在充實自我的內涵，發展人際情感；「異性群友期」重點在培養兩性社交技巧，學習與異性相處的知能；「異性密友期」主要在學習兩性溝通技巧，建立婚姻關係厚實的基礎。

若從兩性親密關係的發展取向論之，女性的兩性關係進展，則是從認識、問候、寒暄交談的「社會層次」接觸，進入好感、談心、思念的「情愛層次」互動，再轉而為牽手、接吻、擁抱等「體膚層次」的交往，最後到愛撫、性交與承諾的「性與婚姻層次」關係；至於男性的兩性關係發展

係由「社會層次」的接觸，進入「體膚層次」的互動，再轉而為「情愛層次」的交往，最後到「性與婚姻層次」的關係。由此觀之，男性與異性發生體膚層次的接觸，未必代表對對方的愛意情深，也許是逢場作戲、個人風格或社交禮貌等考量；但女性通常與男性友人出現牽手、接吻、擁抱等身體接觸時，可能意味著對對方的好感與表露愛意。因此，男女之間不同的人際互動價值觀，可能導致雙方關係發展出現不同的認知感受，值得加以注意。

Levinger 和 Snoek（1972）認為，兩性關係的人際發展是從相識（awareness）、相交（surface contact）到相依（mutuality）而漸進式開展。男女「相識」可能源起於雙方因時空接近、知覺好感或中介媒合等有利因素；而後之所以能進一步「相交」、相知與相熟，則係受到彼此吸引力（attraction）和相互回應力（reciprocity）等因素的催化所致；若雙方因此而情投意合，而且目標一致、需求互補又相互承諾時，自然持續發展至「相依相偎」的親密階段。Levinger 等人的觀點乃在強調，兩性關係的發展是先從一般人際互動的關係開始，男女之間相互認識後，大多經過一段時間的交往才會有所進展。其他研究兩性關係的學者也有類似的看法（李美枝，民 85；卓紋君、饒夢霞，民 87；Lewis, 1973; Rusbult & Buunk, 1993）。

二、異性友誼的重要性

人際關係的建立與維持，目的不只是相識交往，還要透過交互作用來影響對方的態度印象，改變對方的行為反應，以符合自己的需求或組織的目的。例如，男性主管與女性員工保持良好的人際關係，不僅是為了便於管理員工、和諧相處，更在於使員工樂於努力工作，擁有更大的空間與更強的動力，去發揮他們的主動性、創造力，甚至組成集體式、隱密性的人際監督體系，來保證企業組織的目標實現。同理，異性友誼亦在於相互交流與成長。影響人類人際關係與兩性關係發展的因素甚多，包括性別、年

齡、社經地位、教育背景、人格特質、興趣、社交技巧、宗教信仰、族群意識和生態環境等（王淑俐；民 89；柯淑敏，民 90；Segrin, 1997; Turner, 1991）。每個人在不同的人生發展階段也可能有不同的人際交往對象與模式，例如青春期的「同性密友」等。

　　兩性人際交往除了反映個人的價值觀與生活態度之外，也可顯現出個人的心理需求，有時人際相處是因雙方的同質相似性，有時則是考量彼此的異質互補性。Yaughn 和 Nowicki（1999）以英國大學生為調查對象，發現男女雙方與同性或異性交往的型態略有不同，異性友誼關係中對互補型的友伴接納度較高，但在同性好友中，女性較男性更能接受互補型的人際關係，亦即男性人際型態較多「物以類聚」。此外，人類親和需求的強弱也會影響兩性的人際關係發展。所謂「親和需求」，意指個體對其他人所存有的與之親近的內在需要，男女雙方都需要別人的關心，需要別人的認同、支持與合作（張春興，民 80）。即使是在網路虛擬世界中，網路使用者對其線上友伴無論是否「真有其人」、「得見其人」，但求獲得個人內在親和需求的滿足（Giffith, 2000; Suler, 1999）。

　　其實，擁有異性友誼與婚姻伴侶同等重要，Argyle 和 Henderson（1996）的研究發現：同性或異性朋友較多，而且經常能夠與之聚會談心的人，通常較為長壽、健康、有幸福感。Papalia（1999）認為，青年階段人際生活中的一個重大變化，就是從同性友誼的型態轉為以異性朋友為主的友誼關係。相較於人類發展的其他階段，青年期、成年期以後的兩性友誼關係是較持久、穩定而成熟。成年人和同性、異性朋友相處共事會覺得樂趣較多，而且感受到刺激、自由自在、有參與感。但是異性友誼受到的壓力也較多，包括社會價值觀、社會輿論、人際知覺與互動雙方的態度等。有時，個人覺得與異性「友誼式」交往是件自然的事，但對方或周遭的人卻不以為然，如此一來，多多少少會影響到雙方的人際關係發展。

　　Thomas 和 Daubman（2001）的研究發現，青少年在中學階段較容易受同儕影響，而且男孩較女孩更在乎同儕的看法，個人價值觀也較容易受友伴的影響。台灣地區由於社會結構日趨多元化且資訊發達，使得男女兩

性在心理與生理雙重衝擊下，個人價值觀不僅受到同儕友伴的影響，同時也受到來自社會教育或網路資訊等各種不同層面的影響（王存立，民75）。換言之，今日的兩性關係是男人與女人、人與人之間的人際互動關係，它是一種多元、互補、成長又開放的關係，而非僅限於男歡女愛的情愛關係。當然，對於愛與喜歡、友情與愛情之間無法釐清概念的人，往往在兩性友誼和人際關係的發展上遭受到較多的限制，甚至受到自我限制或造成他人的困擾，不可不慎。表 6-1 係愛情與友情概念澄清表，有助於個人釐清此二者的價值觀。

表 6-1　愛情與友情概念澄清表

```
友情是溫和，愛情是_____。友情是理性，愛情是_____。
友情是單純，愛情是_____。友情是冷靜，愛情是_____。
友情是開放，愛情是_____。友情是自然，愛情是_____。
友情是多元，愛情是_____。友情是相對，愛情是_____。
友情是淡如水，愛情是_____。
友情是：友直、友諒、友多聞，
而愛情呢？
```

三、友情與愛情

　　一般而言，愛情是以友情關係為基礎，友情便是愛情發展的恆久動力。兩者之間的差異，對於懵懂於兩性關係的少男少女來說，是極易混淆的，也往往會產生許多「郎有情，妹無意」或「落花有意，流水無情」的誤解。事實上，愛情和友情有多方面的不同，一般人的生活經驗與感受大多認為：友情是溫和的，愛情是強烈的；友情是理性的，愛情是感性的；友情是單純的，愛情是多變的；友情是淡如水的，愛情是熱如火的；友情是開放的，愛情是封閉的；友情是自然的，愛情是為悅己者容的；友情是

多元的，愛情是雙向的；友情是相對的，愛情是絕對的；友情是「友直、友諒、友多聞」的，愛情是「互助、互信、互牽繫」的。

Berscheid 和 Walster（1978）二人曾針對喜歡（liking）、友伴的愛（companionate love）和激情的愛（passionate love）等三者加以區分，結果發現：⑴喜歡是對一般所認識的人所感受到的情感。⑵友伴的愛是對那些與自己生活上關係密切的人所感受到的情感。⑶激情的愛則是對特定對象所產生的一種較強烈的情感狀態，涉及個人內在極度的溫柔、興奮、焦慮，以及性渴望等複雜激烈的情感。⑷喜歡和友伴的愛皆是由彼此的實際付出發展而來；激情的愛則是植基於個人的遐思與自我滿足。⑸激情的愛會隨時間而停滯發展；友伴的愛則是會隨著時間的累積而穩固深入地發展。⑹激情的愛是建立在新奇刺激的經驗和不可預測的未來；友伴的愛則是植基於雙方的調適與可預測性。⑺友伴的愛大多是感受到正向的情緒；激情的愛則是帶給當事人正向和負向交錯的情緒。

由此觀之，喜歡的情感可能顯現在予我們好感的任何人身上，包括同性或異性、熟識者或初識者，但愛的情感則往往發生於雙方有親密關係者之中。喜歡含有欣賞的成分，但愛則具有憐惜、包容與思念的要素。Rubin（1973）曾發展出一種愛情量表與喜歡量表，來協助個人區辨自我的情感屬性。Rubin 認為愛有三個成分：依附（attachment）、關心（caring），和親密感（intimacy）；而喜歡也有三個成分：欣賞（admiration）、尊重（respect）和關切（affection）。愛的體驗，諸如：「當對方情緒低落時，我的職責就是使他快樂起來」、「我願意為他做所有的事情」、「當與對方相處時，我發現自己什麼事也不想做，只想凝望著他」等；至於喜歡的經驗，通常是：「我覺得任何人都會像我一樣對他有好印象」、「我覺得自己和他在許多方面很相似」、「我對他有高度的信心」等。

有些學者（李美枝，民 81；Brannon, 1996; Franzoi, 2000）進一步發現，男性較注重性愛方面的男女關係；反之，女性則是注重依附、關切和低親密的兩性關係。亦即女性較男性重視異性友誼，但男性對女性除了親情或同學、同事的關係之外，較不容易與其他女性發展單純的友誼。美國

在一九八〇年代、一九九〇年代分別有兩部描寫都會男女關係著名的電影、電視影集《當哈利碰上莎莉》與《慾望城市》，劇中情節即反映了此一現代男女的人際互動觀。《當哈利碰上莎莉》的男主角哈利曾說過一句經典名言：「男女之間沒有真正的友誼，因為當一個男人遇到一個女人時，他心裡想的就只有那回事。」在異性友誼中，男性傾向於比女性多些「性」的認知，而女性對男性的人際善意也常被後者誤認是有「性趣」的，因此，兩性之間的友愛關係與情愛關係是相當複雜多變的。

當然，友情與愛情、喜歡與愛乃人類人際發展與心理需求的一部分，非關道德規範與價值判斷的問題，故不宜以二分法分之。本質上，友情是一種持續性的人際情感，而愛情是一種伴隨強烈慾望的兩性情感；友情的開展是以喜歡的感受為基點，而愛情的進展則是以愛的感覺為核心，以及雙方情感投入的程度為範疇。每個人在友情和愛情、喜歡和愛之間的人際行為，無論是在「量」或「質」方面的表現皆不盡相同，兩者之間僅有其程度上的差異。現實生活中，人類的愛情與友誼不但維繫了整個社會的人際運作，而且提供個體生存發展必要的情感養分，有助於緩衝個人所承受的生活壓力，增進個體的身心健康。綜合言之，友情的構成要素包括自然、快樂、尊重、真誠、互助、了解、信任與分享；至於愛情的成分則涵蓋友情、激情和溫情。二者之間的關係詳如圖 6-1。

A.愛情 ＝	B.友情 ＋	C.激情 ＋	D.溫情
	B1 自然	C1 占有慾	D1 成長
	B2 快樂	C2 吸引力	D2 責任
	B3 尊重	C3 性需求	D3 關懷
	B4 真誠		
	B5 互助		
	B6 了解		
	B7 信任		
	B8 分享		

圖 6-1 愛情與友情的關係內涵圖

人與人之間各方面的行為反應皆有其個別差異，正因如此，兩性的人際關係很難以男女之間有無純友誼，或「男人是性重於愛」、「女人是愛重於性」等之類的簡單二分法，加以論述說明。Basow（1992）即認為，男女之間是否擁有單純友誼的問題，其實隱含著性別角色期待、性別刻板化印象和社會意識型態等意涵。其實，只要男女之間沒有發生性和親密的言行舉止，同時雙方的交往互動是公開透明的，並且獲得周遭重要關係人（例如父母、子女或配偶）的認同與尊重，兩性之間的單純友誼確實是存在的。處在今日多元、開放的社會結構中，現代人的兩性關係也應具有開放性與多元化的視野，唯有以兩性友誼為基礎的人際互動，較能發展出穩固又持久的情愛關係，更有助於現代人更加了解異性、和諧相處。

第二節　兩性友情關係的經營

所謂「人際關係」（interpersonal relationship），又稱「人群關係」，意指人與人之間互相交往、交互影響的一種狀態，它是一種社會影響的歷程（Brammer, 1993）。廣義的人際關包括親子關係、兩性關係、手足關係、勞資關係、師生關係等等，人與人之間任何型態的互動關係；狹義的人際關係則專指友伴、同儕、同事的人際互動關係。任何時候只要雙方之間已存在著相互影響力，就可視為是一種人際關係，例如，你看到陌生的異性迎面而來，你閃身而過；有陌生男人注視妳時，自己會覺得不自然、不自在……等，凡此情形，也可視為是一種人際關係。換句話說，人際關係不僅存在於熟識者之間，也可能發生在陌生的人事情境裡。

中國人習慣以「人緣」來描述人際之間實質關係所呈現的好壞，但人緣只能做為人際活動使用範疇的指認術語（余德慧、陳斐卿，民85），人緣並不能解構或建構一切的人際行為。有人以為人緣佳、人際關係良好是與生俱來的，是天賦資能的，其實，人際關係是人類生存與生活的一種能力，可透過系統性的課程設計來加以訓練。同理類推，男女兩性關係的發

展、維持與改變，也非「緣分」二字可以論定形容，若能學習兩性身心發展、人際互動等知能，必能「知己知彼、相互調適」，促進良好的兩性關係。每個人的人際關係一如其人格特質般，皆有其獨特性、一致性與複雜性，兩性關係也有其個別差異（Verderber & Verderber, 1995），因此有些人的人際關係好，有些人則人際衝突頻傳；有些人善於經營親子關係，卻不會處理兩性關係的問題，誠所謂：「一樣米養百種人」。

　　傳統社會的兩性關係注重「夫婦有別，長幼有序」，它是透過「社會主流意識」而完成，亦即若有人說錯話、表錯情、做錯事，往往會受到社會倫理規範的制裁；反之，「善男信女」言行不逾矩，則會獲得社會大眾的讚美肯定。如此一來，每個人就學會在什麼時間、什麼場合、面對什麼人（性別與角色分際）應該採取何種行為反應，久而久之，我們就「人情練達」、「通曉人情世故」了（余德慧，民 79）。由於傳統上，以道德觀、倫理學做為兩性人際互動的依歸，因此，任何兩性的人際關係皆以「角色職級」為行為準則，兩性關係的教養訓練較重視「內化」的人格特質，而不強調「行為技巧」的訓練，以免巧言令色，只要能「男有分，女有歸」即可。

　　Goldberg 是研究兩性關係發展的重要學者，在《兩性關係的新觀念》（*The New Male-Female Relationship*）一書中，Goldberg 從「傳統、轉變、超越」三個層面來探討兩性關係（楊月蓀譯，民 79）。在傳統的兩性關係方面，男人與女人的互動就像是一種機器與孩子之間的關係，亦即一種頑強與無助的感受關係。傳統的男人與女人係以「三 R」：角色（Role）、慣例（Rituals）和宗教（Religion）來運作雙方的關係，亦即男性與女性是依據來自於生活中的「角色」、「慣例」和至高無上的「宗教」理念，來表現其性別反應「應該」或「不應該」如何，三者表面上似乎是維護男女關係與傳統家庭的力量，實際上，卻掩飾或抑制了雙方互動時的緊張、空虛、憤怒與反抗等心理反應，男女都是傳統的受害者。

　　而後，男女會在尋求解放的「轉變」歷程中，將彼此逼入絕境，女人的主見訓練與男人的默從訓練，逐漸改變了傳統兩性關係的性別角色，並

嘗試尋求雙方關係所需的方針、展望與方向，以因應此一過渡期。例如，追求成長，但不要威脅到對方的安全感；追尋開放，但仍要為人著想，不要傷人感情；追求自由，但仍要保持親近；追尋自我，但仍要適切而實際。最後，Goldberg 主張，在兩性關係中培養輕鬆開放、信任接納的態度，避免性別防衛與性別兩極化的壓力，讓現代男女形成一種新的友伴關係。這種平衡的新兩性關係將由男女之間真心、無性別防衛且珍惜自己的交互作用來加以界定；男女雙方都有全面的能力，在人性、需求、情感、衝動、力量與整個人生層面中，去經驗、表達並採取行動。

若從心理學的角度觀之，兩性關係和人際互動乃是人類的基本需求。人與人之間、男人與女人之間的關係能否形成、改變與維持，端視雙方的人際需求是否一致、互補或有利而決定。Schutz（1966）認為，人類有三種最基本的人際需求：愛（affection）、歸屬（inclusion）和控制（control）。因此，兩性人際關係的和諧與否，來自於男人與女人之間上述三者需求是否相容互補；當雙方的人際需求是相悖衝突時，則人際關係（包含友情、愛情與婚姻）自然會不良，甚至惡化。例如甲乙二人約會時，甲喜歡主動決定約會的內容，乙也喜歡被動地（等待）享受甲的決定，則甲乙二人的人際關係可以持續進行。當然，人類的需求有個別差異性，而且可能隨著時空因素的不同而改變。

另從 Homas（1974）的社會交換理論來看，人類的行為經常受到經驗及學習等因素的影響。若行為可以滿足人類的需要時，則該行為將會持續發生；反之，行為反應若引發不受歡迎的結果，則該行為會終止反應。換句話說，兩性關係可藉由人際互動時，個人所獲得的報酬（reward）和代價（cost）的比例，以決定雙方關係的發展。報酬即是人際互動的增強物，包括具象（物質層次）的報酬和抽象（心理層次）的報酬兩大類，前者諸如禮物、地位、經濟收益等，至於好感、聲譽及感情需求的滿足等報酬則屬於後者。代價則是兩性人際互動的負向後果，諸如時間的浪費、精力的花費、財物的損失、聲望的下跌及焦慮、不滿、痛苦之類的不良情緒等。

無論是三 R 論、社會交換理論、人際需求理論或其他兩性互動的研究

觀點，均對人類兩性與人際關係的發展提供更寬廣的論述空間。今日社會上的兩性人際互動關係普遍存在著許多問題，隨著時代的變遷，昔日人心純樸、重感情、講義氣、守倫理的理想社會已漸變質，男人與女人之間有時係以利害關係為著眼，刻意包裝自己，表現出來的感情是真心或假意，實在無法讓人有辨別與提防的機會。現代人正處於傳統至現代過渡期的關鍵時刻，面對舊有兩性倫理觀的已然解體與新時代男女價值系統尚未建構的處境中，往往難以面對現代社會的兩性關係困擾與人際互動障礙。

　　當然，除了時空背景與環境結構的不同之外，人與人之間的互動關係、兩性關係，也受到其他內外在因素的影響，內在因素包括個人的人格個性、知覺態度、動機需求、情緒感受與過去經驗等條件，外在因素包括社會階層、個人儀表、社經地位、教育程度、時空距離等變項。有時兩性彼此的刻板印象、第一印象與月暈效果（知覺擴散）等心理反應，也會影響雙方人際互動關係的結果。每個人都希望被了解、被關懷、被尊重、被肯定（讚賞）、被注意與被寬恕，人與人之間、女人與男人之間相處，只要能多了解人類的人性需求與個別差異，便可以發展「你好我也好」成熟型的人際關係。否則，過度的自我意識、疏於人際經營、缺乏良性溝通，往往容易導致「我好你不好」的指責型人際關係，或是「我不好你好」的討好型人際關係，或是「不管你我、只管規定」的電腦型人際關係，以及形成「我不好你也不好」混亂型的人際關係。

　　眾所皆知，兩性關係的存在與人類生活的歷史一樣久遠。人類自出生以後，即無可避免地會與異性產生互動關係，從最早接觸的父母、家人、同儕、師長，以迄投入社會生活及職場工作後，與朋友、同事、上司、部屬、客戶與消費者等。每個人從各種兩性互動歷程中，滿足了愛與被愛、認同與歸屬感等心理需求，也從中完成分工合作、成長進化的生涯發展任務。當然，個人也可能從不良的兩性關係中產生許多的心理困擾、人際創傷與職場衝突，甚至於損及個人的自尊與價值感。因此，兩性之間如何相處重於如何相愛，如何做人重於如何做愛，既然世界上男人與女人的人口皆很多，現代人自然不宜將兩性關係狹隘化。事實上，兩性關係不等同於

愛情關係，愛情關係也不等同於親密關係或性關係。

　　基於上述「做男人，做女人，要先學做人」的論點，一個人若想增進有效的、成熟的兩性互動關係，不妨多參考一般的人際經驗、尋求諮商與善用資源。多關心他人，多為他人著想，並且多學習與異性溝通。由於人類的行為複雜多變，而且人有個別差異以及性別差異，因此在不同的時空環境下，兩性關係的經營也應有彈性，不同類型的兩性關係也需要有不同的經營方式。我國儒家的重要人物荀子認為：「求而無度量界，則不能不爭，爭則亂，亂則窮。」（《荀子‧禮論篇》）一語道盡人際和諧的重要性。總之，兩性關係與人際關係都是一門科學，也都是一門藝術，唯有隨著社會變遷不斷研究發展的兩性關係，同時，因人因時因地因事而制宜的人際互動，方能導引兩性人際互動朝向和諧、健康與平權的理想目標而發展。

兩性之間

　　曾經在一次演講場合中，與名作家陳艾妮女士對談兩性。陳女士有一段話令我印象深刻：「平時男人要求多，要求女人要有千面女郎的面貌，對外一起賺錢來繳房子貸款；在閨房夫妻相愛時，男人希望女人開放，但出門時最好像個淑女；家中做生意的話，女人要懂點會計；家人生病時女人最好是護理專家……。所以我認為女人最大的優點就是女人彈性大。有趣的是，女人這麼命苦，可是居然比男人長壽，原因在哪裡？主要是女人用她那堅忍不拔的毅力，去面對生活中比男人更命苦的各種外在環境，毅力正是女人的生命力。」

　　我深有同感，不只是女性有堅忍不拔的毅力，男性之所以能成就事業，也要有驚人的毅力。

　　人的一生中，總會遇到許許多多的困難與問題，有毅力的人不致被難題所困頓，縱然一時受挫，仍會堅定心志，發揮耐力，爭取時間、空間來贏得轉機。許許多多失敗的人，往往不是資質不佳、資源缺乏或時機不對，而是缺少了毅力，耐不住煎熬，受不了誘惑。

　　我有一位朋友，吸毒六年，最後戒毒成功；另一位朋友，吸菸二十年，最後戒菸成功；更有人連續報名參加高普考，失敗七次，最後金榜題名……。上述成功的人擁有一項共同的特質，那便是「有毅力、有恆心」。所以，成功的人，永不放棄；放棄的人，永不成功。

　　還記得電影《野蠻遊戲》（Jumanji）中遊戲盒上的指導語嗎？

　　「遊戲一開始，就得玩到底，遊戲中的風風雨雨，

　　　要它們如數散去，得有人硬撐到底。」

　　人生不也是如此，成功的人必須要有足夠的毅力。

學習活動

❖ **活動名稱：男女之間有純友誼嗎？**

活動目的：探討人際之間的異性友誼與相處之道

活動時間：約需 80 分鐘

活動性質：適用於團體輔導與課程學習

活動方式：1.先徵詢所有成員是否贊成男女之間有純友誼並分別將其編成兩組。

　　　　　2.每組推派三位代表出席辯論，其他成員可提供看法。時間 15 分鐘。

　　　　　3.六位代表交叉辯論（每人 3 分鐘）後，開放其他成員參與問答。時間共 40 分鐘。

　　　　　4.專家學者或教師、領導者指導。

❖ **活動名稱：男人女人友情大放送**

活動目的：增進兩性相互了解，認識異性朋友

活動時間：約需 60 分鐘

活動性質：適用於團體輔導與課程學習

活動方式：1.全體成員每人自繪或領取一張「兩性人際特質期望表」（附表如後）。

　　　　　2.每人先於表中橫格內寫下五項欣賞的異性特質（一般人際交往），然後認識、訪問五位異性朋友（以尚未熟識者優先），了解其是否具有該人際特質，並註記於表格中（註記方式參閱附表內說明）。時間 15 分鐘。

　　　　　3.整理並分享個人意見。時間 25 分鐘。

　　　　　4.專家學者或教師、領導者指導。

兩性人際特質期望表

您認為可能嗎？或是自己具備該項特質嗎？（○或×或？）　你喜歡與什麼樣的異性交往？（具備何種特質）　　　　　受訪者姓名					

註：〔○〕代表可能有該項特質〔×〕代表不可能有該項特質〔？〕代表不確定、視情況而定

第七章

兩性愛情關係

　　成長過程中，每個人都會對異性產生好奇、注意，甚至想進一步與之交往、親近，此乃人類身心發展的自然現象。現代男女因受到電視、電影、小說、歌曲等媒體的影響，有些人難免會對愛情產生浪漫憧憬，形成「假象」，以為愛情是生死糾葛、愛恨纏綿、驚天動地、柔情蜜意的。加上古來有不少的詩詞歌賦將愛情美化、浪漫化，其用語之神，編詞之美，更為此一愛情影像增添多彩多姿的畫面，成為社會大眾爭相傳誦或書寫傳情的藍本。唐代溫庭筠的「過盡千帆皆不是，斜暉脈脈水悠悠」，道盡情之失意；南唐李後主的「花明月黯飛輕霧，今宵好向郎邊去」，顯現情之愉悅；南宋辛棄疾的「眾裡尋他千百度，驀然回首，那人卻在，燈火闌珊處」，則寫情之百轉千迴。

　　凡此描述兩性情愛關係的詩詞歌賦小說戲曲，容易使青年男女對情愛產生遐思幻想，期盼生活中也能擁有一份「問世間情是何物，直教人生死相許」的情感，讓你（妳）的她（他）也能用心用情用心思地對待、呵護自己。於是乎，當真實生活中無法獲得此種「激昂澎湃、柔情似水」的感覺時，也許會開始懷疑自己或對方是否為彼此的真愛？茫然於自己是否在戀愛中？為何他（她）會表現如此平淡？為何他（她）不曾對我說過像小說或電影中那樣的情愛對白？究竟男女情愛的模式（型態）為何？友情與愛情的區別為何？約會時應考慮的因素為何？兩性互動的原則為何？凡此問題皆有必要加以探討。

第一節　愛情關係的本質與發展

　　「愛情關係」乃是兩性互動過程裡，最令人著迷、遐思和引發情緒起伏的一段人際發展歷程。當男男女女投入情愛世界時，大多數人的情緒與生活皆會受到它的影響而生變動。有些戀愛中的人因此而茶不思飯不想，「為伊銷得人憔悴」；另有些人愛得忘我而荒廢學業事業，「自君之出矣，不復理殘機」；當然，也有人在愛的路上苦盡甘來，「眾裡尋它千百

度，驀然回首，那人卻在，燈火闌珊處」。男女之間，從相識、相交、相知、相戀，以迄結合或分手，不只牽動人際情感上的愛恨悲歡，甚至影響到生涯發展的成敗離合，誠所謂：「衝冠一怒為紅顏」、「不愛江山愛美人」。本節將分別探討兩性的人際吸引力、約會的藝術、男女情愛的模式及其經營。

一、兩性的人際吸引力

「相識滿天下，知心有幾人」，世界上的男男女女億萬千，為何獨鍾情一人，似乎人與人之間存在著一股因人而異的人際吸引力。何謂「人際吸引力」（interpersonal attraction）？意即人與人之間一種相互親近、對彼此有好感和樂於相處的動力。人際吸引力來自於人與人之間有了良好的知覺印象之後，所產生相互注意、關懷與親近的現象。換言之，人際吸引可以說是人與人之間彼此注意、欣賞，產生好感，進而想要接近以建立更親密的人際關係的心理歷程（鄭全全、俞國良，民88）。男女之間因彼此的注意、欣賞、好感，從中發展出更進一步親密的人際關係，即是一種人際吸引過程，激發此一發展關係的動力即為兩性的人際吸引力。基本上，人際吸引是兩性交往的第一步，人際吸引往往來自於正向的人際知覺，是故兩性的印象整飾（參閱本書第二章第二節）有助於形成男女親密關係的人際吸引力。

有關人際吸引力的研究理論甚多，其中以「增強情感論」（reinforcement-affect theory）、「公平理論」（equity theory）和「社會交換論」（social exchange theory）為代表。增強情感論的觀點認為，人類喜歡與那些能連結歡樂和滿足等正向情感的人交往，不喜歡和「令人卻步」、「望而生厭」的人相處。換言之，男人或女人都喜歡與那些能夠欣賞、激勵他們的異性相戀（增強作用），而討厭那些看不起（厭惡刺激）我們的異性。公平理論主張，兩性關係的開展、維持與改變，決定於雙方是否同等地付出與投入。至於社會交換論則強調，男女雙方的交往是植基於對自己是否有

利，兩性關係也是一種報酬（所得）與代價（成本）的互換關係。當然，前述指的「所得」、「成本」，未必是指金錢、有價的財物，同時包括個人的感受、外在的評價或情感的歸屬等。

　　從上述兩性之人際吸引理論可以看出，兩性交往時都有其各自的心理感受與行為動機，兩性關係的發展也有其背景因素。現代開放的社會，每個人均有不少與異性接觸的機會，但我們為何只對一些人產生好感？其實，「異性相吸」的因素可歸納為兩大類；情境因素與個人因素。情境因素包括時空的接近性、媒介者的催化（例如媒人、介紹人、長輩，或是像電影《西雅圖夜未眠》中的小男孩）、偶然的機緣等。Feeney（1999）曾以七十二對戀愛中的情侶為研究對象，結果發現近距離（closeness-distance）是男女發展親密關係的重要因素，兩人互動距離愈是接近，愈容易發展出令雙方滿意的關係，所謂「近水樓臺先得月」，雙方距離的遠近與兩性關係的品質成正比。

　　個人因素則指男女雙方的個性、興趣、能力、職業、地位、財力、價值觀與外在形象等。當男女雙方個人條件的「相似性」或「互補性」愈高時，愈容易產生人際吸引力、促進兩性關係的親密發展。Newcomb（1989）的研究發現，兩個態度相似的人較容易交往、相處而成為朋友；此外，對於重要事件的看法上愈是持相同觀點的人，要比那些對微不足道小事有相同看法者，更能相互吸引對方、成為好朋友。基本上，情境因素乃是兩性互動的客觀條件，成之於人（或「定之於緣」）；個人因素才是男女相知相惜的主觀條件，所以一切操之在己。唯有不斷充實自己、增廣見聞，並且願意與人溝通、相互成長的人，才能與他人建立圓融的兩性關係與成熟的人際關係。

二、兩性約會的藝術

　　當男女之間互相認識並欲進一步交往時，無論是男方示愛或女方示意，無論是主動追求或是被動回應，雙方都會面臨約會交往的問題。今

日，處在工商業發達的現代社會裡，「約會」其實是相當普遍的社交活動，但對於「男有情、妹有意」的約會交往，卻存在著印象整飾與相知、相惜等壓力。有些人當面臨了想與異性交往，或有異性欲與之交往等狀況發生時，往往對兩性的約會與互動產生「既期待又怕受傷害」的心理，加上許多現代人既不想奉「父母之命」，又不願受「媒妁之言」的安排，自然需要學習並了解兩性約會與交往的藝術，以發展個人親密的兩性關係。

男女之間於婚前婚後約會是相當普遍的活動，包括團體約會與單獨約會。在美國，男女開始第一次單獨約會的年齡約為十四歲；在我國，約有四分之一的青年男女在二十歲前不曾與異性單獨約會過，其他四分之三的人第一次單獨約會的平均年齡約為十八歲（晏涵文，民81）。一般而言，兩性約會約可區分為五個階段：一般關係的約會（casual dating）、固定關係的約會（steadily dating）、進展關係的約會（going steady）、準備婚約的約會（ready to be engaged）和訂婚後的約會（dating after engagement）。不同發展階段的約會型態與內容也有所不同。男女之間在剛開始交往、發展關係時，必須考量與約會有關的事宜，包括邀約的策略、赴約的態度、約會時地的選擇、約會方式的設計、約會費用的問題等。

(一)邀約的策略

由對方的特質，諸如喜好、個性、家庭背景等因素及個人的愛情觀（情愛模式）來擬定邀約的計畫，究竟採取面邀（當面邀約）、函邀（以信函或卡片邀請）、電邀（電話邀請）或代邀（請人代為邀請）。提出邀請時表達的內容、重點、態度也須加以注意，不妨以人際交往的一般原則：坦誠、尊重、大方地向對方提出邀約，避免曖昧、羞澀，或經由第三者來提出邀請。同時，應具有「自己有權利表達，對方有權利拒絕」的態度，如此才不至於造成受邀者的困擾與邀約者的壓力。當然，若確定不接受對方的邀約時，也宜態度溫和但立場堅定地告知對方，並應避免為彰顯自己的魅力而故意對外張揚，令對方難堪、尷尬。

㈡赴約的態度

　　雙方保持平常心、自然心，如同與普通朋友聚會般，面對心儀者，適當地表露自我的特點與風格固屬人情之常，但不可過度浮誇或虛飾、華而不實，以免平添日後持續交往的變數。同時，也不應將對方的受邀行為或一、二次的約會，視為兩人已進入「談戀愛」或「論婚嫁」的關係階段。值得注意的是，女性或男性也不宜故意在約會過程中「自我壓抑」或「自我膨脹」，來考驗對方或讓對方難堪，例如約會故意遲到或製造問題來試探對方的誠意，否則極易弄巧成拙，導致雙方關係惡化或變質，屆時後悔莫及。

㈢約會時地的選擇

　　宜視兩人交往的程度來決定。一般而言，交往初期或第一次的約會，地點的選擇宜尊重受邀者的意見，最理想的是安全、寧靜又開放的場合，但不宜選擇過度浪漫化的場所，以免因羅曼蒂克的氣氛影響雙方的真實互動。同時，約會的時間也要考量雙方家人的看法、個人的生活習性，及安全、交通等因素。至於何時至對方的家庭拜訪其家人，則必須考量雙方的意願、價值觀、交往關係與家人的態度；時間過早，容易因雙方家人的觀感影響彼此的交往進展，但若等到雙方關係發展之後才拜訪對方的家庭，萬一其家人反對，屆時恐將引發更大的壓力與衝突，值得深思熟慮。

㈣約會過程的掌握

　　約會過程中的活動內容，應考慮到雙方的興趣、個性、身體狀況、心理感受與角色地位等因素。約會時，更須隨時留意對方的感受，避免產生不愉快的衝突或誤解。例如，欲爬山郊遊時宜事先告知對方，以免穿著不適或體力不勝負荷。此外，雙方於約會過程中的行為反應，也應在相互尊重、彼此關愛的情況下，適度適切地應對進退、溝通協調。有時，雙方的親密行為雖可以加速彼此的關係進展；但若舉止失當，不但徒增對方反

感,也易使個人形象受損,約會性騷擾(參閱本書第十一章)與婚前性行為(參閱本書第九章)即是值得警惕的議題。

㈤約會費用的問題

通常在約會的初期、兩性剛開始交往時,約會時的費用往往是由邀約者負擔,因此,邀約者或受邀者可衡量個人的經濟能力與財務狀況以擬訂約會活動的內容、地點。爾後當雙方深入交往時,約會的費用問題則可基於雙方的關懷同理、交往進展及經濟條件等因素,多為對方考量。當然,也要考量社會價值觀與個人條件、心理感受等變項。至於性別只是一個相對(非絕對)的參考指標,未必由男方或固定一方付費。兩性的濃情真愛與個人的財力狀況未必具有正相關,並非愈有錢者愈能發展更美好的兩性關係;當然,「愛情與麵包」兩者之間也是不相衝突的。

由上觀之,兩性約會不僅是一項藝術,也是一門大學問。McDabe(1987)認為,兩性的約會與互動具備了六項重要的功能:(1)獲得樂趣;(2)鞏固地位;(3)促進成長;(4)性的實驗、探索與滿足;(5)建立兩性情感;以及(6)尋找或確認婚姻對象。國內學者晏涵文(民81)進一步指出,兩性之間的約會具有七項正向功能:(1)培養社交能力;(2)發展自我了解與了解對方;(3)發現並測驗性別角色觀念;(4)評估人生價值觀和目標;(5)測驗對方遭遇困難時的應變能力;(6)評估自我的需求;以及(7)認識占有與嫉妒的意義。因此,男女之間的約會並非只是為了發展雙方的情感與好感而已,更不是藉由心力、時間與金錢的付出,來堆砌兩性的情愛關係。

約會在男女之間交往的歷程中固然有其重要的功能,但雙方也要提防發生約會暴力的問題。Alexander和Moore(1991)針對父權意識、早年家庭暴力經驗、依附風格等不同脈絡變項與約會暴力之關係,進行有系統的研究。其研究結果發現:(1)美國大學生約有 47.2%的人遭遇過約會暴力的經驗,其中以抓痛或用力推對方等輕微暴力行為最多;(2)約會時,女性和男性施暴經驗的比例分別為 27.1%和 54.2%,男性約會暴力行為顯著多於

女性，至於在遭受約會暴力的情形上則無顯著差異（男女比例分別為24.8%和29.5%）；(3)女性較男性多使用心理虐待，而男性較常出現性攻擊行為；(4)父權意識、早年家庭暴力經驗、依附風格等變項與約會暴力有顯著相關，其中父權意識與性別態度可預測男性的約會暴力，而早年家庭暴力經驗、依附風格則與女性的約會暴力經驗有關。

　　基本上，男女之間透過約會交往可進一步了解對方的觀念、情感，並觀察其言談舉止、生活習性，同時發展彼此的人際情感，學習兩性的溝通與相處。當然，在開放、多元化的社會情境中，男女雙方也需要有「約會不等同於戀愛，接受對方的邀約不等同於接受對方的示愛」之共識。約會時也必須有保護自我的措施與考量，特別是女性的人身安全與個人名譽，例如避免接受陌生人的邀約、約會前事先告知家人或親友、約會時間地點的選擇要適當、約會中突發狀況或親密行為的處理等；簡而言之，謹守「STOP」的原則：安全（Security）、時間（Time）、地點（Occasion）、對象（Person）。唯有多一份了解與準備，方能發揮兩性約會的功能。

三、男女情愛的模式

　　兩性之間情愛關係的發展是相當奧妙、難以捉摸的，男女二人從互不相識到相互交往、從淡淡之交到你儂我儂、從話不投機到心有靈犀，從「愛到深處無怨尤」到「情到濃時轉為薄」。基本上，兩性關係的發展具有不同的模式類型，其發展有時是漸進式的，也可能是「無厘頭式」的。兩性之間從相識、相交、相知、相戀到婚嫁，而後邁入婚姻共同組成家庭，其間多彩多姿的變化，使人類在平凡的人生旅程中充滿了更多的歡笑或淚水、激情與溫馨。由於人類的行為發展有其個別差異性，因此，男人與女人之間的情愛關係發展也有不同的類型。有些人專情、癡心，「弱水三千，只取一瓢飲」；也有的人花心、濫情，「有花堪折直須折，莫待無花空折枝」。不同的情愛模式，發展出不同的情愛歷程與結果。

(一)熱烈型

　　此型者追求的是羅曼蒂克的激烈情愛，他們幾乎都是在見到對方的第一時間，就已死心踏地地愛上他（她）。因此，對方的外貌與第一印象係此型者最重視的因素（當然美醜是個人的價值觀，也是一種主觀的直覺判斷，所謂「情人眼裡出西施」）。熱烈型的特色是濃郁的愛充塞在彼此的交往中，而且會發展出既深入又親密的愛情關係，對方在自己心目中更是無人可取代的。

(二)遊戲型

　　此型者的感情生活完全可以在他們的理智控制之下，任憑他們的意願來去自如，他們交往異性的心態傾向於「享受過程，拒絕面對結果」。在享受愛情的同時，他們希望保有完全的自由，這也是他們希望對方遵守的「規則」。如果對方違反了上述規則而過度依附、迷戀，他們往往會故意抽身遠離或冷淡抗拒，甚至不斷地明說或暗示對方遵守此一遊戲規則，任何親密的關係與彼此的約訂（包括婚姻與契約），都只會令此型者感到窒息。

(三)神經依附型

　　此型者一旦陷入情網，整個心思都在對方的身上，往往糾纏於焦慮、興奮、緊張、患得患失的情緒中，為相思而憔悴，因此「心神不寧、情緒起伏很大」是此型者的特徵。約會前，個人的身心反應經常處在期盼、緊張的狀態裡，約會時容易陷入激情、蜜意的狀態裡；約會後又往往心醉於回憶、迷戀裡。假使對方稍有疏忽或冷淡，此型者往往會有些動作或強烈的改變，以引起對方注意。

(四)無私型

　　此型者一切以所愛的人為重心，願意將自己的一切，包括時間、金

錢、身體、心力、尊嚴、情感……等，毫無保留地奉獻予對方。同時，往往願意委屈自己，不求回報，「犧牲享受多，享受犧牲亦多」，是故「無怨無悔」是此型者最高的心境。平時默默關懷，忍氣吞聲，若是遇到他人批評自己所愛的人時，此型者往往會找出千百種理由來反駁，儼然忠誠擁護者的姿態；然而，此型者有時也會給予對方無形的壓力。

㈤理智計畫型

此型者在選擇愛情前已先規劃了自己未來的生涯藍圖，並依此規劃的方向與內容來擇偶，他們能夠理智地考量現實條件來挑選對象。同時，此型者也不輕易許下承諾，警戒心較強，對異性十分謹慎，是一個不會陶醉於甜蜜幻想的人。他們相當實際且重視現實生活，談情說愛也往往會慎重地按照自己的生活步調進行。他們並非不懂情愛，一旦有了符合標準的對象，自然會開始培養愛情，並投入其中。

㈥友伴型

此型者的情愛發展歷程較缺少激烈的愛情火花，兩性關係較平和、愉悅而歷久彌新。他們在情感道路上屬細水長流、溫馨穩定的愛。他們往往是經過長時間與對方交往，才決定願意彼此相伴、同甘共苦，不沉迷於激情、浪漫中。愛的感覺是來自於互相喜歡、互相照顧、互相了解、互相支持的情境中，由此點點滴滴的互動所凝固起來。

從個體生活適應與兩性心理成長的角度觀之，友伴型的兩性關係較為人所接受。Sternberg（1986, 1988, 1998）曾提出愛情「三元素說（三角論）」與「八類型論」。他認為愛情是由三元素所構成，三者彼此激盪：⑴親密感：屬於心理向度，彼此相知相惜、心靈交流；⑵激情：屬於生理動機向度，注重於生理層次的吸引力、性愛慾望，除了生理因素之外，激情有時也來自於人際援助、自我實現、友善關係、個人優越感、控制與服從等吸引力所引發的身心交互作用的激情；⑶承諾：屬於社會認知向度，包括短期性愛的抉擇與長期性婚姻的承諾。至於不同類型的愛情模式，其

成分也會有所不同，如表 7-1。

表 7-1　Sternberg 愛情理論的三元素與八類型

愛情元素 類型	親密感	激情	決定/承諾
無愛 Nonlove	－	－	－
喜歡 Liking	＋	－	－
迷戀 Infatuated love	－	＋	－
空洞之愛 Empty love	－	－	＋
浪漫之愛 Romantic love	＋	＋	－
友伴之愛 Companionate love	＋	－	＋
荒唐之愛 Fatuous love	－	＋	＋
完美之愛 Consummate love	＋	＋	＋

說明：表內「＋」代表有此元素，「－」代表缺少此元素。

（資料來源：Sternberg, 1988, 1998）

　　由於兩性關係的發展有其階段性與持續性的互動歷程，有時不同的個體在不同的人生階段與不同的對象發展兩性關係時，其情愛互動模式也會有所差異，故很難加以絕對的分類。唯有用心經營情愛關係的人，方能擁有親密、激情與認同的性愛與婚姻生活。千萬不要「被愛沖昏了頭」，失去了自我的理智，亂了個人的方寸，導致曾經相愛的兩個人卻以相互毀滅或令對方終生悔恨的方式，悲劇性地終結雙方的兩性關係。因此，如何經營和諧的情愛關係，乃是現代男女值得學習的重要課題。

四、愛情關係的經營

　　當男女進入約會交往狀態時，通常會花較多的時間相處，並藉著大量的聊天談心，以語言表達愛意，相互提升對對方的正向觀感，同時產生更

深層的自我表露，進而以具象或抽象的事物來為彼此的愛情做見證，持續地關心對方的一切，漸漸而有一種休戚與共的感受（苗廷威譯，民87）。兩性的情愛關係與親密關係是一段水乳交融、相濡以沫的歷程，男女雙方往往「情人眼裡出西施」，有時容易忽視對方的缺點，也容易產生個人的盲點，如此一來，反而徒增未來彼此關係發展的變數與阻礙。因此，當雙方情投意合欲發展進一步關係時，更必須學習與兩性交往的有關課題，並適時調整自我、追求成長。

卓紋君（民89）指出，親密關係是一持續發展的歷程，經歷不同的互動關係（如圖7-1），男女雙方在親密關係的交往過程中，必須了解、具備下列正確的觀念：(1)親密關係的發展需雙方有一起投入的共識，而非單方面一廂情願的情事；(2)婚前性行為的投入與付出，並不保證可以贏得親密關係與對方的真心承諾，而且後果往往需個人獨自承擔；(3)親密關係的發展是一個持續不斷的歷程，是在調適與衡定中不斷地循環，也無所謂完美的終點；(4)親密關係得以發展順利、持久且幸福，是需要雙方彼此的付出與經營。真正的愛情並非缺乏理性的激情，唯有具備正確的觀念才能增進個人的理性思考，發展成熟和穩健的兩性關係。

除此之外，愛情的擁有並非一蹴可幾，而是需要醞釀而後循序漸進發展，兩性感情的發展階段包括：(1)認識準備期：男女雙方可經由各種活動或由他人介紹，產生對彼此的印象與感覺，此時可做些準備事項，多製造見面機會；(2)觀察發展期：雙方彼此有好感後，其中任何一方會主動表示要進一步交往，此期雙方的互相了解會以最美好的一面呈現給對方，彼此的關係會日漸穩固；(3)激情甜蜜期：彼此的關係會日漸穩固後，產生心屬對方的感覺，雙方籠罩在濃情蜜意的氣氛中；(4)質疑衝突期：當雙方較了解彼此的人格特質之後，要謹慎考量彼此的優缺點和適配性；(5)適應接受期：當彼此願意接受對方之後，可以抱持學習的心，一起共同學習成長，此期若是出現摩擦，要誠心地調整彼此的觀點行為；(6)許下承諾期：當彼此感情上軌道，可以適應接受對方後，會進而彼此許下承諾，將彼此加入自己的生涯規劃中，共組家庭（徐西森、陳仙子等，民91）。

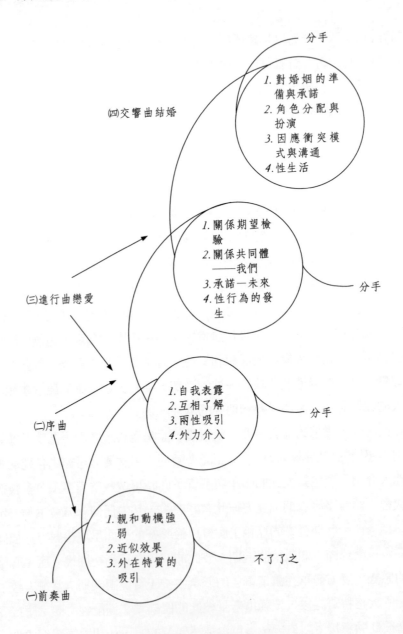

分手

1. 對婚姻的準
   備與承諾
2. 角色分配與
   扮演
3. 因應衝突模
   式與溝通
4. 性生活

㈣交響曲結婚

1. 關係期望檢
   驗
2. 關係共同體
   ——我們
3. 承諾一未來
4. 性行為的發
   生

分手

㈢進行曲戀愛

1. 自我表露
2. 互相了解
3. 兩性吸引
4. 外力介入

分手

㈡序曲

1. 親和動機強
   弱
2. 近似效果
3. 外在特質的
   吸引

不了了之

㈠前奏曲

圖7-1　兩性親密關係發展模式

（資料來源：卓紋君，民89）

誠如前述所言，兩性的相知相惜、情愛關係是一段漫長的歷程，「急就章」的愛情關係往往容易產生盲點，癡情傷心、濫情傷身、無情傷人，不可不慎。兩性情愛關係的發展必須以友情為基礎（參閱本書第六章），以健康的自我為核心，「愛人愛己」，有愛己的能力才有愛人的實力。因此，兩性情愛關係的經營必須考量下列重點，方能愛得成熟有智慧：

㈠以一般的人際能力開展

健康心態與溝通能力是兩性互動的基礎，切莫刻意表現特殊言行。男女應該互相尊重，不要讓自己的一時好奇、隨興之所至而盲目追求，以致言行流於低俗或令對方退避三舍。唯有如此，兩性互動才可提供男女雙方發展人際情感與培養社交技巧的機會。

㈡用欣賞的態度去面對異性

若能包容對方的缺點如同原諒自己的不足，讚賞對方的優點如同欣賞自己的長處，如此必能發展兩性共同成長的空間，促成互依互補的良性動力。Sternberg（1986, 1998）認為兩性親密關係具有十個特點，值得參考：⑴凡事為心愛的人著想；⑵和心愛的人體驗到幸福；⑶高度尊重心愛的人；⑷在需要的時候可以依賴心愛的人；⑸與對方互相了解；⑹分享自我和所擁有的；⑺接受心愛的人情感上的支持；⑻給予情感上的支持；⑼親密的對話；⑽在生命中珍視心愛的人。

㈢培養自己成為受人歡迎的人

兩性情愛的互動過程裡，從一開始的相識相知到後來的相愛相惜，甚至最後結婚或分手，難免有風風雨雨的逆境與甜甜蜜蜜的順境。無論何時，別忘了隨時關懷對方，充實自己，使你成為一位受歡迎的人。如此，不但能讓自己擁有更多對方的愛，即使不幸分手，兩人也能無所怨懟地留下美好的回憶，畢竟相愛的歷程讓自己也獲得了許多成長的空間。

㈣讓自己有機會，但不勉強對方

在兩性交往的初期，主動的一方經常擔心被拒絕，被動的一方往往也羞於表示（對對方有好感時）或不好意思拒絕（對對方沒有好感時）。其實兩性關係的開展，任何人（已婚者除外，因須對婚姻、配偶及自己負責）皆有表達好感或愛意的權利；相對的，也都有拒絕接受的權利，也就是有自由的選擇權與被選擇權。當然，拒絕的方式宜應斟酌，以避免對方尷尬或受傷；有勇氣地表達好感亦宜考量是否會造成對方的困擾或反感。

㈤兩性互動的意義宜深思

兩性交往，一則發展人際情感，再則可透過互動關係，認識異性的心理與行為，學習如何與異性相處。若能真正了解「兩性差異」與「人性共通」，則兩性情愛會更趨陰陽調和，而非水火不容。有時「過程重於結果」，即使相愛沒有結果，也不代表一切成空，畢竟個人的心理成長亦是一輩子的資產，其意義並不亞於「有情人終成眷屬」。

㈥異性交友不等於戀愛，戀愛不必然會結婚

現代人的人際關係是開放的、健康的、成熟的，因此，任何兩性之間的互動（包括友愛、情愛與性愛等過程）應該尊重彼此的感覺、經驗和想法。在與異性交往時，不該敏感或偏執地曲解對方任何感受和行為，有些人往往誤以為對方一旦接受邀約便是自己的女（男）朋友，甚至是自己未來的老婆（老公），如此一來，反而徒增雙方交往的盲點與壓力，局限了自我成長的空間。當然，對於那些「花心」、「紅杏」者，切不可以此「戀愛不等於結婚」來做為逃避責任、薄倖寡情的藉口。

總之，人生是一連串困境與學習的歷程，兩性之間的情感互動亦是如此。當個人的心理成長、行為表現、經濟能力與生涯發展等方面尚未達到穩定成熟的階段前，切勿輕易地陷入「男歡女愛」、「郎情妹意」的世界，應以更開放、尊重、健康的態度來面對兩性課題，透過與異性交友的

機會，多充實自我的學養知能，多培養自己人際溝通的能力，使自己成為具有內涵又富吸引力的人，相信必能為未來「愛的路上我和你」奠定美好的基礎。當然，已擁有情愛關係的有緣人，更應該相互學習成長，攜手邁入婚姻的旅程中，以開拓更廣闊的天空；即使雙方未來的情愛關係生變，也能理智地分手、好聚好散，相互祝福與關懷。

第二節　分手、失戀及其調適

杜牧〈贈別〉：「多情卻似總無情，唯覺尊前笑不成。蠟燭有心還惜別，替人垂淚到天明。」字字敘說情之離別愁緒。戀愛中的男女你儂我儂，一旦愛已成空，難免惆悵滿懷，輾轉難以入眠，甚至自我傷害或攻擊他人。相愛時，總「願天下有情人終成眷屬」，然而男女之間的情事一如大自然的氣候般變化多端，或受情境外力介入影響，或來自於當事人情感轉變，導致曾經相愛的兩個人必須面對情變或婚變的殘酷事實。現代社會多元化發展的結果，改變了傳統兩性關係的價值觀與危機應變的模式，因失戀、分手而導致的自傷或情殺等不幸事件，更經常發生在你我的生活周遭。本節旨在探討分手與失戀的原因、發展歷程及其調適策略，期盼社會大眾對此一議題有更多的關注與更深入的了解。

一、分手與失戀因素之探討

「失戀」乃是一種戀愛歷程終結的狀態。當男女雙方或其中一方因個人自身的因素或受到外在情境因素的影響，不再擁有愛的感覺或活動，而被動地結束雙方相戀的過程，即為失戀。一般人常以「分手」之名詞代表「失戀」之狀態，其實分手只是失戀的一種手段、結果或反應，未必能完全呈現出當事人失戀的狀態；同時分手兼有雙向意涵，然而失戀的意涵則是「單向被迫」多於「雙向認可」。換言之，分手是失戀歷程的一部分，

但失戀未必會分手，有些人因受限於社會思潮、他人觀感或個人價值觀的影響，雖不再與對方相戀，但仍持續與之交往、做朋友或維持（雙方或一方）「貌合神離」的人際關係。茲因失戀係一種心理狀態，也是一個抽象的概念，故探討「失戀」議題時往往會以「分手」行為取代之，便於觀察、分析與測量。

　　有關探討男女分手原因的國內外調查研究雖相當有限，但大部分的研究發現與調查結果皆相當一致。台灣地區曾分別於民國七十四年和民國八十七年對國內青年男女進行大規模有關失戀與分手的調查研究（鄭淑麗，民87）。前一項失戀因素的研究結果依序為：雙方個性和價值觀的差異難以溝通（22.0 ％）、對方不符合自己的期待（12.6 ％）、第三者的介入（11.3％）、時空距離的隔閡（10.8％），以及父母或家人反對（9.5％）。後一項（民國八十七年）分手原因的調查結果依序為：雙方個性、生活方式和價值觀的差異（48.0 ％）、時空距離的隔閡（25.3 ％）、失去愛的感覺（19.7 ％）、對方的愛令自己有壓迫感（14.1 ％），以及家人、親友反對（13.2 ％）等。除此之外，國人分手與失戀的原因尚包括雙方付出不均等、男友移情別戀、雙方誤會、男方有不良習性或嗜好、莫名其妙（不明原因）等。

　　儘管國內外生活環境不同，兩性身心發展亦有些差異，但兩性失戀與分手的原因卻也相當近似。茲舉 Mark 和 Anita（1996）所做的研究為例，Mark 二人調查美國地區情侶分手的原因，結果發現男性分手原因，依序為：對關係感到無聊（76.7%）、女性渴望獨立（73.3%）、雙方興趣不同（61.6%）、男性渴望獨立（61.1%）、雙方背景不同（46.8%）、性態度衝突（42.9%）、居住距離太遠（41.0%）、女性移情別戀（31.2%）、對婚姻觀念有衝突（28.9%）、男性移情別戀（28.6%）、來自女方雙親的壓力（13.0%）、雙方才華不同（10.4%），以及來自男方雙親的壓力（9.1%）等。至於女性失戀的因素，則依序為：對關係感到無聊（76.7%）、雙方興趣不同（72.8%）、女性渴望獨立（50.0%）、性態度衝突（48.1%）、男性渴望獨立（46.8 ％）、雙方背景不同（44.2 ％）、婚姻觀念衝突

（43.4％）、女性移情別戀（40.3％）、居住距離太遠（28.2％）、雙方才華不同（19.5％）、來自女方雙親的壓力（18.2％），以及來自男方雙親的壓力（10.4％）等。

　　由上觀之，國內男女分手的原因多半傾向於「外在環境」與「男性中心」的因素，包括第三者的介入、時空距離的隔閡、男友移情別戀、男方有不良習性或嗜好，以及父母或家人反對等。國外兩性分手的因素則為「個人內在」與「兩性自覺意識」等兩大類的變項，例如女性渴望獨立、雙方興趣不同、男性渴望獨立、雙方背景不同、性態度衝突等。因此，兩性關係的發展深受其所處環境之國情背景與風俗民情等因素的影響。當然，任何有關失戀或分手原因的研究調查，大都屬於「事後回溯」的研究，研究資料難免會受到當事人失戀情緒或其他顧慮因素的影響，其研究結果的客觀度與真實性則尚待商榷。

　　近年來，男女分手因素的調查研究偏重於「雙方條件的差異」、「雙方互動歷程的影響」與「第三者的介入」等三個變項以及此三者的交互作用結果。至於現代男女失戀的原因，主要在於一方移情別戀、愛的感覺已淡化、愛的付出給予對方壓力或是雙方個性的差異。失戀者往往不能接受對方的移情別戀與不再有愛的事實，儘管當事人已努力挽回並嘗試溝通，但變調的戀情卻已難以再譜和諧的樂章，失戀者的心路歷程也相當值得關注。由於兩性之間移情別戀的行為與當事人的情感態度、價值觀念息息相關，因此，今日處在多元文化價值激盪的後現代主義社會裡，男女之間移情別戀與失戀、分手的事件將會層出不窮地發生，值得正視。

二、分手與失戀的發展歷程

　　兩性之間的愛情關係是一段既甜蜜又充滿辛酸的歷程，即使是同性之間的情愛互動過程也是相當曲折動人。無論是同性之情或異性之愛，一旦結束、分離，雙方或失戀者之一方莫不痛徹心肺，「離恨恰如春草，更行更遠還生」，短時間內恐難以接受此等事實與打擊。舉例而言，白先勇

《孽子》小說裡，龍子欲挽回戀情不得而手刃同志愛人阿鳳一段，讀來即令人不勝欷歔。即使分手一段時間之後，當事人的內心也依然感到眷戀或惆悵，當然也有不少人意圖重溫舊夢而不可得，誠所謂「自恨尋芳到已遲，往年曾見未開時，如今風擺花狼藉，綠葉成蔭子滿枝」。

男女分手或失戀的事實並非單方面的問題，也非偶發事件，同時雙方關係的改變或破裂更非短時間內有以致之，無論是分手前或失戀後，兩性情愛關係的變動過程皆有一定的脈絡可尋。換句話說，兩性愛情與親密關係的破裂並非只是單一事件，而是循序漸進地發生變化，有其一段系統化的醞釀過程，直到雙方或其中一方因無法承受而宣告分手。此外，無論是主動提出分手的當事人或被動接受分手事實的失戀者，雙方的內心感受或行為反應都會經歷一定程度的不適與煎熬，甚至出現嚴重的內心衝突和行為失控等現象，有賴於個人的自我調適或外在資源的協助支持，否則容易導致雙方由愛生恨，釀成不幸事端。

㈠主動分手者及其反應歷程

首先，針對提出分手的當事人而言，Duck（1992）認為兩性關係的破裂過程中，當事人大致會經歷下列五個階段：⑴關係分裂階段（breakdown phase），雙方至少有一人不滿意彼此的關係，或是感受到彼此之間存在一些問題；⑵內心掙扎階段（intrapsychic phase），當事人的內心開始感到不滿、不舒服或再也無法忍受彼此的關係，而決定向對方說明或攤牌；⑶接觸談判階段（context phase），當事人產生「我離開是對的」之類的念頭，開始與對方正式地談判或委婉地暗示（例如再說吧、隨緣囉！），以決定雙方是否結束關係；⑷社交求援階段（social phase），當事人思考並向對方表達「我想分手」、「我是認真的」等語，當關係破裂且公諸於世時，雙方會各自尋求外援，試圖合理化自己的決定與作為，此階段若有外力介入協調，雙方仍有重修舊好的機會；⑸善後處理階段（grave-dressing phase），當事人認為「無論如何都無法挽回」時，便開始著手收拾殘局、處理善後，以保護自己或維持雙方「好聚好散」的關係。

　　當雙方或其中一方決定要分手時，通常會採取「疏遠」、「降溫」（減低彼此的親密關係）或「終止」關係等方式來表達心意。陳皎眉（民86）認為，分手的策略約有兩大類：直接策略（direct strategies）與間接策略（indirect strategies）。前者是將分手的意圖直接表達予對方知道，包括：(1)無法挽回，堅定且直接告知對方「既成事實」（fact accomplish）；(2)尚可挽回，針對雙方關係將結束的「現狀討論」（state-of-relationship talk）；(3)難以挽回，雙方針對分手衍生「歸因性衝突」（attributional conflict）；以及(4)結束關係，雙方皆有分手意願的「好聚好散」（negotiated farewell），彼此沒有任何敵意或傷害。前述四種直接策略，若雙方皆有足夠的理性和自制，分手對雙方的傷痛將會減輕，失戀的不適歷程也將會跟著縮短。

　　至於分手的「間接策略」，意指將個人分手的意圖透過非直接方式令對方察覺，進而達到分手的目的。分手的間接策略包括：(1)逐漸疏遠，迴避對方的「退縮」（withdraw）；(2)各自表述，重新調整雙方關係的「矯情減少」（pseudo deescalation）；(3)表現失當行為，令對方心生負向觀感的「提高成本」（cost escalation）；以及(4)雙方都有分手意願，親密關係自然降溫與淡化的「逐漸褪色」（fading away）等。男女之間欲分手時，究竟應該採取何種方式的直接策略或間接策略，必須衡量雙方的個性、價值觀、關係發展與角色期待，同時也要評估其可能的結果與後果。此外，分手的方式和策略也宜有彈性，可適時做必要的調整與多重策略方式的運用。

　　一般而言，目前男女分手最常見的方式依序為：「一方決定，另一方無奈接受」、「雙方自然疏遠，未曾清楚溝通」、「雙方心平氣和地理智分手」，以及「協議分手，但雙方或其中一方非常痛苦」（鄭淑麗，民87）。根據顧瑜君（民76）的調查發現：國內男女交往後「自己主動」分手者最多（36.6%），其次為「自然疏遠」（29.2%）、「對方提出分手」（23.1%）與「協議分手」（10.9%），其中男性最常採取「自然疏遠」、女性較多使用「自己主動」的方式來與對方分手。此外，Hill等人（1976）

的研究發現，男女交往一年至二年之間分手的人最多，其次是二年到五年，以及半年左右；國內顧瑜君（民76）調查有關男女分手前交往時間多久，研究結果則依序為一年至二年、六個月至一年、半年內。

至於男女思考是否分手的決定大約需要花三個月的時間，有些人會「快刀斬亂麻」地分手，也有些人則「藕斷絲連」難以抉擇，彼此之間相互糾纏不清。探究其因以「感覺捨不得」、愧疚感與罪惡感為主，其次為雙方尚有待解決的問題，例如財物未清、婚前性關係與司法訴訟等。女性方面更會因「對方不願分手」而無法分手，有時男方的糾纏騷擾、暴力相向，或是使出令人生畏的非理性手段，均會導致女方不敢斷然與對方分手。因此，男女交往熱戀時切勿「被愛沖昏頭」，以免日後後悔莫及，所謂「細水長流才是真愛」，每個人在兩性關係發展的過程中，皆須時時深思熟慮。

㈡失戀者及其反應歷程

當然，對於那些被要求分手的失戀者而言，個人所承受的打擊更是難以言喻的，失戀者也會經歷一段情感創傷與情緒起伏不定的心理歷程，甚至影響到自我的身心健康、生涯規劃、生活步調與兩性互動的價值觀。失戀者可能要經過一段時間才能走過此一情變、情傷的過程。Canary、Cody和Manusov（2000）從個人的需求、心理感受和行為反應等角度來看，失戀者多半會經歷創傷（traumatic event）、抗議（outcry）、否認（de-nial）、紛擾（intrusion）、克服（working through）、結束（complete）與認同改變（identity change）等階段的心路歷程。

1.創傷階段

男女分手的因素甚多，已如前述。兩性愛情與親密關係的破裂並非只是單一事件，而是循序漸進的變化過程。通常導致分手者「攤牌」、提出分手的時機，大多是當時雙方出現一些不愉快的導火線。當分手者提出分手的要求時，或是面對關係破裂的事實時，失戀者往往會感到錯愕、震驚、麻木、疲憊等負向的感覺，「未語淚先流」，難以忍受。

2.抗議階段

失戀者確認對方欲分手的訊息後，一時之間大都無法置信，而且急於與對方溝通或爭論，企圖挽回戀情和付出的一切。失戀者會不斷質疑對方往日的「海誓山盟」，並一再強調自己的投入與真情。同時，有些人也會一而再、再而三地將個人的創傷情緒釋放出來，甚至歇斯底里，整個人變得較為神經質、情緒化和敏感多疑，而且出現驚慌失措、自怨自艾、無奈傷心的神情。

3.否認階段

此時失戀者無法接受「愛已遠去」的事實，也不願對外承認自己的戀情已經結束，甚至不喜歡他人談及此事。同時，喜歡一個人獨處沉思，慢慢地思考戀情結束的原因，極力避開外界的紛紛擾擾與關懷好奇。整個人變得慵懶昏沉，生活作息也益顯混亂失序。平時個性較悲觀偏執的人，一旦失戀情緒盪到谷底，又無其他外在資源的適時介入支持，往往在此一階段（或下一階段）出現自我傷害或報復他人的失控行為，值得注意。

4.紛擾階段

失戀者在此一階段裡往往注意力無法集中，也無法思考戀情結束以後或分手以外的其他事情，即使這些是非常重要的事。儘管日復一日，生活作息依然；儘管失戀者表面平靜，似乎分手傷痛不再，但失戀者的思緒仍然圍繞在昔日戀人及其往日情懷，生活中任何與對方有關的點點滴滴，例如一首情歌、一張信箋或一部電影，依舊會牽動自己的喜怒哀樂，正所謂「思念總在分手後開始」。個人有時也會變得神思恍惚，或是專注於思考分手的原因，探討雙方的是是非非。

5.克服階段

在此階段中，失戀者會試圖對分手事件做一合理化或完整真實的解釋。有些失戀者會在親朋好友面前替分手者說明解圍，也有些人會將自己塑造成是個無辜的受害者。當然，經過前述四個階段「消化、宣洩」，失戀情緒大多已逐漸沉澱，失戀者也會在與他人談論分手事件的觀點中，不斷地自我省思或接受他人的質詢。此一階段是失戀者對異性、兩性關係恢

復信心或失去信心的重要關鍵,也是失戀者自我肯定、重新出發或自暴自棄、消極退縮的轉捩點。

6. 結束與認同改變階段

除非失戀者依然無法面對分手的事實,持續地陷入個人的情緒障礙中,難以卸下「失戀的包袱」,否則當失戀者能夠接受分手的理由與事實,並表現合情合理的態度與行為時,即已告別失戀的創傷,邁入最後「結束與認同改變階段」。此時失戀者已能進一步發展出個人因應失戀危機的技巧,提升自我價值感與正向思維能力,「結束失戀歷程」,完成個人現階段兩性關係的考驗。失戀者欣喜於自己能夠克服兩性關係發展的瓶頸,而且未因失戀而自我挫敗、長期生活在陰影中,甚至已能釋放內心對對方的不滿與怨恨,積極開拓自我的人生。

所謂「失之東隅,收之桑榆」,男女分手後,雖然失去了愛人,但更重要的是找回了自己,從此不再愛得辛苦、愛得沒有自我,甚至有90%以上的失戀者認為,分手後確實為自己帶來成長(顧瑜君,民76),包括獲得兩性新體會、學習情緒管理、自我獨立等,誠如本章前一節愛情關係經營原則所提到的:「過程的學習有時重於結果的收穫。」人有個別差異,每個人在面對分手、失戀困境的反應方式皆有所不同;同時,不同的個體在不同的階段所表現的反應也不盡相同,有些人需要較長的時間才能走過情變、婚變的陰影,但也有不少人只短暫停留在失落的情傷中,即能迅速地向外求助或自我癒合此一情愛關係的衝擊,只是每個人處理失戀與分手的方式皆有所不同,但「殊途同歸」,其最終目標都是朝解決問題與自我成長的方向而努力。

三、分手與失戀的因應策略

對於曾經相愛、朝朝暮暮耳鬢廝磨的人來說,分手與失戀的打擊是相當大的,因此,被迫分手的失戀者往往必須經歷一段時間的煎熬後,方能重新恢復個人的身心狀態與生活適應。每個人從失戀到復原(失戀恢復

期）所需要的調適時間長短不一，端視男女雙方交往時間、情感深度、投入程度、人際支持網絡多寡等因素而有變化。顧瑜君（民 76）的調查發現，失戀恢復期在三至六個月的人最多（25.1%），其次是未滿一個月（20.7%）、未滿三個月（19.0%）；其中，女性失戀恢復期以三至六個月的人最多（26.2%），男性失戀復原則以未滿一個月的比例較高（25.3%）。通常女性比男性可能先提出分手，而且先提出分手者較不會感到沮喪，親密關係程度愈高和關係維持愈長者，分手痛苦指數愈高。此外，擁有較多社會支持資源之失戀者較能處理分手危機（徐西森等，民91）。當然，每個人處理分手與調適失戀的方式也有個別差異性，包括生理、心理和生活等方面的調適機轉與策略運用都有所不同。

　　有關短期「治標」的失戀調適方法：(1)刺激隔離法：刻意避開與對方見面的機會；離開引發傷感的人事物地，重尋新生活；盡量遠離與對方有共同回憶的地方；到郊外，看看藍天；遠離他鄉到戶外去旅行等。(2)情緒宣洩法：寫日記、寫信；以文字將自己的心情寫在札記本裡；找個適當的地方，放聲大哭或搥擲雜物（非貴重之物，而且不會傷人傷己）；去海邊吹風、飆車（以不影響自己與公眾的安全為原則）；不斷聽情歌等。(3)時間「充」「淡」法：用忙碌或工作占滿生活時間，使自己沒有時間去想失戀問題；隨著歲月流逝淡忘這段感情等。(4)社會服務法：參加志願服務的工作（擔任義工），有時看到比自己更可憐的人或事，會覺得自己還是很幸福的。(5)目標轉移法：參加「非常男女」等節目或社交活動；再找一個，或許下一個男人（女人）會更好；失意時對待自己更好（例如大吃大睡）；尋找其他事物滿足自己等。(6)認知改變法：天生我材必有用（重新肯定自己）；放大對方的缺點，將分手合理化；失戀可以讓自己更自由；接受事實、習慣現況等。(7)訴苦談心法：找同儕聊天，找長輩訴苦；心理建設與準備，接受最壞的情況等。

　　有關長期「治本」的失戀調適方法：(1)自我蛻變法：換髮型與打扮，以自我改變；做另一個全新的自己；自我反省失敗的理由與原因；放鬆自己；利用機會自我成長與學習等；高度自重，自信心的建立等。(2)情感昇

華法：不鑽牛角尖；找個有助於自己未來發展的事去完成（例如參加高考、技師特考等）；自由創作（文學或藝術方面）；多做一些可以滿足成就感、容易完成的事情等。(3)生涯規劃法：擴大社交圈，以增加個人視野與見聞；改變生活重心；享受單身生活的自由與樂趣等。(4)社會資源運用法：建立個人的資源、支持系統（包括教會團契、良師益友）；(5)自我的心理建設，事前的預防；(6)建立個人的宗教信仰；(7)多一點時間重新培養與家人的情感；(8)尋求專業人員的諮商輔導等。

　　總之，兩性情愛關係的互動歷程中，並非事事順利、時時順心，男女雙方必須面對許許多多的變數與問題，不僅僅是分手與失戀的危機。兩性之間的問題尚包括：溝通不良、個性與價值觀的差異、缺乏安全感、失去自我、同儕疏離、舊情難忘、家人反對、時空隔閡、第三者介入、婚前性行為、缺乏共同的興趣或信仰、占有慾太強、缺乏激情或新鮮感、經濟能力與金錢糾葛、親密感缺乏或過度依賴，以及其他人際互動的困擾。上述問題並非以「愛足以包容一切」即可視而不見，愈是「愛得盲目」的人，愈是看不到眼前待解決的問題，也無法看到雙方未來的希望，值得正視與警惕。

　　人生是一段漫長的學習歷程，無論是課業進修、職場適應、人際互動或兩性關係的經營，都需要人人不斷地學習求知。「做中學，錯中學」，對的要效法，錯的也可以做為警惕。兩性關係的發展因性別差異自有其複雜性，因此男女之間的情愛關係乃是重要的學習課題。相愛固然要學習，表達分手要學習，即使是婚後相處也要努力學習。「熱戀而不要迷戀，失戀是一種成長，暗戀是一種享受，細水長流的才是真愛」，兩性情愛關係的經營雖不一定要有「得之，我幸；失之，我命」般的樂天知命，至少應有「婚前擇你所愛，婚後愛你所擇」這般健康、負責任的態度。唯有如此，方能愛得怡然自得，愛得身心健康、陰陽調和。

兩性之間

有一次在台南市立文化中心演講後，遇到一位女性聽眾，她含淚蹙眉地問我，到底自己是否真的在戀愛？這份戀情該不該繼續？

在她娓娓傾訴後，我關懷地問她：

「妳與他交往的這一段時間，快樂的時候多或是不快樂的時候多？」

「妳與他交往，感覺兩人一樣投入嗎？或多半是妳在遷就他？」

「周遭的親友對妳兩人的交往，祝福的人多或勸醒妳的人多？」

「妳與他的未來是充滿憧憬、期待，還是擔心的多、阻礙的多？」

經過一段掙扎的思索之後，她若有所悟地苦笑，然後眼中透出一絲光采地告訴我，她知道該怎麼做了。

或許此刻有很多人非常關心地想知道她與男友兩人現在的發展情形，我想這個故事的結局不重要，重點是男女雙方在情愛關係與性愛（婚姻）關係的過程中，能否理性與感性平衡，並隨時保持理智，保持清明的思考，這才是高 EQ（情緒智商）的人。千萬不要「智人愚行」，擁有高 IQ（智力）的條件，卻演出毀人傷己、「低 EQ」的愛情悲劇。

有人說：「人是理性與感性的動物」，換言之，「人是理性與感性平衡的動物」。成功的人，便是能在感性的當下保持必要的理性；失敗的人，經常在感性或情緒化的過程中失去理智。理智的丈夫，不會動手毆傷妻子；理智的母親，不會在婚變絕望下，攜子女投河；理智的上司，不會不講情面地斥退員工；理智的部屬，不會「惟恐天下不亂」地造謠生事；理智的教師，不會情緒失控地體罰學生；理智的青少年，不會以飆車、吸毒、打架等行為來傷害自己與攻擊他人……。

我們的社會若是人人多一點理智，那該多好呀！兩性之間若是男男女女多一點理智，那也該多好呀！

學習活動

❖ 活動名稱：愛情百寶箱

活動目的：探討並學習解決愛情關係的困境

活動時間：約需 50 分鐘

活動性質：適用於團體輔導與課程學習

活動方式：1.六人一組，各組準備 A4 紙一張。

2.每組在紙上寫下男女雙方在愛情交往的過程中，可能會面臨的問題。時間 15 分鐘。

3.領導者收齊後，每組派一代表抽一組問題，並攜回各組討論解決方法。將討論結果記錄在該組的紙上。每組輪流分享解決之道，或角色扮演、或代表報告。時間共 30 分鐘。

4.專家學者或教師、領導者指導。

❖ 活動名稱：社會劇「白蛇傳」

活動目的：澄清兩性角色與互動之價值觀

活動時間：約需 80 分鐘

活動性質：適用於團體輔導與課程學習

活動方式：1.先邀請成員介紹或閱讀《白蛇傳》。時間約 10 分鐘。（其他家喻戶曉的戲曲亦可）

2.確認故事主要角色、各場重點（例如「西湖邂逅」、「端午遇劫」、「水漫金山」等），分派角色（其餘成員為觀眾）並即席演出。

3.針對劇情與劇中人的感情世界加以討論。時間 40 分鐘。

4.專家學者或教師、領導者指導。

第八章

婚姻與婚姻諮商

　　婚姻是一種相互成長的伴侶關係，婚姻諮商是一種助人成長的專業關係。婚姻生活的品質有賴於夫妻雙方的互助和愛意，尊重個體性與發展親密性，以增進個人的成長和相互的共融；婚姻諮商的運作則繫於當事人的求助動機與改變意願、諮商治療人員的專業素養和助人態度，以及雙方的專業關係與共同參與，方能確保當事人權益，發揮諮商治療的功能。基於此，本章將分別探討婚姻與婚姻諮商的理念。第一節婚姻的本質與經營，旨在探討婚姻的意義、目的、要素、調適與關係的促進；第二節則在介紹婚姻諮商的內涵，包括婚姻諮商的意義、條件、人員訓練、內容與範圍。

第一節　婚姻的本質與經營

　　在侯文詠（民 82）《親愛的老婆》一書中，可以充分感受到強烈的愛意瀰漫在夫妻之間。從「侯妻窗前那盆未凋謝過的小雛菊」到「聽過幾十遍同樣的笑話卻依然保有熾熱的笑容」，從「濃馥的香味、甜美的大提琴音樂再談一次戀愛」到「用蚵仔煎、魷魚羹包裝的浪漫情懷」，在一遍又一遍的情話裡，在一次又一次的巧言中，我們看到婚姻關係彼此的殷勤、體恤、誠意與耐心。其中令人感動的，是他們用言行來「具現」愛，這種具現的意象很顯明地烙印在婚姻的時空中，在「體力與精神的拉鋸戰，金錢與時間的消耗戰」裡，我們仍然可以看到玫瑰花，我們看到了溝通分析（TA）取向的「你好我也好」、雙贏共生的一場男孩與女孩的戰爭遊戲，結局不也正是反映「白馬王子與白雪公主」的童話故事嗎？

一、婚姻的本質

　　兩性親密關係的發展乃始於兩位當事人自相識、相交、相戀而承諾終生相伴，亦即由陌生、熟悉、互相吸引、密切來往，而演變至以婚嫁和共同生活為目標，如此持續到雙方關係結束、終老的歷程（卓紋君，民

89）。婚姻並不單純只是二人的配對，而是二個獨立的個體自其原生家庭分離後，組成一個新的家庭，彼此之間產生交互作用的歷程；換言之，婚姻並不是「一加一等於二」的愛情結果，它牽涉到夫妻二人、彼此的原生家庭、自己與子女的關係，以及子女之間（卓紋君，民89）。因此，影響男女兩性關係及其婚姻發展過程的因素相當多，包含生理的、心理的、情感的、社會的、法律的及文化的。

李美枝（民85）曾從社會生物學角度來探討傳統中國與今日台灣的兩性婚姻觀。結果發現，由於兩性生理結構的不同，加上對子嗣所付出的最基本親職投資量有很大的性別差異。於是乎，在追求成功地傳延自我基因的目標下，男性衍生了偏好多偶、短期性關係的潛伏傾向，並對年輕貌美女性有自然的偏好；女性則衍生了對單偶、長期性關係，以及對能夠提供豐富生活資源保障之男性的偏好。中國傳統社會創建了較順應男性性本能偏好的「一夫一妻但多偶」的婚姻民俗與「男寬女嚴」的性倫理。社會人士對兩性關係的認知與態度，較顯著地反映源自自然的型態；但不論是循規蹈矩者或脫軌外遇者，都肯定長期、單偶、一夫一妻婚姻制的價值。

基本上，婚姻是一種動態的兩性關係，也是一段漫長的學習歷程。在現實的情況下，傳統的婚姻關係有整個家族資源的協助，並有社會倫理的規範足以使之穩固持續；但現代婚姻則是獨立的，缺少傳統婚姻擁有的社會資源與家族支持。基本上，婚姻是社會認可的一種配偶安排，通常是指一男一女在一起生活，共同組織家庭（藍采風，民86）。婚姻的功能不僅在於賦予婚生子所建立的法律地位，也使配偶雙方的家屬有相當程度的連結，形成親屬關係；更重要的是，給予互為配偶的對方必要的權益與保障，諸如性行為、共同居住、公開承認、家務操作、財產處分或利用等。簡而言之，婚姻生活是一種過程，個人在此過程中獲取各方面需要的滿足（晏涵文，民80；簡春安，民78；Young & Long, 1998）。

婚姻關係也是一種逐漸增強的過程，雙方不斷努力來調整婚姻關係，使其愈為緊密、鞏固。夫妻生活除了在於滿足雙方身心發展和社會倫理的需求之外，夫妻生活更是一種社會生活，相互協調、扶助，以減輕或消除

生活上的挫折，共同處理生活的危機。結婚不是婚姻的全部，而是一種關係的開始與延伸，甚至包括婚前所必須學習的發展課題。Floyd 等人（1995）認為，婚前男女必須重視的課題包括：(1)發展建設性的溝通模式與解決人際衝突的技巧；(2)培養踏實、積極、共融的婚姻態度與兩性關係；(3)建立相互滿足基本需求與情緒需求的行為互動模式；(4)確認對方是個人滿足自我和減輕焦慮的重要資源；(5)發展互動關係（親密－疏離、依賴－獨立）的調節機制。換句話說，婚姻歷程中，夫妻之間單一問題的解決，並無法全面提升婚姻生活的品質。

　　婚姻生活與夫妻關係涉及四個因素：(1)婚姻成員，(2)婚姻歷程，(3)互動關係，以及(4)婚姻適應。婚姻成員不僅是一男一女（或二男、二女之同性戀婚姻）的性別問題，也涉及婚姻成員雙方的性格、價值觀、教育水準、家庭背景、社會文化與宗教信仰等變項因素；同時，婚姻關係更是一種融合上述因素交互作用的人際歷程，它是一種動態的人際歷程，因此有其不同的發展階段與發展任務，已如前述，是故，婚姻生活就是一連串衝突與調適（marital adjustment）的歷程。婚姻調適被視為發掘婚姻整體感覺的一個概念，它反映了個人對婚姻的主觀意識，也涉及當事人如何看待他與配偶之間的關係（Gelles, 1995）。

　　婚姻適應問題則呈現出人與人之間差異的程度與本質，它不是一個「點」的問題，而是從適應到不適應之間「一段」歷程的移轉；換言之，配偶之間的婚姻適應是一種連續性的動態歷程，當外在生活環境或個人內在特質改變時，夫妻雙方的適應程度也會隨之而產生變化。婚姻需要夫妻雙方彼此互相持續的調適，也需要不斷地改變成長，當社會環境改變時，夫妻之間各自與相互的改變也必須隨之而現。Clayton（1979）指出，婚姻調適歷程有八項重要的發展工作（developmental tasks），亦即在婚姻生活過程之某些不同時段所進行的特定活動，包括：婚姻社交能力（marriage sociability）、婚姻伴侶（marriage companionship）、經濟事務（economic affairs）、婚姻權力（marital power）、家庭外的關係（extra-family relationships）、理念契合（ideological congruence）、婚姻親密性（marital intimacy）及互動策略（interaction tactics）等。

Chang（1997）從社會與環境心理學中「個人－環境適配論」及「個人－環境最佳化理念」，建構出一個新的理論模式，來解釋夫妻雙方婚姻適應的歷程。婚姻適應歷程基本上是一種雙向適應的過程，它是一種夫妻雙方彼此改變自我認知和行為，以達到符合對方期望的最佳化過程。但若有一方拒絕自我改變，婚姻適應歷程也可能是一個單向順應的過程。Chang曾以一百零九對美國賓州的新婚夫婦為研究對象，調查結果顯示：妻子較丈夫更容易要求配偶改變他們的行為，但妻子本身未必會改變自己的行為去適應婚姻。

Chang 也發現：當夫妻雙方認為對方的行為表現違背自己的期望時，通常會採用正向或負向等不同的策略來面對處理，即使正向策略有助於改變對方行為、提升婚姻效能，但夫妻雙方卻往往先用負向手段（例如爭執、抱怨或攻擊）來宣洩自己心中的不滿情緒，導致夫妻關係惡化，不但不能達到改變對方認知行為的目的，反而更易引發對方的心理防衛或不舒服觀感，變本加厲地出現對方欲改變的言行反應，如此惡性循環，終致婚姻惡化破裂，值得現代人深思。

舊社會時代，對單方要求的片面性倫理被視為理所當然，父權社會下被冷落的女性只能暗自悲嘆，強制容忍。但是，今日台灣男女對另外一半均有同等的忠誠要求，屬婚姻關係的兩性更有要求對方忠於自己的權利。美國離婚率與分居的比例高達 64%（Castro, Martin & Bumpass, 1989），台灣的離婚率雖然逐年增加，但比起美國還有相當一段距離，正意味著台灣社會的男男女女面對婚姻問題，有其一套應變策略，兼顧人性與人權。消極的策略是不做激烈的抗爭反應，憑藉法律對自身的保障，等待「浪子回頭」、破鏡重圓；積極的策略是，開發自己的多元權力資源，建立獨立意識與自我價值感。

當然，一段穩固的、成功的婚姻並不是天生而成的「天作之合」，而是需要夫妻雙方用心經營的「牽手一輩子」。婚姻生活的經營法則，有兩個重要的字：「調適」。調者，改變對方；適者，適應對方。人都有個別

差異，每個人都有其獨特的個性、特質、習慣、思想、價值觀與行為反應。婚後，當發現對方的行為舉止、思想觀念與自己的差異甚多時，不妨透過理性溝通、感性分享來改變對方。若是努力一段時間，改變效果有限時，為了婚姻的持久與個人的生涯，一方面仍須繼續溝通，另一方面就要適時地調整自己以適應之，否則必須慎重抉擇婚姻的存在價值。

二、婚姻關係的經營

所謂「婚前擇你所愛，婚後愛你所擇」，成熟的人其特徵就在於能為自己的行為負責；同樣的，健全婚姻的基礎則在於男女雙方的信任與責任。相信自己的選擇，也信任對方的一切。有些夫妻抱怨：他（她）的另一半婚前婚後的表現完全不一樣，婚後愈變愈好的，少之又少；許多人婚後不再體貼，不再浪漫。婚姻生活一成不變，早知道寧可選擇不婚，永遠戀愛。其實，婚姻不是戀愛的「墳墓」，而是戀愛的溫床，有了婚姻生活的經驗，使情愛與男女雙方變得更為真實，不再虛幻；當然，前提是夫妻雙方必須「有心」，必須「用心」。試想：婚前看對方一眼是甜蜜滿懷，婚後若不再情深款款地看對方一眼或「另眼看待」，怎能令人相信婚姻是情愛的溫床。相同的，婚前買花送賀卡，大生日小節慶無時不聚，婚後怎能以一句「老夫老妻，肉麻當有趣」來合理化自己的轉變，如此難免令另一半懷疑自己是否「變心」。

現實生活中，夫妻之間要彼此體諒，婚姻是男女雙方基於情愛與理想，願意共同發展一輩子的事業，因此二人之間應相互支援，視自己為對方的後盾。當另一半「用心」經營事業，自己倒也不必太斤斤計較於是否能享受到對方婚前的一切浪漫行為。在夫妻互信互諒、互敬互愛的生活中，不妨多給予對方一點自由的空間，也給予自己更多獨立的機會，尤其是女性，避免在「三從四德」下失去了自我。傳統上「妻以夫貴，母以子貴」的時代已經過去，女性最大的支柱不必然是「丈夫子女」，而是自己的「實力」，有了自我，有了實力，才能成長自己，進而照顧別人。

　　藍采風（民71）認為，婚姻的適應度與滿意度，其評量標準包括：⑴夫妻對重要事件的看法一致；⑵分享共同的興趣與活動；⑶經常表現相互的愛意與信心；⑷極少抱怨；⑸極少感到寂寞、痛苦、不安等情緒。此類標準也反映了如何改善婚姻生活品質與促進夫妻婚姻關係的方向。Floyd等人（1995）彙整有關婚姻困境方面的研究文獻後發現：婚姻生活的滿意度係來自於夫妻雙方有效的交流互動，以及培養雙方認同的問題解決方式；婚前男女雙方溝通不良與其未來的婚姻困境有關；此外，婚姻暴力可在男女雙方早期的互動關係中覺察出來；而非常態性的事件會影響家庭與婚姻的發展，例如失業、家有殘障子女等，它可能是家庭發展歷程中的重要轉捩點。

　　從人際互動與生涯發展的觀點來看，婚姻生活在成人生活世界中占有相當大的比例；婚姻關係也是家庭關係的基礎，甚至會影響到親子關係與青少年的身心發展（江仕豪，民80；藍采風，民86），婚姻生活的重要性不言而喻，婚姻關係與家庭生活之間的關係也密不可分，凡是曾經被用以形容家庭動力的名詞，也同樣適用於婚姻動力中，諸如幸福、滿足、成功、調適以及其他名詞（Goodman, 1993）。在探討促進婚姻關係的同時，必須先釐清成功、幸福或美滿婚姻的標準為何，儘管婚姻生活的評量涉及婚姻的本質與當事人的感受，但其基本的條件仍必須加以訂定，以做為夫妻自我評量或專業研究的參考。

　　日常生活中，夫妻之間的溝通不良與爭執衝突常常是美滿婚姻的致命傷，常見丈夫對妻子的不滿依序為：表達意見的方式、情緒化、不愛做家事、晚歸、打牌賭博、太愛乾淨、嘮叨；相對的，丈夫的自我中心（大男人主義）、遷怒、主觀、假民主、晚歸、壞習慣、理財方式等，也容易導致妻子的不滿，對婚姻生活的失望。黃天中（民84）綜合國內外學者的經驗和建議，提出七項成功婚姻的條件：⑴必須是兩個身心成熟的個體；⑵兩個人必須相愛；⑶婚前必須坦誠相識，並且學習接納對方的真面目；⑷互相尊重、包容與溝通；⑸要有共同的人生理想與目標；⑹背景相似；⑺有良好的婚前心理準備。基本上，婚姻是一個充滿挑戰與變化的歷程，如

何促進婚姻關係、提升婚姻生活的品質，乃是現代人與現代家庭重要的生活課題。

　　婚姻是兩個人從相愛到共同生活，協力經營一個家來養育子女，攜手合作來發展事業，使生活得到保障，也使感情得以延續。基本上，婚姻是多數人需要經歷的一種契約性的社會制度。今日，我們仍可從一對對金婚、銀婚的男女中，看到了這種情的延續、愛的擴散。當現實生活的婚姻中擁有更多的愛意與關懷，那麼「柴米油鹽醬醋茶」、「餵奶洗澡換尿布」都已不再是夫妻衝突的焦點、生活的難題，因為我們從中看到更多愛的接觸點與婚姻的動力源。Mark 和 Anita（1996）認為，婚姻的危機與下列因素有關：⑴溝通破裂；⑵減少分享彼此的理想和興趣；⑶性活動不協調；⑷缺乏信仰；⑸婚姻失去興奮和樂趣；⑹金錢問題；⑺因小孩而衝突；⑻酗酒或藥物濫用；⑼女性或男性意識過強；⑽姻親關係不佳。

　　由上觀之，影響婚姻關係及其滿意度的因素相當多。綜合國內外實證研究的結果，可歸納為兩大類：客觀因素和人際互動因素，前者包括個人背景因素（性別、婚齡、教育程度等）、家庭背景因素（配偶教育程度、子女數、經濟來源、家庭總收入、家庭週期、家庭型態等）；後者則涵蓋婚姻信念、夫妻溝通、角色期待、權力分配、子女管教、依附類型等（陳志賢，民 87）。換言之，若欲促進夫妻的婚姻關係，必須考量雙方個人的背景條件與家庭背景因素，同時協助夫妻澄清婚姻信念、強化夫妻溝通、釐清角色期待、解構並重新建構性別權力關係、協調一致性的子女管教態度與方法等。

　　有關促進夫妻婚姻關係方面的教育訓練課程，國內外的文獻相當有限，而且大多偏重於技巧的學習與實務的應用。Floyd等人（1995）的「關係促進與預防推廣課程」（The Prevention of Relationship Enhancement Program，簡稱PREP）內容充實，並曾考驗其效果，值得參考。PREP的一般課程約需六週，每週聚會 2 至 2.5 小時，同時約有四至十對夫妻參加系列講座；每對夫妻搭配一位溝通顧問，在個別諮商室中進行演練，並且安排家庭作業。PREP 的密集課程類似週末工作坊，約有二十至六十對夫妻，

於大型集會場或飯店中舉辦，每對夫妻在每個單元參與 15 至 45 分鐘的演講課程之後開始演練，學習新技巧。

　　PREP 的課程內容包括：配合意圖層次模式（Intent-Impact Model）來進行夫妻溝通練習，該模式（Gottman et al., 1976）意指說話的人是傳訊者，聽話的人是收訊者，若二者的訊息相符是為成功的溝通，成功的夫妻溝通必須考量雙方的認知、期望、情緒及外在干擾等因素。其次是訓練夫妻的「聽」與「說」技巧，討論破壞性與建設性的溝通方式，以及與夫妻關係有直接相關之內在隱藏的看法與議題，並且提供夫妻一個可用於解決婚姻問題的訓練架構，並加以練習。此外，協助夫妻學習藉由非語言方式來增進、維持和改善婚姻溝通，增強「夫妻一體」的感覺，使夫妻能增加彼此的親密感與承諾，並介紹影響婚姻關係的四種價值觀：榮譽、尊重、親密、寬恕。

　　在 PREP 課程訓練之後即行評估，結果發現：全程參與 PREP 者的婚姻問題較少，婚姻滿意度較高。相較於未接受訓練的控制組夫妻，參加 PREP 課程的夫妻（第五年的追蹤），其離婚率只有 16%，分居率只有 8%。PREP 在於協助當事人產生希望、信心與樂觀的婚姻因子。除了PREP 之外，Guerney、Brock 和 Coufal（1986）的關係促進取向課程，則是在強調教導夫妻互動技巧，以便增進雙方關心、了解、信賴、分享、愛方面的態度與感受。Gordon（1990）提出的「實用性親密關係技巧（PAIRS）取向」訓練課程，融合婚姻治療與夫妻溝通的訓練內容，訓練期較長，約需十二週以上。未來國內也可參考此類資訊與相關機構的教育宣導，開辦促進婚姻關係的課程或工作坊，提供婚姻生活經營的專業資訊，並加強婚姻諮商工作及其人員的教育訓練。

第二節　婚姻諮商的專業理念

　　由於離婚率的提高、婚姻生活品質的低落、婚姻暴力事件層出不窮、

諮商輔導工作專業化及普及化等因素的影響，婚姻諮商與治療的專業日益受到重視（陳志賢，民 87；郭麗安，民 91；Young & Long, 1998）。近年來，伴隨後現代主義思潮，現代的諮商與心理治療工作者更加重視階層性別、族群、角色等具有社會文化建構的議題（McHale & Carr, 1988）。有些學者（Burke & Daniel, 1995; Jones, 1994; Young & Long, 1998）相信，性別、階層等因素同時建構了個體在家庭、婚姻關係、文化脈絡及社會政治的地位。

　　從婚前的交往到婚後的互動，都是一段漫長的學習歷程，在此歷程中，不斷會出現各種不同的問題與挑戰，有些困擾是可預見的，但也有非預期的部分出現；有些問題是當事人可以掌握處理的，但也有不少的困擾，當事人必須求助於他人或專業機構的介入協助，方能在婚姻生活與兩性關係的發展過程中，獲得適應與成長（江仕豪，民 80；賴瑞馨，民 78）。由此觀之，婚姻諮商乃是現代人為維繫親密關係、促進身心健康的重要管道之一，凡從事此一婚姻諮商與治療工作的人員，除了必須深切體認婚姻的本質與內涵之外，更必須接受相關的專業訓練（郭麗安，民 91；Young & Long, 1998），方能勝任此一專業助人工作。

　　婚姻諮商乃是專業人員運用諮商與心理治療的理論和方法，協助夫妻處理婚姻發展歷程（含婚前）裡各方面問題困擾的一種專業助人工作。一位有經驗的諮商師必須深切了解性別、婚姻與諮商治療工作的內涵、學理及方法，包括婚姻的本質與功能、夫妻互動關係、婚姻問題的評估與診斷、婚姻諮商的專業運作、婚姻諮商目標的訂定、婚姻諮商的介入方案等；同時，在婚姻諮商歷程中保持「性別中立」（gender neutrality），以免介入當事人的婚姻糾葛中，而違反了諮商專業的工作倫理與客觀態度（Wall et al., 1999）。長期以來，婚姻諮商的成效深受肯定，Floyd 等人（1995）的研究發現，曾經接受 PREP（參閱本章第一節）婚姻諮商訓練的夫妻，其離婚率只有 16%；Coche 和 Coche（1990）的婚姻團體諮商亦有助於增強夫妻的互動關係；Shadish 等人（1993）運用後設分析（meta-analysis）方法，彙整有關研究婚姻治療效果的二十多篇論文，發現婚姻諮

商的成功率約有 65%。由此觀之，婚姻諮商工作的推廣確有必要。

　　婚姻諮商是一個複雜、充滿動力的人際互動歷程，其中十分倚重諮商治療人員的評量（evaluation）、推論（inference）和闡釋（interpreta-tion），若沒有接受充分、專業的教育訓練，實不足以成為一位勝任的婚姻諮商人員（郭麗安，民 90）。基於此等認識，婚姻諮商人員的養成訓練方案，必須兼具多元化、專業化及實用性等功能；婚姻諮商與治療的專業工作者除了必須接受諮商心理治療的專業訓練之外（諸如心理學、諮商與心理治療的理論方法、個別諮商、團體輔導、兩性平權教育、性別敏感力訓練等等），也必須對案主的婚姻壓力源，以及性別、權力和文化之間的關聯性保持高度的敏感，方能協助夫妻發展更為公平的婚姻生活與兩性關係（劉惠琴，民 91；Aronson & Buchholz, 2001）。一般而言，婚姻諮商工作涵蓋下列重要層面及其內容：

一、婚前諮商

　　預防重於治療，婚前準備是相當重要的。婚姻諮商人員須明白婚姻的意義與目標，方可協助當事人順利而迅速地在婚姻中得到早期的適應，並使當事人有較佳的機會獲得婚姻中更高程度的滿足，建立「當有需要時，會趁早尋求婚姻諮商協助」的觀念。婚前準備諮商須考慮的要點包括：(1)案主需求；(2)男女雙方關係發展的階段；(3)諮商方案的時間、長度、主題和施行方式；(4)案主的主要問題和可能潛藏的困擾等。婚前諮商是一種預防性、發展性的專業工作，主要是在協助男女雙方強化他們未來的婚姻關係，也可以視為是一種「適婚」的檢驗或過濾程序。婚前諮商最好能提供當事人一個正向的學習環境，同時在結婚前的六個月即開始進行；諮商者需熟悉諸如婚姻品質和關係穩定度之類的議題，以便計畫和實行它們的諮商與教育。諮商面談的次數涉及許多的因素，因此無法規定需要幾次的婚前諮商面談，但是一定要有足夠的面談時間，以便使男女雙方能經驗到諮商的歷程和整合資訊，來豐富他（她）們未來的婚姻人生。

二、婚姻溝通

夫妻溝通在婚姻生活中占了相當重要的部分，夫妻能夠和睦相處的原因，大多數來自於每日的良性溝通。夫妻溝通時雙方採取的溝通方式，若是愈能聚焦於問題的重心，那麼愈會提升問題解決的可能性。重要的是，如何正確地解讀對方所欲傳達的訊息，以及對方的意圖何在。夫妻溝通時，雙方的情緒氣氛也是影響溝通結果的重要因素之一。此外，夫妻溝通的話題內容也會影響其夫妻關係與婚姻品質，日常生活中常見的夫妻溝通話題大致可歸納為下列四大類：⑴子女管教；⑵家庭財經與庶務；⑶非個人化內容，例如社會、民生、政治或街談巷議等主題；⑷個人化情感，例如情緒、隱私、性或愛等內容。前述四類話題內容，有時混合呈現於雙方的溝通情境裡，有時各自獨立出現於夫妻交談中。相對比較下，以「個人化情感」類的溝通內容，最能增進夫妻或男女雙方的互動關係與婚姻品質。

一般而言，夫妻之間常見的負面溝通形式，包括責難、抽象、理想化、過於理性、心不在焉、沒有感情的投入，以及會讓對方感受到挫折而不想再深入溝通等。男女雙方正向之溝通技巧是可以學習訓練的（參閱本書第五章），藉以提升正向的互動關係與婚姻品質。溝通有時存在著性別上的個別差異現象，導致彼此誤解。從事婚姻諮商的專業人員必須了解正向與負向的夫妻溝通要領；正向溝通包含觀點替代、說聽技術、回饋、稱讚對方、說者描述問題不帶責備、停留在一個議題上、表達情緒、不評論對方、專注傾聽、不打斷、試著去了解說話者的觀點、同理、回饋等（Young & Long, 1998）。當然，婚姻諮商人員也更須花些時間觀察當事人與配偶之間的互動情形，甚至使用錄影機等器材來記錄，並鼓勵夫妻雙方平時多專注於彼此非口語的溝通行為，多多挪出時間專注於「個人化情感」類內容的談心溝通。

三、婚姻團體諮商

　　婚姻團體諮商有助於夫妻之間的溝通互動、親密感，同時藉此團體動力來學習尊重配偶的獨特性；此外，它也有助於達成團體目標與滿足成員的個別需求，使夫妻感受團體的溫馨氣氛與積極性、人際凝聚力等特質，增進雙方的婚姻社會化歷程。Coche 和 Coche（1990）認為，在進行婚姻團體諮商時的介入層次有：⑴團體聚焦於單一成員問題的「個人層次」；⑵團體聚焦於某對夫妻本身的困擾焦點之「夫妻層次」；⑶團體聚焦於成員共通的人際問題之「人際層次」；⑷團體聚焦於成員共通的婚姻困擾之「整體層次」；⑸前述四類不同層次團體活動同時進行之「混合互動層次」等。婚姻團體諮商的目的，就在於催化團體成員之間的相互支持、成長，故以夫妻能夠同時參與團體活動的諮商效果最佳。

　　婚姻諮商人員須學習團體定向、對焦。在進行婚姻團體諮商時，要適時激發成員動機、篩選成員、設定目標、擬訂契約（規範成員團體內外的接觸、保密、態度參與、財務借貸、成長評估等），同時團體結構要明確、有效。值得注意的是，並非所有男女夫妻均適合於參加婚姻團體諮商，必須考量下列條件（Young & Long, 1998），符合資格的成員方得以邀請其加入團體：⑴至少須與配偶具有三年以上的親密關係。⑵曾經發生婚姻問題並嘗試解決，但成效不佳。⑶目前（或曾經）接受個別輔導、婚姻諮商或家庭治療。⑷有興趣參加團體諮商，願意與他人一起學習、共同成長。⑸對改善婚姻親密關係、提升婚姻滿意度有強烈的意願。

　　婚姻團體諮商人員需接受嚴謹的團體諮商訓練，並須曾有多次帶領婚姻諮商或兩性關係的團體經驗，並已學習或精熟於設計有效的、適用於婚姻團體諮商的結構性介入計畫，例如設計創作活動、冥想活動、引導分享及社會圖、戲劇活動等團體方案。同時，在實際帶領婚姻諮商團體時，最好能夠有男女兩位團體領導者，以平衡兩性論點、提供角色示範、協助衝突因應等。當然，任何一位領導者皆必須具備團體動力學、領導技巧及團

體評鑑等團體諮商的專業知能（徐西森，民 86b），包括婚姻團體諮商人員。

四、性治療

Reinisch（1992）認為：當人們對性、性別與生殖等方面的問題無法獲得正確的資訊時，這些人也無法為他自己或別人的婚姻生活與健康生活做出較佳的決定。婚姻諮商人員需時時省思對親密問題助人工作的一些注意事項：當事人是否感覺到個人的親密感表達會受其原生家庭的影響？當事人是否願意探索性屬期待的迷思？配偶之間能否真誠溝通，以探討表達親密和試圖符合對方需求等問題？當事人是否願意自我揭露，並在情感上相信對方？當事人是否願意學習問題及衝突解決技巧？當事人是否願意分擔在性關係問題及解決的責任？當事人是否能在強烈的自我認同及配偶認同之間建立健康的平衡？當事人是否能看重對方在性關係上的投入？當事人是否願意花時間與配偶一起滋養彼此的親密關係？當事人夫妻之間彼此是否會去營建浪漫情境來促進蜜月期的延續？

如何協助夫妻雙方在性治療中發展親密感的一些建議，例如，營造對對方的良好意圖、學習主動傾聽及適當回應、探索性屬迷思、學習使用「我要」的敘述句、了解差異是保持關係鮮活有趣的正向因素、找時間談心、解決問題、遊玩嬉戲和放鬆、鼓勵在焦點解決討論中表達情緒、除去在性衝突中使用一些不當的技巧等。婚姻諮商人員須認識性治療的專業知識，教導性功能障礙的當事人可以借助於自助手冊、藥物治療、學習性愛技巧等方式，來解決夫妻性問題，包括性偏好的差異。切記：性問題是此時此刻的問題，諮商治療當下，未必需要去解決婚姻關係中的其他問題。當然，有時夫妻之間的性困擾是失能婚姻關係的隱喻，不宜簡化處理之。

基本上，干擾婚姻生活性滿足的五類問題分別為：生物因素、失能的性態度、性溝通不良、缺乏足夠的性資訊、關係問題。而一般夫妻常見的性問題，包括無性生活，情慾差距違常；不忠、外遇；情緒、語言或身體

虐待、身體或精神疾病、靈性成長而選擇無性生活、失去對配偶的尊重、同性偏好、害怕親密、夫妻雙方低性驅力、低性慾問題、性上癮問題、女性高潮障礙、陽萎、早洩、性交疼痛、陰道攣縮等。婚姻諮商人員對於上述性問題的諮商處理宜配合其他專業人員的協助為宜，諸如醫師、臨床心理師等。

五、姻親關係

我們可以自由選擇朋友和配偶，但姻親往往是一種被迫接受的人際關係，亦屬於需要學習的婚姻課題，有時婚姻諮商人員容易處理夫妻關係，但若諮商問題涉及其姻親相關人士，往往變得益形複雜難解。一般而言，姻親的種類有：岳母和女婿關係、岳父和女婿關係、公公和媳婦關係、婆媳關係、連襟關係、妯娌關係等。有人認為，婆媳關係是最有可能出現問題的姻親關係，因為女性往往是決定家中日常生活大小事務的人，母親和孩子間的情感連結比較強烈，女性比男性在結婚後更依賴自己的母親，而與配偶的母親難以融合。

常見的姻親關係問題包括：不被認可的婚姻、姻親責備（三角化關係）、原生家庭的忠誠（loyalty）問題、怨言、年老姻親的金錢支持與照顧、生命週期的壓力、角色認同等。諮商人員在處理涉入姻親關係的婚姻問題時，最好邀請所有姻親或至少重要的關係人一起加入，諮商治療以一至三次為宜，而且配合不同的治療方式（個別諮商、婚姻諮商、家族諮商）來進行；其中對姻親問題討論的次數，可衡量個案狀況與當事人需求決定，或是指定作業予當事人討論改善姻親問題的方案，凡此皆有助於姻親問題的處理。諮商人員可以多了解當地的風俗民情，輔以諮商治療專業演練來多加精熟姻親諮商。切記，姻親是婚姻關係的阻力，也是助力。

六、離婚諮商

　　伴隨台灣地區離婚率的增加與離婚悲劇的發生，離婚諮商有其必要性，亦是諮商人員養成訓練的重要課題。一般而言，離婚者會出現否認、憤怒、憂鬱、無奈等反應。離婚諮商配合當事人離婚發展階段及其心路歷程，依時間的進展可區分為：離婚前決定階段的諮商、離婚重建階段的諮商和離婚後復原階段的諮商。婚姻諮商人員在進行離婚諮商時，宜先評估、獲得對離婚問題及夫妻互動的了解，諮商師須掌握夫妻雙方每個人對婚姻問題認知的資訊。例如，諮商師可使用循環問句以獲得原生家庭資訊，及婚姻關係中二人互動的情形（舉例而言，要求雙方假設問題能夠解決，他們希望結果如何？），並協助他們看到彼此關係互動的圖像，決定是否繼續待在一起或決定分手。其次，協助當事人設定婚姻諮商的目標，假如夫妻雙方不想分手，諮商師就讓彼此直接溝通，使得混淆的訊息降到最低；如果分手的意願較高，應將晤談方向聚焦於協助雙方探索和表達對離婚以及孩子安排的感覺，也可透過「問題外化」等技巧來諮商。

　　接下來採用新的認知和行為的介入，諮商師催化一次的對話，讓夫妻能夠看到雙方所具有的優點。然後維持此一新的認知和行為，焦點置於夫妻如何能持續在一起生活或工作；可以設計一些問題來協助其「重新框架」，例如，你想放棄舊有的互動圖像是什麼？以及你想創造新的、有幫助的圖像是什麼等等類似問題，以協助夫妻辨認束縛彼此的舊模式，當他們認知此一束縛，他們可以創造比較有用的婚姻問題解決方式。最後，協助夫妻雙方確認新的認知和行為，重新設定治療的目標和定義「成功的婚姻」，使彼此能傾向於參與調停、認同支持系統；若決定離婚，也可共同商討及和孩子談論離婚的事，並發展未來的教養計畫。此一整合模式的離婚諮商，凡從事婚姻諮商的人員皆可訓練學習並參考運用。

七、外遇諮商

社會開放、個人主義盛行等因素影響下，無形中助長了外遇問題的發生。外遇的類型，有與感情有關的、有與性有關的，以及兩者兼具的類型。婚姻諮商人員在處理外遇的問題時，對當事人要有耐心，對其配偶盡可能做到誠實，避免成為外遇者的「幫兇」，同時，避免與當事人在第三者和配偶之間做比較；鼓勵夫妻雙方不要責怪配偶，要負起責任，要試著避免小細節摩擦；同時不要期望能馬上獲得信任或原諒。對外遇者的配偶而言，多予支持，不要使其成為妄想狂、偵探；提醒其照顧自己。

關於婚外情的議題，社會建構主義夫妻治療學派主張，藉由打破夫妻對問題所抱持的意義和詢問他們的婚姻腳本，以挑戰其對於婚外情意義的觀點。治療目標則將焦點置於當事人對婚姻賦予意義的過程——從過去、現在到未來。例如，過去婚姻的意義是如何發展的，以及這些意義在過去如何影響當事人；現在夫妻覺察目前的婚姻腳本以及他們婚姻意義的維持，協助當事人擴展對婚姻賦予意義的過程，為新的解決方法提供可能性；至於未來，可以協助當事人想像不同的婚姻意義與婚姻腳本，如何以正向的方式影響他們的關係。這些是婚姻諮商人員必須掌握的外遇諮商原則，多展望未來，而非一味強調外遇問題不存在，或與其討論是否離婚的困擾。

八、婚姻暴力諮商

婚姻暴力是指配偶之一方遭受到另一方言語、肢體、性等方式的虐待（陳若璋，民82）。不管是施虐者或受虐者都不是無希望的受害者，他們各有能力來控制其暴力行為以及保護自己。當配偶或當事人有暴力行為時，婚姻諮商人員治療的首要任務是要幫助他們保護自己或停止這種行為。基本上，家暴的問題不單是暴力行為，所以當暴力行為受到控制之

後，也正是夫妻接受治療的開始。

如前所述，婚暴諮商的治療首要目標是排除暴力行為，協助當事人重新得到原本品質好的婚姻關係；一方面也幫助他們辨識當初互相吸引的健康或不健康的因素。另一方面，對夫妻做正確的心理評估也是重要的，一旦在諮商室發現夫妻關係中仍繼續有暴力的威脅時，則要立即中斷諮商或停止治療。此外，要協助當事人減少婚姻關係中的情緒氾濫，施虐者通常會被自己的憤怒所淹沒，而受虐者則是害怕，所以要幫助雙方減少其情緒的強度，增加其知覺的正確性。

若欲增加雙方知覺力的選擇，施虐者要增強其改變暴力行為的知覺力，而受虐者則要改變其刺激者、激怒者或無助者的知覺力。提供矯正性情緒經驗，並與社會期盼及道德結盟，即暴力行為是不被接受的。諮商人員要注意評估當事人的暴力程度，受暴婦女通常會淡化其嚴重性來因應其無法承受的情況，因此多了解受暴婦女庇護所的資訊以便轉介，讓他們得到更多層面的服務，使之「重新得力」，克服其無助感；當然這可能是一段緩慢及無回饋的歷程，諮商師要有心理準備。

九、婚姻衝突的調解

當婚姻關係發生衝突時，夫妻雙方習慣於以冷戰或逃避的方式應對，將無法有效解決離婚問題。一般而言，婚姻衝突的來源包括：(1)生活事件；(2)情境壓力；(3)認知觀點不同；(4)控制與權力的特質；(5)相互責備等類型。任何人的婚姻一開始即可能會發生衝突，婚姻衝突乃是一連續過程，並非單純的偶發事件，夫妻雙方來自於原生家庭生活習慣的差異是最直接的衝突來源，例如家庭責任不均、獨立承擔家務等，往往是為人妻子最常出現的抱怨。有時，衝突是因為雙方負向情緒的宣洩及不良溝通方式所造成的，或是婚姻期待落空及不被了解的心理反應。

婚姻諮商人員欲處理婚姻衝突問題時，必須注意下列原則：(1)了解、尊重與選擇；(2)注意雙方意欲改變衝突的態度與動機；(3)可使用閱讀治療

法；(4)教導雙方學習溝通技巧來解決衝突情緒；(5)可讓案主自己去找出雙方過去解決彼此衝突的方法來參考運用。當婚姻衝突較嚴重時，許多諮商師也會考量以「調解」方式來協助處理。「調解」是被設計來協助離異的配偶在衝突時能達成協議的歷程，它是祕密的、信賴的以及非正式的。以中立和公平的第三關係人的技巧，藉由提供必要的資訊，澄清議題，幫助個人做決定，探索可能的解決方式。主要的議題包括監護權、孩子支持、配偶支持、分配財產等。

　　治療師是對夫妻尋求離婚提供治療的服務，並不企圖調解夫妻的監護權或財產問題。治療師與調解者是兩個不同的服務，治療師應覺察社區內的調解者，以便在適當時機能夠做轉介。治療師在建議夫妻找律師之前，會建議先找調解者諮詢。調解不是審判，不是治療，不是教育，不是仲裁。開始進行調解時，首先先由調解者說明調解歷程和原則，建立信任關係；其次蒐集有關資訊，討論相關議題，以澄清雙方的目的和目前狀態；而後不斷經過由協議、妥協以及相互調適來解決相關議題；最後達成最初的安排，暫時同意接受調解結果。假如合適，可以跟律師或全家人討論；否則訴諸於法律，由法庭達成最後的仲裁。

十、婚姻諮詢

　　諮詢（consultation）是多種助人工作者共同合作下的一種助人關係。在此關係中，針對當事人的問題，尋找一個有效的協助方式。為了達到這個目標，諮詢者的角色可依情況做調整，例如扮演專家、支持者或引導求詢者潛能發揮的角色。諮詢是共同努力去解決問題，並涉及到對第三者的協助（戴嘉南、連廷嘉，民90）。中國人生性保守，有些人不願「家醜外揚」，於是在諮商助人機構，經常有人假借第三人或自稱當事人親友前來求助婚姻困擾，或是當事人本身為了婚姻狀況前來蒐集資訊，但不願接受諮商協助，例如詢問民法離婚要件等。凡是此類和當事人以外的人會談、或和他人洽談當事人的婚姻問題、或提供當事人相關婚姻資訊所為之的一

種助人專業，即為婚姻諮詢。

　　換言之，婚姻諮詢是指諮詢協助者，為了解決婚姻問題時，和當事人或相關之求詢者所建立的關係，它不完全是協助求詢者解決其私人的問題。求詢者可能是個人、機構或團體。婚姻諮詢者提供服務時，必須遵守告知同意（informed consent）和保密（confidentiality）的原則。諮詢者必須接受諮詢與諮商方面的專業訓練，並在協助求詢者時，清楚自己的價值觀、專業知識、技巧，以及本身的需求和限制。諮詢者和求詢者對於所討論的問題、目標、可能的結果及選定的策略，雙方必須都清楚地了解和認定，而且是雙方彼此同意的，因為婚姻諮詢是一種自願性的關係。諮詢者所提供之協助必須基於滿足求詢者需求，然後運用求詢者所擁有之資源，介入的策略需是具體實行的。婚姻諮詢是婚姻諮商中非常重要的一部分，也是一項獨立的助人專業。

　　總之，夫妻之間有溝通才會有了解，有了解才會有體諒，有體諒才會和諧圓滿。健康心態與溝通能力是夫妻互動的基礎，刻意表現或巧言令色，不免令對方感受不真誠。當然，若能用欣賞的態度去面對配偶，包容對方的缺點如同原諒自己的不足；讚賞配偶的優點如同欣賞自己的長處，如此一來，必能發展兩性共同成長的空間，促進互依互補的人際情感。期盼天下有情人在終成眷屬之後，別忘了良緣得來不易，婚姻的道路還很長，兩性關係才開始，切勿輕言離婚，或率性婚外情。唯有夫妻共同學習成長，彼此用心投入，以健康、負責任的「婚前擇你所愛，婚後愛你所擇」的心態，才能健全發展婚姻生活與兩性關係。

　　至於婚姻諮商則是一項充滿動力、挑戰與學習的專業工作。婚姻諮商工作不僅在於解決夫妻之間的婚姻問題，更在於強化婚姻運作的機制，全面促進當事人的婚姻關係。是故，婚姻問題的介入預防必須因人、因事、因地、「因案」而制宜，婚姻問題的診斷與介入處理並不容易，需有賴於諮商治療人員精熟的專業能力、積極的敬業態度與嚴謹的工作方法；同時，深切了解婚姻問題、家庭生活週期及家庭的發展系統，深入研究有關的婚姻議題，方能訂定適切的婚姻諮商目標，有效處理當事人的婚姻生活

困擾，協助夫妻雙方促進婚姻關係與身心發展，發揮諮商與心理治療的專業功能。

兩性之間

　　每次演講兩性關係的主題時，總不免先詢問現場的觀眾朋友三個問題：「您相信自己未來的婚姻生活會幸福美滿嗎？」、「您了解自己嗎？」、「您了解異性嗎？」上述問題的答案經常是第一個問題較另外兩個問題舉手的人多。這樣的結果十分有趣：如果我們不能掌握自己、了解異性，又如何能自信地實現個人婚姻美滿的藍圖？尤其是處在今日人際疏離、複雜多變、道德式微的現代社會中。

　　「兩性關係」近年成為最熱門的人際話題，也是台灣地區各地文教機構講座系列中最常見的議題，經常吸引了許多的青年男女、老老少少。儘管今日兩性資訊發達，然而現實生活中，兩性互動的品質仍不免令人擔憂。舉例而言，單以內政部戶政司及行政院主計室民國八十五年「離婚人口是三萬五千八百七十五對數」的統計資料，便已顯示每天約有九十八對的人在離婚，一個小時就有四對。

　　前述數字反映了現代男女在經營婚前情愛與婚後性愛關係的盲點與無力，社會大眾當然不必因此一數據資料而對婚姻卻步。事實上，離婚並不可怕，離婚不過是男女更換另一種生活方式罷了，可怕的是「離婚」令人遠離了對自我的信心、遠離了對異性的信任。

　　現代男女在熱戀時，眼中一切美好，對方的缺點及二人間的差異都不是問題，都可以解決；一旦結婚後，任何的小困擾都變成大問題，對方的小毛病都變成大缺點。所以人在「感情用事」時，實在是需要多一點的清明理智，多一點的深思熟慮。

　　世間男女若能「多用一點大腦，將可少一點煩惱」，不是嗎？

學習活動

❖ 活動名稱：我也是婚姻問題專家

活動目的：認識婚姻問題及其解決策略

活動時間：約需 50 分鐘

活動性質：適用於團體輔導與課程學習

活動方式：

1. 三至六人一組，各組準備 A4 紙一張。

2. 每組經討論後寫下一個常見的婚姻問題案例。時間 15 分鐘。

3. 與其他組交換問題案例，共同討論解決方法，並記錄於該組問題紙上。時間 20 分鐘。

4. 各組代表報告，相互交流。時間 15 分鐘。

5. 專家學者或教師、領導者指導。

❖ 活動名稱：牽手走遠路

活動目的：探討和諧婚姻的經營之道

活動時間：不限

活動性質：適用於個人學習、團體輔導與課程訓練

活動方式：

1. 分別訪問結婚滿二十年、三十年與四十年以上，而且婚姻關係自覺滿意並受外人肯定的夫妻，了解並記錄他們經營婚姻的看法。

2. 整理美滿婚姻的要件與作法。

3. 參閱有關圖書資料或請教專家學者、教師的意見，撰寫心得報告。

第九章

性行為與性教育

　　兩性關係發展至「你儂我儂」、「男歡女愛」的階段，有時會發生親密行為或性行為等反應，無論是在婚前的熱戀狀態中或婚後夫妻之間的性生活裡。基本上，親密行為被視為是性行為的「前奏」歷程，亦即親密行為發生在真正的性行為之前後，包括接吻、愛撫、男性的陰莖接觸女性的外陰部等行為反應。近年來，世界上許多民主開放的國家，在國內「性行為氾濫、性知識缺乏、性犯罪率增加」的情況下，已日益重視性教育的推廣工作。「性教育」本質上是一個廣泛而完整的專業工作，有賴於家庭、學校和社會的共同參與。唯有如此，方能培養社會大眾正確的性觀念、完整的性知識和健康的性行為，促進兩性和諧、圓融的互動關係。

第一節　性行為的探討

　　性行為是一種相當私密又親密的人際行為，自有人類以來便存在著性行為的事實，伴隨人類進化與文明的發展，性行為的價值、方式與功能也不斷在變化中。早期人類的性行為大多是基於繁衍種族的需要，或是一時的生理衝動，故性行為的歷程相當單純，不太講究方式、情調、地點、時間或心理感受，甚至無固定對象。直至社會文明不斷地演進發展，特別是在婚姻制度建立之後，人類的性行為才開始有了新的意義內涵，性行為不再只是一種生理滿足、傳宗接代的動作，同時也代表了一種關係發展、角色規範、人際依附和心理承諾的反應。性行為不再只是一種性交（交媾）動作，而是生理與心理的結合歷程。

一、性行為的意義與分類

　　廣義的性行為涵蓋一切具有性意念的行為，包含接吻、愛撫、口交、肛交、生殖器官的接觸、高潮射精等親密行為。狹義的性行為則專指男性勃起的陰莖進入女性陰道的歷程，意即性交、交媾之動作反應。從個人意

願與意識狀態的角度觀之，人類的性行為約可區分為自主式性行為、非自主式性行為與強迫式性行為。自主式性行為乃是個人有意識且自動自發表現出可被接受的性行為反應，例如兩情相悅的性交、相互手淫、自慰或意淫等。

至於非自主式性行為，意指「性行為只有自己投入，而沒有他人參與，包含自發性、不由自主的性行為；換言之，個人無法有意識地控制的性行為」（王瑞琪等譯，民81），例如夢遺、男性陰莖無法控制地勃起、夜間高潮（睡眠中女性或未射精男性的性高潮）等。強迫式性行為則為強迫他人參與個人具有性意涵的行為，例如強暴（性侵害）、性虐待（對象係非自願者）或性騷擾、暴露狂等性變態行為。不同類型的性行為皆可能對當事人的身心發展產生不同程度的影響，值得正視。

二、性行為的本質與議題

自有人類以來雖即有性行為的事實，但人類的性知識卻非與生俱來的，而是不斷從觀察、探索、教導與嘗試的歷程中獲取性知識。性行為過程中也有性別差異的現象，男性較重視肌膚接觸、生理快感和身體節奏等因素；女性則聚焦於生理組織的牽引和深度感，以及心理層面的感受和意義化。長久以來，女性在性行為的過程中似乎扮演配合者、被動者的角色，從解剖學的角度而言，男性雖是具有「穿入」、「抽送」及「射精」的地位與功能，但事實上，兩性在性交過程中，均能扮演主動 v.s.被動、支配 v.s.配合的角色，而且能同時獲得生理與心理的滿足。因此在性行為歷程中，極端強勢的男性或過度壓抑的女性，均會扭曲性愛角色的自主特性與兩性關係的平衡發展。

綜觀全球性態度和性行為的演變，一九六〇年代和一九七〇年代之前，性交被視為「夫妻與婚姻」的象徵。一九八〇年代早期，因淋病、梅毒、愛滋病（AIDS）等危險性病的影響，人類的性態度和性行為趨向於保守，而後有愈來愈開放的趨勢。到了一九九〇年代人類的性態度與性行為

益形開放，在美國，已有逾五分之三的男性（66％）與逾三分之一強的女性（38％）可以接受婚前性行為的觀念。到了二十一世紀，因為受到大眾媒體的傳播、資訊科技的發達與社會風氣的開放等因素的影響，人類的性態度和性行為更隨之而開放（趙居蓮譯，民 84；Basow, 1992; Christopher & Sprecher, 2000）。今日，有關性方面議題的討論已相當普遍，甚至成為社會大眾關注的焦點與熱門影劇的素材，例如美國八○年代詼諧幽默的《三人行》影集與二○○○年代風靡一時的《慾望城市》影集，皆是以性行為和兩性關係為探討焦點。

有關人類性行為的頻率、性交時間的長短，以及性行為的姿勢技巧等議題，一直受到青少年和成年人的關注討論，特別是不少男人相當在意自己的性能力，誤以為性交時間愈長、陰莖尺寸愈大、做愛花招愈多，其性行為的滿意度就會愈高。其實性交的技巧、次數與時間，一如男性的陰莖尺寸般，是有其個別差異性。從生理結構的觀點而言，只要陰莖能夠勃起並進入女性陰道內的男性，便可以得到性滿足，這與陰莖尺寸的大小並無絕對的關係。從兩性互動的角度來看，只要是性行為過程中，雙方均可以接受並且獲得高潮、滿足者，便是好的性交技巧或姿勢。因此，男女的性愛關係其實是個人的主觀感受，有其私密性與差異性，只要雙方均能滿足其中，則無須與他人「一較長短」。

一般而言，男上女下的性交體位，最容易使女方得到陰核觸感而達到高潮，理由有二：這種體位容許女方主攻，自行調整適合她的性交運動角度、力道與快慢，而且陰核電流容易產生，也不易「斷電」；此外，女方乳頭觸感也可滿足，此一方式容易令女方同時獲得至少四點強烈的性觸感。至於另一種常用的性交姿勢是女上男下式，它是促使女方獲得性高潮最有效的性交姿式，盛行於幾千年前的羅馬帝國，故有人稱之為「羅馬式」性交。當然，性交姿勢也可以配合雙方的體質、體型、身體狀況，和性態度、性觀念等心理反應，做一適切的調整。例如，心臟病或體質衰弱者不宜坐姿或立姿，宜採修正的側後方進入性交法；肥胖男性或雙方肥胖者可採女坐男跪或女俯男站方式，肥胖女性可採女方低坐或俯依床緣（男

方跪姿進入）方式等（文榮光，民 69）。有關生理結構特殊或身心狀況不佳者之性交姿勢，必要時也可向專業醫療人員諮詢、尋求協助。

　　至於性行為的頻率，因受到種族習性、社會文化和個人條件等因素的影響，故也有其個別差異性。國外一家著名的保險套製造商每隔一段時間便會進行一項大型跨國的人類性行為調查，最近一次針對二十七個國家或地區一萬八千餘位成年人所做的「二〇〇〇年全球性行為調查」中發現：世界各國人口每年平均做愛九十六次，前三名「性致勃勃」、性行為頻率較高者（年平均次數）依序為：美國人（132 次）、俄羅斯人（122 次）、法國人（121 次）；性行為頻率較低的前三者依序為日本人（37 次）、馬來西亞人（62 次）、中國大陸人（69 次）；全球人口初次性行為的平均年齡約為十八歲。台灣地區人口的性行為頻率年平均數為七十八次，初次性行為的平均年齡約為二十二歲。當然，性行為的頻率和時間也會隨個體年齡及其成熟度的不同發展而產生變化，還有許多的因素也會影響男女的性慾與性能力，諸如工作壓力、藥物副作用、社會價值觀等。

　　中國大陸江蘇無錫和福建福州地區曾分別流行過兩首與「行房」次數有關的俚歌。無錫俚歌內容為：「血氣方剛，切忌連連。二十四五，不宜天天。三十以上，要像數錢（當地係以五進位計算）。四十出頭，教堂見面（意即一週一次作禮拜）。五十以後，如進佛殿（意即初一、十五）。六十在望，像付房鈿（意即每月一次付房租）。六十以上，好比拜年。七十左右，解甲歸田。」至於福州俚歌的歌詞是：「二十更更，三十眠眠，四十隔夜，五十數錢，六十燒香，七十月圓，八十過節，九十過年。」其中的「更更」、「眠眠」、「隔夜」、「數錢」和「燒香」等詞，分別意指一夜數次打更、一夜一眠、兩天一次、五天一次和半月一次。此二者相當有趣地反映出當地人的性行為文化與價值觀。

三、性行為過程及其特徵

　　「性」字是由「心」部和「生」部二者合一，意謂性乃是心理和生理

的結合，它不僅是男女雙方生理上的交媾，更是兩性之間心靈上的交歡。人類生理上的性成熟雖約至二十歲即已發展完成，但性心理層面的發展則是一生的過程，每個人都必須持續不斷地學習、調適。性雖是人類和動物天生的生理需求，但能夠「性交」並不代表懂得「做愛」，會「交媾」也未必可「交歡」。性生理的發洩滿足必須同時在性心理上能夠感受到濃情蜜意。現代男女唯有揭開「性」的神祕面紗，深切地了解性行為的全貌，才能增進個人性生活的美滿與兩性關係的圓融。

男性和女性由於生理結構和心理功能的差異，因此在性行為的發展過程中，也呈現了各自不同的身心狀態與動作反應。有些學者（Masters & Johnson, 1966；文榮光，民69；江漢聲，民85）認為男女均有其性反應，人類性反應週期（a sexual response cycle）約可區分為四個階段：興奮期（excitement phase）、高原期（plateau phase）、高潮期（orgasmic phase），以及消退期（resolution phase）等。此外，性交前後的「你儂我儂」調情嬉戲部分，也有將之獨立為「前戲期」、「後戲期」兩個反應階段。在你情我願、自主式的性行為（性交）過程中，男女雙方的性行為反應是相互影響的，因此相互了解、適度溝通實有其必要。

「前戲期」的男女透過語言或肢體動作的徵詢、暗示，在「郎有情，妹有意」的常態下，其中一方（或雙方）開始出現親密的行為，包括摟抱、接吻、愛撫、舌黏等動作。男女之間的性行為進入「興奮期」時，男性的陰莖會勃起、睪丸略微上提、乳頭堅挺和呼吸加速；女性則會出現陰道濕滑、擴張與伸展，乳頭堅挺和身體肌肉略緊，同時體溫升高。大多數女性的性感點是陰核，其性觸感與敏感度最佳，最能挑起女性的性交慾念，而且引發性高潮的機率也最大。少數女性陰道的前半段上方區域（稱為G點）與兩個乳頭、乳暈的性觸感也相當敏銳，只要陰道G點或兩個乳頭的觸感不間斷，即使不去觸動陰核或外陰部，女性也能獲得高潮。有些女性的陰道、陰核與兩個乳頭等部位之觸感都很敏銳，若同時施予適當的觸感刺激，就很容易能獲得高潮。是故，女性較男性的性觸感點為多。

若兩性的性反應和性刺激未曾間斷，則性興奮狀態會持續增強一段時

間。「高原期」又稱「停滯期」（plateau phase），此時男女雙方皆會明顯呈現心跳加快、血壓上升、呼吸急速（喘息聲加大）、身體肌肉緊繃等身體反應。女性的陰道、陰蒂會隨之收縮，小陰唇顏色會改變、子宮上提；而男性的睪丸會完全上提至陰囊頂部，陰莖及其龜頭更為脹大，有時龜頭也會分泌一些潤滑液體。男女雙方性行為的動作也會加大、加快，親密動作愈為增多。當性行為進入「高潮期」時，兩性平均每 0.8 秒出現一次有節奏且系列性的肌肉收縮，包括男人陰莖和女人陰道開始以平均 0.8 秒的間距產生有節奏的緊縮，心跳加速至每分鐘約有一百一十次至一百八十次（Masters & Johnson, 1996）。同時血壓、心跳也會快速增加，因此對於有心臟病等心血管疾病的患者，此時宜注意個人的身心負荷，避免過度刺激興奮。

　　所謂「性高潮」，通常是指男女身上的性觸感點（經觸摸後能引起性交意慾的區域），累積足夠的觸感電流後，引發交感神經放電，促使性器官的某些構造做短暫但很強烈的有節奏、有規律的收縮，並產生了強烈的快感。換言之，沒有性觸感，也就沒有性高潮（作夢時所獲得的性高潮是例外）。男性勃起的陰莖只要有不間斷的性接觸感，通常都能累積足夠的觸感電流，產生高潮（射精），所以陰莖是男性的性觸感點。女性的性觸感點比較複雜，個別差異也大，已如前述。男性在「高潮期」時會有射精現象，隨即進入「消退期」，其肌肉節奏性的收縮減緩，陰莖、陰囊和睪丸的膨脹也隨之消退，恢復常態後，性興奮感快速消失，暫時失去對性刺激的敏感反應（即「性倦怠」）。至於女性若無性高潮或性高潮出現較慢，則其消退期也會延長一段時間，有時個人會感受到緊張、不舒服等感覺。一般而言，性高潮發生後，假使性刺激繼續存在，女性也可能持續達到性高潮，女性較男性不會有「性倦怠」（Masters & Johnson, 1996）。

　　男女在「消退期」的性行為過程中，性的興奮感會逐漸消失，性器官的膨脹感也會消退，心跳、血壓和呼吸速率會恢復常態，全身肌肉放鬆、感覺舒通，有些人會有出汗現象。此時性的生理反應雖已逐漸中止，但性的心理感受仍舊存在，因此，有些男女相互之間仍會有親暱的言行舉動或

心理需求，謂為「後戲期」。男女在「後戲期」中的親密行為較不似「前戲期」般的遞增、熱切，反而是以遞減、和緩的速率發展至中止性行為歷程為止。許多男性在性高潮之後，即快速地消退個人的性反應，有時不會表現出任何後戲行為，這對有些性心理需求重於性生理反應的女性而言，難免會感到不舒服、失落空虛及缺乏安全感，甚至會降低其性興奮感，長久如此也會影響男女雙方的感情、婚姻與性關係。

伴隨兩性對性有不同的看法，男女之間的性行為與性關係也有個別差異。有些男性會將性視為是一種成就、支配、優勢，以及權勢的象徵，甚至只是一種生理的發洩；而有些女性則將性是為視一種義務，儘管她們重視感情及親密感的性感受，但大多在性關係歷程中扮演被動與順從的角色。所幸隨著年齡的增長，大多數男性的性行為動機，會由生理層面的愉悅漸轉為重視愛與親密感，而且男性比女性更會區辨性與愛之間的差異；相對的，女性步入中年以後，生理的快感會變得更為重要，她們期待性關係更為自我與真實（Basow, 1992）。換句話說，兩性的性行為反應是相互關聯的，唯有「陰陽調和」，才能「魚水交歡」。

四、婚前與婚後的性行為

人類自從建立婚姻制度以來，男女之間常態的性行為似乎被規範約束於婚姻生活之中，即使是在「一夫多妻」的社會裡。「性」是婚姻生活中的滑潤劑與必需品，「無性」的婚姻雖足以彰顯兩性關係的理想性與道德性，但也容易使夫妻雙方缺少「水乳交融」的親暱感與婚姻生活的真實感。除非男女雙方出現生理方面的健康問題，或是性功能與性認同方面（例如同性戀者）的障礙，否則「性」乃婚姻生活中非常重要的部分。當然，「性」並非婚姻生活的全部，故男人不宜將性視為是丈夫的權利、「武器」，女人也不必將性視為是妻子的義務、「家事」。夫妻之間的性生活有賴於雙方在愛、尊重與承諾的前提下，共同配合、相互協調，以發展出和諧、愉悅的婚姻關係與性生活。

今日，社會風氣開放、兩性價值觀日趨多元化的情況下，婚姻不再是男女性行為合理化和合法化的「溫床」、「保護傘」，目前已有愈來愈多的青年男女在婚前發生性行為。因此，性已不再是神祕的閨房隱私，而是一種大眾化的生活知識。國內學者晏涵文（民 87b）近三十年來三次大規模調查國內青少年約會現況及婚前性行為的研究中，發現台灣地區青少年婚前性行為比例已有大幅增加的趨勢。民國六十八年、七十七年和八十七年等三次調查結果顯示，男女整體婚前性行為比例是 12.9 ％、20.6 ％、30.14 ％；男性婚前性行為比例為 20.7 ％、35.2 ％、37.5 ％；女性婚前性行為比例為 4 ％、6.9 ％、26.7 ％。其中值得關注的是，女性性態度開放速度不亞於男性，而且男女之間出現性器官愛撫行為比例已達 42.4 ％，較十年前增加近四倍。

其他的研究調查也有相似的結果。台灣地區民眾初次發生性行為的年齡平均為 20.6 歲（鄭丞傑，民 90），性行為年齡也有下降的趨勢，但國人晚婚的現象卻相當普遍；換言之，婚前性行為似乎也成為當代開放兩性關係的一個指標。行政院青年輔導委員會（民 85）也有一項統計資料顯示，每年約有一萬五千名嬰兒係未成年媽媽所生，未成年者性行為經驗的比例也有逐年上升的趨勢。許珍琳和晏涵文（民 89）一項針對高中職學生性行為與態度調查的研究發現：男性的婚前性行為容許度較女性開放，已有性交經驗的人對婚前性行為的接受度也較高。由此觀之，隨著社會結構的轉變與性觀念的開放，傳統的婚姻制度與性行為態度也隨之受到衝擊，婚前性行為儼然成為一項值得世人探討的性教育議題。

究竟婚前性行為的利弊得失為何？是否助長青年男女「只知上床，不知上進」的頹廢風氣？是否導致國內性犯罪率的上升與性經驗年齡的下降？有關此類婚前性行為的價值論辯實屬仁智互見的問題。贊同婚前性行為者認為（詹益弘，民 77）：(1)婚前性交可以做為婚姻生活的「新生訓練」；(2)婚前性交可以學習與別人相處的方法；(3)婚前性交有助於雙方相互了解，促進情感與溝通。但反對者也歸納婚前性行為的缺失包括：(1)可能懷孕；(2)可能罹患性病；(3)容易遭受他人議論，心生罪惡感；(4)若因此

而被迫結婚，容易影響婚姻生活；(5)可能改變雙方「性重於愛」的互動關係；(6)若雙方關係中斷時，婚前性交可能形成對當事人的感情創傷。

因此，現代男女對於「婚前性關係」仍宜以謹慎的態度去面對與處理，即使「你情我願」，也宜深思如何使男女雙方在相互尊重、身心平衡、兩性相悅且理智負責的情況下，發生婚前性行為，並減少其不良的後遺症。性行為是一種極度隱私的人際活動，基本上它是一種親密關係，只宜和有親密關係者分享，不宜輕率為之，或將之做為一種人際手段，滿足個人私欲。是故，今後唯有強化學校、家庭和社會等三方面的性教育工作，方能促進個體的身心成長，發展建設性的兩性關係。

第二節　性教育的內涵

「我們全家人喜歡在用完晚餐後，一起看電視談心，但每當電視畫面上出現親熱鏡頭或播出與性愛有關的廣告商品，我這個做媽媽的總感覺很尷尬，只好趕快轉台或顧左右而言他……」

「我是一個單親媽媽，近來發現我那就讀高二兒子的書包內有黃色書刊，他也常常在半夜時起床偷偷上網，我不知道該怎麼辦？」

「性教育，那是家長或健康教育老師的事，我們專任老師只要把專門科目的課程教好就可以了……；就算要幫忙宣導，我也不知道性教育的內容有哪些？」

若「教育」是百年樹人的工作，那「性教育」（sex education）便是一項與人類生命發展息息相關的教育事業，性教育也是一門值得社會大眾終生學習的重要課題，更是一種自然的知識與實踐的教育。長期以來，「性」始終予人「可做不可說」的印象，一般人誤以為反正時間到了，每個人都會對它有所了解。於是乎，家長不會教、老師不便教、社會無從

教，導致今日多元開放的生活環境形成了「性行為氾濫、性犯罪增加、性知識缺乏、性態度保守」等令人憂心的社會現象。晏涵文（民87a）指出：唯有加強「性教育」工作，方能減少性氾濫的問題。

　　基本上，性教育是一種生活教育，每個人在不同的人生階段都會面臨各種不同的性問題，例如幼兒對身體的探索、兒童對「我從哪裡來」的好奇、青少年對第一性徵與第二性徵的疑惑、成年人的性關係與老年人的性生活等。因此，性教育也是終生學習的教育，而且有賴於家庭、學校與社會的相互配合、各司其職的積極推廣。基本上，學校是啟發性教育知識的傳習場所，家庭則是落實性教育理念的生活場所，社會更是發揮性教育功能的理想場所。

一、性教育的本質內容與實施重點

　　性教育的內容相當廣泛，涵蓋完整「性知識」的了解、健康「性態度」的培養、正確「性行為」的實踐，以及親密「性關係」的經營等。晏涵文（民87a）認為，性教育是一種對自己性行為負責任的教育，其內容須視受教對象的年齡和身心需要而定。狹義的性教育是以生物學的觀點為主的教育；廣義的性教育則包括了個人心性的發展、感情的處理、對戀愛與婚姻的抉擇，以及家庭和社會之間人際關係的溝通。因此，性教育的內容不僅包括解剖和生殖方面的知識，同時還強調有關兩性之間態度的發展和指引。性教育也是學習如何成為男人或女人的教育過程，以能產生適切的個人態度和行為。

㈠性教育的本質內容

　　既然性教育是一種生活教育、機會教育、人格教育與兩性教育，更是一種持續學習的終生教育，那麼，性教育的課程不僅須在國小、國中的階段實施，甚至應該提前至家庭與學校場域中的幼兒教育，以及向後延伸至高中、大學階段與成年後的社會教育領域。過去，我國的性教育實施太注

重於國小、國中階段，只發揮了性教育的預防性功能，卻忽略了大學階段以後性教育的發展性與治療性功能（沈慶鴻，民89）。即使是國小、國中階段的學校性教育，迄今仍未能完整有系統地真正落實（林如萍，民80；陳均妹，民89；晏涵文等，民90）。

　　除此之外，因性教育不僅是解剖和生殖方面的性知識，也不僅是青春期的衛生教育，它還強調兩性間親密人際關係的發展，包括了性的生理、心理、倫理和法理等層面（晏涵文，民87），因此性教育也被視為是兩性教育工作的一環。有些人誤以為性教育就是健康教育，其實兩者雖有相通之處，但後者較偏重於個人衛生教育，而性教育則屬於兩性的衛生教育。完整的性教育內容至少須涵蓋人類發展、兩性人格與關係、個人生活技巧、性行為、性健康、社會與文化等六大概念，詳如表9-1。

表 9-1　性教育的六大概念

一、人類發展	二、人際與兩性關係	三、個人生活技巧
1. 生殖解剖與生理學 2. 生殖 3. 青春期 4. 身體形象 5. 性認同與性取向	1. 家庭 2. 友誼 3. 愛 4. 約會 5. 婚姻及終生承諾 6. 教養子女	1. 價值觀 2. 做決定的能力 3. 溝通 4. 決斷力 5. 交涉協商 6. 尋求協助
四、性行為	五、性健康	六、社會與文化
1. 一生的性 2. 自慰 3. 性行為的經驗與分享 4. 禁慾 5. 人類性反應 6. 性幻想 7. 性功能障礙	1. 避孕 2. 墮胎 3. 性傳染病及愛滋 4. 性虐待 5. 生殖健康	1. 性與社會 2. 性別角色 3. 性與法律 4. 性與宗教 5. 性的多樣性 6. 性與藝術 7. 性與大眾媒體

（資料來源：陳若雲，民87）

　　上述性教育內容，有關「人類發展」部分已於本書第二章「兩性的生

理發展」與第三章「兩性的心理發展」中詳加說明。「人際與兩性關係」
也分別於本書之第六章「兩性的友情關係」、第七章「兩性的愛情關係」
及第八章「婚姻與婚姻諮商」等篇幅裡加以介紹。至於「個人生活技
巧」、「性行為」、「性健康」、「社會與文化」等部分內容，也散見於
本書其他章節。是故，本節除了探討性教育的理念原則及其活動範例等重
點之外，將僅說明「懷孕與避孕」、「自慰與夢遺」等部分的性教育概
念。

　　性教育的目的，旨在使個人產生社會所能接受的性態度和性行為，學
習成為一個身心健康的男人或女人，進而促進和諧的兩性關係與婚姻生
活，並藉此提供下一代適切、完整的性教育工作。因此，為人父母或為人
師長必須有下列正確的性教育理念：(1)個人宜以坦然、自在的態度面對
「性」；(2)留意自己對性別角色的刻板印象態度，以免影響了孩子的心性
發展；(3)了解不同年齡層孩子對「性概念」的發展歷程，以孩子的角度來
看待「性」；(4)用誠懇、輕鬆的態度進行性教育，可利用生活中與孩子互
動的機會，隨時進行性教育；(5)接納「孩子也有性慾」的態度，成人可以
慢慢轉移孩子對性方面的注意力，引導孩子轉向其他方面的興趣；(6)當孩
子出現了與「性」有關的行為時，成人要以冷靜、謹慎的態度，接納並肯
定孩子想要探索人體的動機。此外，家長或師長平時宜積極充實個人的性
知識，調整自己適切的性態度與私生活，以做為子女與學生性教育與兩性
互動的學習模範。

㈡性教育的實施重點

　　性教育工作的落實，將有助於受教者正確地了解個人在性生理、性心
理和社會發展等方面的成熟化歷程，同時協助個體發展自我的性別角色。
性教育工作的內容，不限於男女生殖系統、懷孕或避孕等生理層面的介
紹，不限於醫學、生理解剖學的專業觀點（晏涵文，民 87a），因此性教
育工作的推廣人員也不限於醫護人員，尚包括父母、教師及社會大眾等人
士。此外，實施性教育的對象，也不限於正處於青春期的中學生，而適用

於自幼兒期開始直到老年期的所有個體，並依其年齡和身心發展等需要來訂定性教育內容；換言之，性教育工作乃是人類從生到死的「終生教育」、「成人教育」、「生活教育」、「人格教育」和「愛的教育」。

　　性教育工作須由家庭、學校和社會等三者協同合作，分工負責，因學校擁有系統化組織、專業化人力和完整的設備、資訊、教材等條件，故為性教育理想的實施場所，而教師也是最主要的性教育執行者，平時必須持續充實個人的性教育知能、接受相關的專業訓練，並不斷研發、規劃此一領域的教材與教法，以達成推展性教育工作的目的與功能。同時針對不同年齡層與學制的學生規劃不同重點的性教育推廣工作。

　　⑴幼兒期（0 至 6 歲，學齡前兒童）：性教育重點宜置於「認識生命的起源：我從哪裡來？」、「了解兩性的基本差異：小弟弟和小妹妹有什麼不同？」與「學習生活、保護自己：快樂、健康和安全地長大」等。

　　⑵兒童期（7 至 12 歲，國小階段）：性教育方向宜涵蓋「性別角色的發展：做男生、做女生和做自己」、「兩性互動與情緒表達：你好我也好」和「認識兒童的身心發展：探討自己身體外面和裡面的變化」等。

　　⑶青春期（13 至 18 歲，國高中階段）：性教育工作內容宜訂於「了解第一性徵和第二性徵：我長大了」、「兩性角色與社交關係：男人、女人都可以是朋友」、「負責的性行為：認識自慰、性關係和生理衛生」等。

　　⑷青年前期（19 至 25 歲，大專階段）：性教育內涵宜注重「成熟的兩性關係：認識友情、愛情與婚姻」、「個人生活技巧的學習：做一位人際溝通與決策能力的高手」和「培養健康的性態度：認識避孕、墮胎和性的文化」等。

　　⑸成年以後（含 26 至 45 歲的青年後期、46 至 64 歲的中年期、65 歲以後的老年期）：則視個人的身心發展狀態與常見的生活困擾，來訂定適合的性教育目標、內容和重點，包括「性與社會」、「性與人生」、「性與法律」、「性與宗教」、「性與藝術」、「性與傳播媒體」、「性與多元文化」和「家庭性教育」等。

　　針對前述不同年齡與身心發展的受教者，其性教育的實施方式也宜有不同變化的設計與活動。如前所述，廣義的性教育即為兩性教育，有關兩性教育方面的內容留待本書第十二章詳加敘述，本節僅就「性教育」的活動設計（活動範例請參閱本書各章文末之「學習活動」單元）說明之。蓋團體輔導或團體活動之設計有其專業性，必須考量教育目標、活動目的、實施對象和領導者條件等因素。性教育工作有其專業性與敏感性，活動設計不當或領導偏差，皆可能導致「有性卻無教育」的困境。因此，性教育活動設計與選擇，宜多注意下列原則、設計與指導要領：

　　(1)領導者要了解自己的特質、能力、偏好及指導風格；同時了解所要指導的團體及其對象的特質、目的；以及評估自己與所要指導團體之間二者的適配性。

　　(2)選擇的性教育活動必須基於成員的需求、團體目的和預期的結果；此外，所設計、選擇的性教育活動應是指導者專業能力所及，並曾有指導此類議題與活動的經驗。

　　(3)性教育活動、方案的設計與指導，若是動態（例如身體接觸）或非語言的活動時，必須配合語言的分享討論與資料研閱。

　　(4)指導性教育活動時，宜清楚說明活動的內容、步驟與其他注意事項，並且確認每位成員均有所了解。

　　(5)選擇或帶領的性教育活動宜考量實施對象的年齡、角色、需求與教育目標，避免流於低俗、嬉戲、色情與人身攻擊等。

　　(6)設計與帶領性教育的活動宜考量時間、場地、教材與教學媒體等工具設備。

　　(7)帶領的性教育活動應讓所有的成員皆有參與的機會，並且尊重成員參與的自主決定權，非必要不宜強迫之。

　　(8)指導、帶領性教育活動的過程中，各部分細節與突發狀況，指導者必須事先予以考量，並且有能力解決此類問題狀況。

　　(9)妥善評估性教育活動實施效果，並做必要的修正與規劃。此外，活動進行前、過程中與結束後，也可適時邀請專家學者參與、指導與評量。

⑽運用其他有關團體輔導與教學活動等方面的專業智能。

　　至於從事性教育工作的人員，也必須具備開放、自然與尊重等人際特質，方能豐富教育內涵、激發受教者的學習興趣。Milton 等人（2001）採取焦點團體研究法，訪談了澳洲十九所高中從事性教育工作的老師，研究結果發現，學校性教育教學的成敗關鍵在於教師本身的工作態度與專業特質。性教育工作者宜具備下列態度或特質：⑴非批判的態度，尊重學生的觀點；⑵互依互信的態度，師生彼此分享經驗；⑶誠實開放的態度，以面對學生各式各樣的問題；⑷專注傾聽的態度，了解學生的需求；⑸幽默的態度，減少學生的敏感困窘；⑹自然的態度，坦然面對性；⑺尊重的態度，接納學生的自我抉擇；以及⑻彈性的態度，自我調整教材與教法。Harrison（2000）則主張，性教育教學宜兼重知（資訊、知識）、情（情感、感覺）、意（關係、行動）三者，並於教學歷程中，提供男女學生對話、相互了解的機會。

　　對於中等學校以下的受教者而言，動態活潑的教學活動有助於增強受教者的學習注意力，提高其學習興趣，故性教育的教學設計與實施方式相當重要。當然，性教育執行者、潛移默化者，包括教師、家長、手足、朋友等人對「性」的體會與觀點，有時比性教育課程內容或設計的教學方式，更直接、深刻地影響到受教者（林燕卿，民87）。是故，成人能否檢視自己性知識、性態度和性行為，也是性教育工作中非常重要的一環，此所謂「身教重於言教」。一言以蔽之，成年人本身的性文化和兩性關係，其實更是推展性教育工作的動力，是助力也可能是阻力！整個社會環境的兩性平權觀念與兩性互動文化，也深深影響性教育工作的推展，亟待政府、學校機構、民間社團與社會大眾的共同努力。

二、懷孕與避孕

　　如前所述，性教育工作的內容相當廣泛，包括人類發展、性行為與性

健康等概念。現代開發國家相當重視家庭計畫與兩性互動,性開放亦是重要的社會趨勢之一,因此,有關懷孕與避孕、自慰與夢遺等性教育方面的議題也相當重要。本單元將先探討有關懷孕與避孕方面的性知識,至於自慰與夢遺的性教育內容則留待本節下一單元再詳加說明。眾所皆知,當男性的精子進入女性的體內,與母體內的卵子結合成為受精卵之受精作用一經發生時,就產生了懷孕的歷程與事實。對女性而言,妊娠是相當艱辛的歷程,對期待新生命來臨的夫妻而言,妊娠是婚姻中愛的精華;當然,對男性而言,伴侶的妊娠也是個人一種角色的學習與責任的承擔。至於避孕,已成為現代人在兩性關係發展歷程中,必須經歷的情境和面臨的議題,更是現代先進開發國家推動家庭計畫工作的重要一環。

㈠妊娠的症候與診斷

性教育工作的推展內容相當廣泛,其中與人類生命延續有關的妊娠、懷孕現象,便是現代男女亟待學習、必須修習的性教育知識。有些「涉世未深」的青年男女,在不知避孕又偷嘗禁果的情況下,加上因缺乏對性知識的了解,以致於懷孕而不自知,甚至發生流產、棄嬰或日後墮胎的不幸事件。通常大多數的女性在受精、懷孕之後,會出現下列的一些狀況:⑴月經遲來的現象:一般女性本次月經開始日至下次月經開始日的期間約為二十六至三十天,若比預定月經開始日遲來約十天後,便可能是「妊娠」、懷孕了。但此一症候對於那些月經週期為四十五天或月經不規則的女性而言,並不適用;換句話說,月經遲來只是妊娠症候之一。

除此之外,尚有⑵噁心嘔吐的現象:當女性出現月經遲來,並有噁心、嘔吐的情況發生時,更可能是妊娠的症候;有些女性會改變其飲食的喜惡與習慣,有時無食慾但也會反胃、作嘔,甚至有些懷孕的婦女一天要吐好幾次。⑶生理改變的現象:懷孕女性最明顯的身體變化莫過於乳房部位的變化,乳頭會變得敏感,而且出現色素沉澱、乳頭變黑等等的變化。⑷基礎體溫的測量:這是一項可信度最高的妊娠診斷,除非生病發燒,否則一旦女性高體溫的現象持續達三週以上,幾可確定是妊娠、懷孕了。當

然，接受婦產科醫師的專業檢查是最準確的妊娠診斷。

(二)胎兒的形成歷程

受精後的卵子，開始不斷地進行細胞分裂，並透過輸卵管的蠕動而移向子宮腔內。約十天後，便深植於子宮內膜中，這便是「著床」。懷孕後第一個月，胎兒尚未成形，是一團流動的塊狀物，此時稱之為「胎芽」。懷孕後第二個月，以超音波診察可聽見胎兒的心音。懷孕三個月後，約可辨識出胎兒的性別。懷孕四個月，可明顯看出胎兒，其身長約 18 公分；體重約 180 公克。懷孕五個月，此時孕婦有胎動感覺。

懷孕到了六個月後，胎兒身長約至 30 公分，耳、鼻、口已成形。懷孕七個月，子宮已「長」到肚臍上方的三指寬的地方。懷孕八個月，胎兒身長約 40 公分，重約 1500 至 1700 公克，可清楚聽到胎兒的心音。懷孕九個月，胎兒身長約 45 至 47 公分，體重約 2000 至 2000 公克。懷孕十個月，胎位已逐漸下降，腹部時軟時硬，這叫「前陣痛」。下體突然流出大量水狀分泌物或出血時，應趕緊請醫師診斷、檢查或分娩。

(三)避孕的方法與作法

「避孕」係指使用藥物或物理等方法，來避免性交過程中受孕的措施。避孕的方法可以分為永久方式與暫時方式兩大類，前者採用結紮等方法使輸精管或輸卵管阻塞不通，以達成避孕的目的。後者則是服用藥物或裝置子宮環套等方法來避免受孕，包括口服避孕藥，裝用母體樂、保險套或銅 T，利用基礎體溫計算法、推算排卵期法等（高雄市家庭計畫推廣中心，民 80）。有關各項避孕法的作用原理、優缺點、副作用及其注意事項，茲分述如下：

1.男性輸精管結紮法

此法乃是採用外科手術方式將男性輸精管加以結紮，使精子不能通過輸精管，以免受孕。其優點為：(1)可永久避孕；(2)效果最高；(3)房事前不必做任何準備；(4)手術簡單，不必住院；(5)任何年齡都適合；(6)手術後不

影響性生活及生理機能等。但男性輸精管結紮的缺點包括：(1)不能再生育孩子；(2)需要醫師動手術。一般而言，此法較無副作用；但結紮前因精囊內尚有精子儲存，故仍應暫時配合使用其他避孕方法，直到射精十六至二十次之後，並至公立醫院檢查，確定精囊內已無精子，方可永久避孕。

2. 女性輸卵管結紮法

此法係使用外科手術將女性之輸卵管加以結紮，使精子不能與卵子結合，以達成永久受孕的目的。其優點、缺點與男性輸精管結紮法相同，而且一般小型的結紮可以不用住院。女性輸卵管結紮法的副作用和注意事項為：(1)較無副作用；(2)一般手術約需30分鐘完成，一星期內因傷口癒合關係，宜避免太過勞累，故於產後順道結紮較為理想。

3. 保險套使用法

保險套係由十八世紀初，英王查理二世的御醫 Condom 使用小羊的盲腸製作而成。今日的保險套是一橡膠製成的套子，於房事時套在男子陰莖上，防止精子進入女性陰道內，以免受孕。其優點為：(1)效果佳；(2)不必經醫師檢查、手術或其他條件；(3)使用簡單；(4)無副作用；(5)適合新婚夫婦採用；(6)防性病感染；(7)減少子宮炎症發生。但使用保險套的缺點有：(1)每次房事前都要先套在陰莖上；(2)必須平時即補充新品，以免「臨陣」無套可用；(3)有些人會感覺不習慣，影響房事時的快感。一般而言，採用此法避孕較無副作用，但使用前須用手指壓住未展開的保險套前端，將空氣擠出，且射精後應立即抽出，以免精液溢出而懷孕。

4. 口服避孕藥

利用類似女性荷爾蒙來抑制排卵作用的一種口服藥。口服避孕藥的優點為：(1)它是最有效的避孕方法；而且(2)安全、便宜；(3)房事前不必做任何準備；(4)新婚夫婦也適合採用；(5)若想再懷孕即可停止服用。但其缺點有：(1)需做醫學檢查；(2)需要每日服用；(3)需要定期購置。而且，有些婦女使用口服避孕藥後會有下列副作用出現：(1)胃腸不適；(2)乳頭觸摸疼痛；(3)體重增加；(4)頭痛；(5)點狀出血；(6)頭暈。但上述副作用都是短暫的症狀。因口服避孕藥有許多優點，故仍是一種相當普遍的避孕法。

5. 銅 T 裝置法

此法係由一種銅絲纏繞聚乙烯塑膠製成的 T 型物，將其裝置在子宮內可阻止受精卵著床，並可藉銅絲釋放銅離子的化學作用加強避孕效果。其優點有：(1)體積小裝置容易，適合年輕未生產的婦女、剖腹生產或只生一胎的婦女所使用；(2)裝置後經期之出血量較少；(3)對夫妻性生活無影響，行房前不必做任何準備；(4)取出後可再懷孕；(5)裝置後不需臥床休息，並可長期使用。但此法也有缺點，包括：(1)需自費，公立醫院裝置費約需 100元，餘由政府補助；(2)必須由受過專業訓練的醫師進行裝置；而且(3)必須做定期的檢查；(4)少數的婦女有自然排出銅 T 的現象。銅 T 也有一些副作用，例如輕微出血及腹痛，經期延長、經血量增加，陰道分泌物異常增多，出現經期外的點狀出血或不規則出血。通常上述副作用也是短暫的現象，不需過於憂慮，也可找醫師做專業診療。

6. 母體樂裝置法

母體樂是由銅絲、塑膠所製造而成的避孕器，裝置在子宮內阻止受精卵著床。其優點為：(1)裝置相當簡便；(2)效果良好，取出後可再懷孕；(3)房事前不必做任何準備；(4)可長期裝置在子宮內，不用換裝；(5)裝置後的婦女可以自我檢查。但母體樂裝置法的缺點包括：(1)必須由受過專業訓練的醫師做裝置的工作；(2)必須做定期的檢查；(3)少數的婦女有自然排出母體樂的現象；(4)需自費，公立醫院約需 300 元，餘由政府補助。而且也有下列短暫的副作用：(1)點狀出血；(2)下腹部不舒服；(3)腰酸；(4)月經量增加；(5)白帶增加等現象。

7. 基礎體溫計算法

健康的婦女在排卵時之基礎體溫會略低，所以由體溫變化可測出排卵日，男女可於非排卵之「安全期」內性交，以避孕之。其作法為從女性月經（MC）來潮的第二天開始，每日清晨醒來即將體溫計置舌下 5 分鐘，之後再起床記錄。未排卵前的體溫約在 36.5°C 左右，排卵日會降低至 36.2°C左右，排卵後至 36.7°C 左右，而且持續此高溫期直到 MC 來潮後，體溫才又下降。所謂「安全期」是指體溫回升後第三天到下次 MC 開始之間。此

法的優點為：(1)不必花錢，相當經濟；(2)可計畫生育，並做為懷孕與否或卵巢機能的初期診斷。但缺點是：(1)須持之以恆，每日記錄；(2)須夫妻雙方合作，於危險期與次安全期內行房，並須配合使用其他避孕方法；(3)活動、情緒、氣候、睡眠、疾病等因素皆可能影響女性體溫，故應列入記錄，以為參考。

8.排卵期推算法

此法係指推算容易懷孕的危險期，男女在這段期間內避免性交以預防懷孕。排卵期推算法的優點為：(1)不必準備任何器材；(2)房事前不必做太多的準備。但其缺點是：(1)男女不能「隨性」性交，減少房事的機會；(2)月經週期不規則者不能採用；(3)必須先有六個月以上的月經週期記錄；(4)計算比較麻煩。一般而言，排卵期推算法較無副作用，但必須細心觀察、推算，至少記錄六次以上的月經週期，否則容易失誤。相對於「安全期」，危險期乃指下次月經來潮前的第十一天到二十一天之間。危險期（非於安全期）的行房時，也須配合其他避孕方法使用，並注意個別差異性。

性是維繫男女情感的橋樑之一，性交意即「做愛」，因此性關係不只是兩性（或同性戀者）片刻的魚水交歡，更是雙方恆久的水乳交融，它是以愛為基礎，以自主負責的態度來維繫人際情感的動能。性固然有繁衍種族、延續人類生命的功能，但性更是兩性之間生命與生理結合的重要管道；正因如此，學習性知識與避孕的方法實有其必要性，避孕也是推展家庭計畫的要素之一，更是處在今日開放社會之現代男女婚前亟待學習的課題與正視的議題。現代男女雖應具備避孕的知識，但也不宜以其做為個人性行為氾濫的「保護傘」，以免模糊了兩性關係的焦點也弱化了性教育的功能。

三、自慰與夢遺

性教育的實施雖有助於增進人類的性知識，但人類性知識的獲得未必

完全來自於性知識，也包括個人成長歷程中的自我探索、身心發展的結果，或是他人的性經驗分享。自慰（masturbation）即是基於個人身心發展的需求或自我探索的性行為反應。自慰係不需假手他人而得以滿足個人性慾的一種手段。所謂性慾（sexual desire）是指在性刺激的作用下，對性行為所產生的一種慾望。有些人擔心性氾濫會引發道德淪喪、精神文明喪失而主張禁慾，其實禁慾（asceticism）只是一種生活信念，意指個人將情色等世俗之慾望加以壓抑或阻絕的一種歷程（張春興，民78），它可能來自於他人（例如宗教人士、修身養性者）的經驗分享。

　有些現代人對「性」仍存有似是而非的概念，例如自慰會造成不好的後果、自慰較容易達到性高潮、性是自然發生等等諸如此類的錯誤觀念（羅惠筠、陳秀珍，民81）。其實，自慰係現代人解決性衝動、滿足性慾望的一種方式；自慰與性交均能滿足個人性慾，而且兩者也不相衝突，並可交互使用，端視個人的角色、興趣與身心需求等條件而定。自慰又稱手淫，或稱自瀆，是指自我刺激性器官，以獲得滿足的性活動。自慰不只是在青少年時期才會發生，兒童在年紀較小的時侯，就會撫摸自己的性器官，但因有些父母會嚴厲地加以制止，所以導致兒童只能在暗地裡進行手淫，甚至視之為不道德。事實上，大部分的人都有手淫的經驗，即使是有性伴侶的成年人，手淫仍是滿足個人性慾的一種方法，只是每個人手淫頻率的多寡有其個別差異性。

　性學專家Kinsey（金賽博士）在一九四〇年代至一九五〇年代的研究調查顯示，約有94％的男性和40％的女性曾以自慰方式達到高潮，而《新金賽性學報告》的作者Reinisch於一九九〇年的調查則顯示，女性自慰的比例已增加至百分之七十（王瑞琪等譯，民81）。一般而言，手淫有其好處與值得警惕之處，它可以讓個人熟悉自己的性器官，並知道自己性器官的部位與引起性興奮的方法，有利於男女婚後的性生活；而且可以自我檢查性器官，以便及早預防性疾病的產生。當然，過度手淫也可能容易造成身心疲倦，妨害個人擴展生活的層面，以及積極參與戶外活動的精力，特別是處於青春期的青少年。有些青少年過度耽溺於手淫的刺激，正亦是其

疏離人際關係或偏差心理狀態的一種反映，值得個人自我惕勵或推廣性教育工作的參考。

　　至於夢遺（pollutio of dream）是指在睡夢中射精的現象，通常發生在青春期及以後的男性身上。夢遺被視為是一種自然、健康又正常的現象，它可能是源自於綺夢（伴隨與性有關的夢，俗稱「黃色的夢」）而產生的性衝動，也可能是一種無意識的生理反應（林燕卿等，民 81）。一般而言，夢遺較容易發生在長期禁慾（已如前述）、睡前或睡夢中有尿意，以及有強烈性幻想者的夢境中。夢遺對青少年或是單身、獨身、晚婚的男性，是一個無法避免的事實，因此也是推展性教育工作的一個重要單元內容。男性夢遺的頻率有其個別差異性和不規律性，因個人的年齡、身心發展和性行為狀況而有不同變化，有些人大約一個月一次、也有的人大約兩、三週一次或一週數次，甚至也有人一夜兩次或數月才一次，當然每個人的夢遺現象難以預估、變化很大。

　　夢遺通常與個人的夢境有關，當夢境愈是真實，色情成分愈是濃厚，生理上就愈容易引起興奮而出現夢遺；而後夢醒時，個人通常也會感到心平氣和、身心鬆弛（身上遺精不適或個人心理壓力除外）。不過有時雖有綺夢，但也可能不會遺精；反之，無綺夢也可能夢遺。有些人在半夢半醒中，其性興奮可能會受抑制而不會產生夢遺，謂之「夢遺中斷」（pollutio interrupta）。前述之綺夢，其夢境中人可能是熟識者或陌生人，夢中人數可能是一人、兩人或數人，夢中情節可能是同性的交歡、性器裸露（較常出現在同性戀者的夢境中），或是男女之間的性交、異性的裸體等。此外，夢遺者未必出現在綺夢中。值得一提的是，女性也會出現綺夢，夢中或夢醒後陰道也會有黏液的分泌，但並非如男性般是一種具有解慾的夢遺作用。

　　夢遺既然是一種自然、健康又正常的現象，便無須刻意加以抑制，事實上也很難加以克制，至少睡眠中無意識的生理反應或綺夢夢境並非個人意識所能控制。但有些經常出現夢遺現象或深受夢遺所困擾的人，不妨尋求專業醫療人員的協助；除此之外，也可以在個人生活習性和性行為方面

做一些調整，例如減少性幻想頻率，適度手淫或性交（已婚者）來宣洩性慾。此外，入睡前宜注意下列事項：⑴盡量穿著寬鬆的衣褲，以免睡眠時壓迫性器官；⑵不宜飽食或飲酒；⑶少喝水、先排尿；⑷避免碰觸性器官與接觸性刺激等。對於子女或配偶的夢遺反應，家人也勿待以異樣的眼光，可適時教導，予以性教育，藉以促進個體健全的身心發展。

　　性是人類生活中的一部分，性也是兩性關係發展歷程的里程碑。人類的性行為有其複雜性與個別差異性。性雖是人類與生俱有的基本需求，但完整性知識的獲得、負責性態度的培養與健康性行為的表現，卻需要個人的努力學習和用心探索，當然也有賴於家庭、社會與學校三方面的性教育推廣。性教育的內容與對象相當廣泛，舉凡人類發展、人際與兩性關係、個人生活技巧、性行為、性健康、社會與文化等內容，均屬於性教育的範疇，其對象涵蓋各個不同年齡層的個體。基於人權與兩性互動的考量，每個人對自己的身體都有絕對的自主權，也必須對自己的言行負責，更要尊重他人的價值觀、身心狀態和自主反應，唯有在健康安全的前提下進行性行為活動，方能減輕個人的困擾，並且減少社會的問題。

兩性之間

❖ 「性行為與性教育知能」自我測量表

閱讀本章之前或之後，不妨測量、檢視一下自己的性知識。

請回答下列十四個問題。答案見第十二章之「兩性之間」。

( ) 1.青少年朋友在性教育的需求上，最迫切的是什麼？
①青春期之生理發育及保健②青春期的心理需求及處理③性知識
④如何與異性朋友交往⑤避孕知識⑥問題發生時之協助
⑦其他_____。

( ) 2.一個女孩如果與男孩在一起從事下列何種行為，就可能會懷孕？
①接吻②擁抱③睡覺④性交。

( ) 3.排卵後一天內，如果沒有懷孕，則經過幾天子宮內膜開始剝落而
排出，形成月經？
① 5 天左右② 14 天左右③ 25 天左右④ 30 天左右。

( ) 4.一個未成年女孩如因被強姦、誘姦，或是與依法不得結婚者相姦
而受孕時，可找領有「優生保健醫師證書」之醫師施行「人工流
產」，但應得何人之同意？
①朋友②老師③男友④法定代理人（通常為父母）。

( ) 5.夜間遺精也就是「夢遺」，它是一種無法用意志控制、非自主式
的生理衝動，對身體不會產生傷害。第一次夢遺的年齡，約在何
時發生？
① 7～9 歲② 10～11 歲③ 12～14 歲④ 17～18 歲。

( ) 6.自慰行為是身心發展的一種現象，不應帶有讓人引起羞恥或罪惡
感的意味，精液的成分是蛋白質、礦物質、酵素；每次排出量約

在 2～5cc，一次射精後，欲使精液補充到正常量，所需時間平均約為幾天？

①1.5 天②3 天③5 天④10 天。

( ) 7.愛滋病（AIDS）為性病之一種，又稱為「後天免疫缺乏症候群」，有哪些人會受到 AIDS 的感染？

①男同性戀者②毒癮者③多重性伴侶者④以上皆是。

( ) 8.梅毒除了經由性交感染外，尚可經由何種途徑感染？

①接吻②輸血③皮膚破損處④以上均可。

( ) 9.淋病若治療不當，會有哪些合併症？

①膀胱炎②副睪丸炎③輸卵管炎④輸精管或輸卵管阻塞造成「不孕症」⑤以上皆是。

( ) 10.引起生殖器之單純性疱疹是屬於第幾型的性病？

①第一型②第二型③第三型④第四型。

( ) 11.俗稱「生芒果」的性病為何？

①梅毒②淋病③軟性下疳④單純性生殖器疱疹。

( ) 12.如果有機會與異性朋友發生性行為時，您是否會考慮到避孕的問題？

①是②否③不一定。

( ) 13.您覺得何種避孕的方法最適合未婚之青少年？

①保險套②口服避孕藥③性交中斷法④安全期法⑤子宮內避孕器。

( ) 14.如果使用保險套來避孕，您覺得應該由誰來提供？

①男方②女方③無所謂。

（資料來源：高雄市家庭計畫推廣中心，民 80）

學習活動

❖ **活動名稱：我是女生、你是男生**

活動目的：認識並學習解決兩性成長歷程中對於性方面的困擾

活動時間：約需 60 分鐘

活動性質：適用於團體輔導與課程學習

活動方式：

1. 四人一組，各組準備約 6×6 公分之白紙若干張。

2. 每組寫下男生與女生性方面的困擾，一張紙寫一個問題。
   例如手淫、安全期計算法等。時間 15 分鐘。

3. 完成後各組擲回盒中，由指導者統計每一困擾的組別數。
   時間共 5 分鐘。

4. 專家學者或教師、領導者依多數組別共同之困擾問題依
   序指導。可配合補充資料講解。

❖ **活動名稱：我的成長**

活動目的：認識個人的成長歷程

活動時間：不限

活動性質：適用於個人學習、課程練習或團體輔導

活動方式：

1. 整理個人成長歷程中印象深刻的回憶，包括相片、紀念
   品等。

2. 分組分享並相互回饋。

3. 專家學者或教師、領導者指導。

第十章

同性戀

近年來，我國由於經濟與工商業的發達，傳統的農業社會結構轉型為工商業的社會結構，直接影響了家庭的功能與學校的教育情境，導致人與人之間的關係從而產生變化，親子之間、夫妻之間、師生之間、勞資之間、同儕之間、兩性之間的困擾與衝突不斷，社會倫理與價值規範也隨之受到影響。伴隨台灣社會的開放、多元化，同性戀議題也不再被視為是一項社會禁忌；此外，由於個人自我意識的高漲及兩性平權、人權主義思潮的盛行，性騷擾成為亟待世人正視的課題。本書第十章、第十一章兩章將分別探討同性戀、性騷擾等變遷社會中的兩個重要議題。

第一節　同性戀的概念

古云：「天地創造陰陽，孤陰不生，獨陽不長，唯有陰陽調和，天地才能大化。」於是乎，男女相愛，天經地義；同性互戀，大違倫常。一般人對「同性戀」大致表現出接受與排斥兩種極端的態度（張龍雄，民81），前者將同性戀視為是個人一種「性向」（sexual orientation），一種「自由」，同性戀是性的正常表現方式之一。例如古希臘時代，同性戀行為如同異性戀行為一樣，被社會大眾所接受，甚至認為異性戀是比較低級形式的性愛，同性戀才是理性、重智慧的萬物之靈所應具有的性愛。

在柏拉圖論文集及許許多多的文學與神話中，都曾經歌頌過同性戀者的美德（彭懷真，民72），甚至男同性戀者的婚姻關係是合法的，羅馬帝國的尼羅（Nero）大帝便曾與同性結婚（王溢嘉，民80）。時至今日，更多同性戀者為爭取權益及喚起世人的接受與重視走上街頭。美國舊金山法庭於一九八九年通過「家庭夥伴法」，同年丹麥完成第一對同性戀者結婚等案例；二○○二年阿根廷布宜諾斯艾利斯市及二○○三年加拿大安大略省等城市也皆已通過「同性聯姻法」，賦予同居滿兩年以上同性戀者皆有共同生活、工作與社會保險等權力，凡此皆令人印象深刻。

然而，也有不少人將同性戀視為是一種偏差變態的現象，是令人噁

心，又為人所不恥的行為。在重視人權、強調個人主義的西方社會，對同性戀的態度也不盡然包容、接納。《舊約聖經》（《舊約・利未記》第二十章第十三節）便記載：「（男）人若與男人苟合，像女人一樣，他們兩人行了可憎之事，總要把他們治死，罪要歸到他們身上。」《新約全書》（《新約・羅馬書》第一章第二十六、二十七節）也提及：「男人棄了女人，男人與男人行了羞恥之事，會在自己身上為這個妄為得到報應……。」至今，仍有許多同性戀者面對重重的道德包袱與社會壓力，無法克服自己的心理障礙，生活在陰影中，更遑論爭取同性戀者的權益。當然，由於文化背景、國情民俗、時代變遷等因素不同的變化與演進，世界各國對同性戀者的態度及其議題的重視程度也有差異。

　　至於我國，同性戀的現象由來之久（郭洪國雄，民83；蔡勇美、江吉芳，民75），「餘桃共啖」、「斷袖示愛」、「龍陽之好」早已見諸於史書中。同性戀在中國雖然不被公開承認，也從未去刻意排斥或禁止這種關係。但除了稗官野史及小說傳奇有過同性戀的描述，其他文獻並未對同性戀做詳細的分析。一向以「禮儀之邦」自居、「五倫」自詡的我們，從不讓同性戀這個既存的事實登大雅之堂，公開討論，以致國人常有「粉飾太平」的錯覺。同性戀者對於自己與此一族群的認同，亦呈現複雜的情緒和情感，甚至不願意面對同性戀的事實。

　　有些同性戀者生活在壓力情境下，不敢公開自己身分，得不到家人與社會的接納，無法克服自己的心理障礙，他們很想對家人誠實，但是又很怕傷到家人，甚至怕被孤立拒絕（Corey, Corey & Callanan, 1993）。所以，處在這種矛盾與掙扎之中，為自己的生活帶來更多困擾。加上同性戀者出現在傳播媒體的訊息，幾乎不外乎自殺、情殺、猥褻、騷擾、賣淫等，更加深他人的歧視與自我的困擾。本節旨在探討同性戀的定義、成因、生活現況與人際互動等內容，期盼對此議題有更多的了解，減少更多的誤解。

一、同性戀的定義

　　所謂「同性戀」（homosexuality）又稱為「反性慾感」（contrary sexual feeling）、「性逆轉」（sexual inversion）或「幽亂現象」（uranism），意指對同性者具有愛戀的心理與行為。換句話說，凡對同性者要求性或愛情衝動的傾向狀態，皆屬之。奧國心理分析學者Freud認為，同性戀是「性別異常」（sex inversion）的一種，有異於人類常態的「異性戀」（heterosexuality）現象（Ellis, 1983）。

　　值得注意的是，國內外不同領域的不同學者，對同性戀的定義莫衷一是，即使醫界與學術界對同性戀的定義也不盡相同，有些專家是從行為層面來界定同性戀，認為一個真正有同性戀傾向的人必須與同性發生過實際的性行為才算數。因此，從各國學者對同性戀的界定，可以歸納出幾個指標，從中看出每一位專家界定同性戀的標準（郭洪國雄，民83）。詳如表10-1。

表 10-1　同性戀的定義

	心理層面	行為層面	行為頻率	成熟度
金賽	∨	∨	∨	∨
彭懷真	∨			
鄭泰安		∨		
魯本	∨			
馮榕	∨	∨	∨	
陸汝斌	∨	∨	∨	∨
張春興	∨	∨		
瓊・瑞妮斯	∨	∨		

（資料來源：郭洪國雄，民83）

二、同性戀的分類

　　一般人以為人類的性愛對象只有兩種：「同性戀者」與「異性戀者」，但也有學者對此二分法、二元論持保留態度，甚至認為人類未必有絕對的同性戀與異性戀之分。因此，廣義而言，同性戀者依其傾向程度（偶發－常態）、行為反應（潛隱－外顯）及當事人心態（相斥－相容）等尺度，又可區分為各種不同類型（茗溪，民75；張春興，民78；淺野八郎，1989），茲分述如下：

㈠依傾向程度區分

　　⑴完全同性戀型：終生（或長期）對同性者有愛戀及發生性行為的渴望，並且已實際發生同性性行為。對於異性不僅不會激動興奮，有時看到異性的性器官還會有害怕、逃避的反應，一輩子無法接受與異性牽手、接吻、做愛等行為。⑵同性戀危險型：長期對異性不太感興趣，無法向異性表達自己的感情。一旦對同性戀行為感到喜悅，便會陷入而無法自拔。⑶潛在性同性戀型：雖然不會在日常生活上發生實際的同性戀行為，但在潛意識中卻具有這種傾向。極易對女性感到失望或產生不潔感，最後完全失去興趣。實際上，潛在性同性戀者在表面上很少會出現同性戀行為。⑷精神性同性戀型：對同性或異性都感到有興趣。他不會發生肉體上同性性行為，但在工作或日常生活上，會仰慕某些同性；與同性一起工作，彼此鼓勵，能發揮很大的力量。⑸同性戀零危險型：完全無同性戀傾向的人。能對自己的行為負責，並具有男性氣概。亦即完全的異性戀者。

㈡依輕重程度區分

　　⑴真正同性戀：性愛的對象只限於同性，對於異性不但漠不關心，甚至感到厭惡，因此不可能和異性有性愛。⑵短暫同性戀：本來對異性有性的關心，只是在無法與異性接觸的特殊環境下，以同性代替異性而獲得性

滿足的情形。例如監獄、軍隊、船艇、宿舍等場所。一旦離開此環境，可能會停止同性戀行為而再回復異性愛生活。(3)雙性戀：不僅以同性為性愛對象，也以異性為性愛的對象，又稱為性心理（非生理）的半陰陽。(4)假性同性戀：指異性愛傾向較強的雙性戀者，可能與異性結婚建立家庭，但是仍保留同性戀的內隱傾向。

(三)依形成原因區分

(1)偶然性同性戀型：指同性戀行為發生並非由於性格所致，而是由於一時興起或「陰錯陽差」等因素使然。(2)誤導性同性戀型：指由於心理醫師的錯誤解釋或他人的不當暗示，致使當事人相信自己具有同性戀的傾向。(3)情境性同性戀型：指由於環境的隔離，無法接觸異性，以致形成階段性的同性戀行為。

(四)依同性戀者心態區分

(1)自我相斥型同性戀者（Ego-dystonic homosexuality）：指同性戀者個人對自己的同性戀行為並不感到心安理得，不時在情感與理智之間時感衝突矛盾。(2)自我相容型同性戀者（Ego-syntonic homosexuality）：指同性戀者個人在心理上接受自己與同性相戀的行為，而且無論是否公開「出櫃」也不以為恥，強調個人自我選擇的權利。

(五)依外顯行為區分

(1)潛隱性同性戀型（Latent homosexuality）：指個體表面上維持兩性間的情愛關係，而內在潛意識卻隱藏著同性戀的傾向。(2)外顯性同性戀型（Overt homosexuality）：指在行為表現上具有明顯同性戀傾向，亦即實際表現同性戀活動的人。為「潛隱性同性戀型」相對的名詞。(3)假性同性戀（Masked homosexuality）：指在行為上雖與同性發生性交關係（如雞姦），但在實質上，當事人內心仍然渴望追求與異性之滿足。例如營利之男（娼）妓。

㈥依性愛角色區分

⑴性別反向者：在性愛關係上扮演與自己所屬性別不同的角色，即明顯的性向異常者。⑵性別同向者：即把自己所隸屬的性及身體，提供給前述反向者，俾能獲得性或愛的滿足，是偏向隱性的同性戀者。

「同性戀」的定義紛歧，已如前述，一般社會大眾普遍認為：只要與同性發生性關係便是同性戀者。換句話說，只要一個人選擇和自己性別相同的對象為性伴侶，就是同性戀者，不管何種型式的性行為（陳浩，民81；張英熙，民79），包括同性性幻想的手淫，或作與同性戀有關的夢，或愛慕某位同性偶像，甚至偶發性或情境性地與同性發生性行為者，也是同性戀者。事實上，人在成長的歷程中，都可能對同性及異性產生好感或敵意，特別是青少年或多或少都有明顯的或不太明顯的同性戀經驗（McFarland, 1993），15％的男孩與30％的女孩在青春期都有同性戀的經驗。我國衛生署疾病管理局（民90）的調查報告顯示，即使是同性戀者中也有約12％的人有與異性做愛的經驗。

三、同性戀的界定

一般而言，青少年處於「同性密友期」（參閱本書第一章）的人際發展階段，正需要與同性發展信任、堅定的友誼（McFarland, 1993），有時會對同性產生關懷、依賴的心理，對同性的身體好奇而有接觸的行為，或無法忍受有「第三者」介入分享與密友之間的友誼，甚至與同性好友分隔後會有思念、痛苦等微妙情緒。上述現象往往容易造成青少年及其家長、師長的憂慮，誤以為是同性戀者。甚至有少數人遭同性戀者或（同性）性變態者的性侵犯，終其一生可能生活在「我是不是『同性戀者』？」的陰影中，影響了個體兩性關係的發展，令人遺憾。是故，同性戀的診斷標準宜清楚明確，否則在資訊缺乏及社會壓力情境下，也會阻礙案主求助的意

願。

綜合學者的看法（徐西森，民 85；馮榕，民 80；詹益宏，民 77；Buhrke & Douce, 1991; Barrows & Halgin, 1988; Weinberg, 1978; Townes, Ferguson & Gillam, 1976），完全的同性戀者必須具備下列五項要件，若僅具備其中一、二項，則屬「同性戀行為傾向者」。因此，任何人都應該避免隨意依個人主觀見解與敏感心理，對他人加上同性戀的標籤（labeling）；即使是同性戀者，也應謹慎自我評估個人的性愛傾向。所謂「同性戀者」的診斷要件，除了須年滿二十歲、身心發展較穩定的條件（祈家威，民 82；陸汝斌，民 70）之外，還包括：

1.同性性關係

指與同性者發性行為，且滿足於此性行為中。例如同性間的親密愛撫、口交、肛交等。男女同性戀者都會與同性產生親密、歡愉的性關係（Reinisch, 1990）。

2.同性愛依戀

同性戀者一如異性戀者般，也需要感情的滋潤，對於所愛慕或交往的同性，也會產生依賴、保護、關心、愛戀等心理。正如同異性戀者一樣，同性戀者渴望能和伴侶談及自己內心最深處的情感，也有愛與被愛的需求，有平等互惠的關係，能共同擁有一群朋友等（王溢嘉，民 80）。他們甚至也期盼天長地久，曾有一對同性戀伴侶共同生活三十七年之久（Mcwhirter & Mattison, 1984）。

3.同性性幻想

指對同性的相關事物易引起性方面的幻想、衝動等心理狀態。例如以欣賞俊帥或靜秀之同性男女、喜聞同性的體味、蒐集同性之裸露（性感）照片等方式，以達到個人性心理之滿足（徐靜，民 72；McFarland, 1993）。此外，對理想中所愛慕的同性充滿期盼，會特別顯現於夢境中或將之壓抑入潛意識，例如，在夢中經常出現所思慕的同性偶像，並與之交歡而達到性高潮的現象。

4.族群之認同

同性戀者基本上彼此支持，相互了解，能以同理、體諒的角度來接納「圈內人」，甚至在尋找性伴侶的公共場合相遇，即使從未或僅有一次性關係，也可以彼此分享情感世界，提升意識上的認同及精神上的支持（Fassinger, 1991a）。縱然受限於世俗眼光及社會壓力，隱性同性戀者表面極端反同性戀，然而潛意識仍無法否定自己是「這個世界」的一份子。同性戀者大多會注意相關資訊，研究顯示（郭洪國雄，民83），88％的同性戀者認為應爭取自身的權益，適當地表達出來；也有86％的同性戀者渴望擁有自己的歸屬團體。

5.異性化行為

指言行舉止較傾向於異性，例如「娘娘腔」、「男人婆」。有些學者認為，喜做異性裝扮的人較易產生同性戀行為，例如男性同性戀者傾向於女性化、被動的、被保護的，性行為上常讓對方使用自己的肛門。女性同性戀者較多男性化、主動的、保護的，性行為上常使用自己的嘴唇或手指，使同性得到性滿足（茗溪，民75）。

前述四項為大部分學者所確認，唯第五項診斷標準，因缺乏科學化的證據，尚有爭議。尤有甚者，今日仍有半數以上的心理學者以病態的觀點來看待同性戀者的「異行」，難免失之偏頗。事實上，許多同性戀者在儀表、穿著、談吐、動作、神態，與一般的異性戀者並無差異。研究顯示（陳浩，民81；Robert, 1989），異性戀者與非異性化傾向之同性戀者，其生活適應較中性化或異性化傾向之同性戀者為佳，例如，陰性特質（女性化）的男同性戀者只能吸引少數同性戀者的好感與「性趣」，大部分的男同性戀者仍然傾向於接受陽剛、男性化的男同性戀者。因此，異性化行為無法視為是診斷同性戀者的唯一指標。

四、同性戀的成因

基本上，同性戀不是變性慾，同性戀也絕非性變態；同性戀者價值觀與生活經驗，其實與異性戀者相似，他們同樣渴望與某一特定對象保持親密關係，只不過性行為受到的限制多，顧忌多。徐西森（民85）研究中發現，同性戀者「單一性伴侶的性滿足感」低，「性行為變異性渴求慾」大，值得注意。或許男追女、女求男、男戀男、女愛女，都只是表達一段感情、發展一種人際關係。有人認為，世人追求王子與公主快樂生活的美麗神話，不也可以發生在王子與王子、公主與公主身上嗎？相愛不也是一種尊重人權的指標嗎？儘管如此，尊重須植基於更多的了解，究竟同性戀的形成因素為何，值得探討。

綜合國內外學者的看法，同性戀的成因大致歸納有三類：(1)體質及生物化學因素；(2)性與心理發展因素；(3)學習經驗與社會環境因素等。茲分述如下：

㈠體質及生物化學因素

探討同性戀的生物學基礎，主要是對高等生物界截然劃分「兩性論」的一種挑戰。從性染色體、內分泌作用等研究顯示，命定雄雌的因素之間，是有一個數量的關係。若此關係和諧，或成雄，或成雌，否則便成一種居間與夾雜的狀態（Ellis, 1983）。同性戀便是基於先天條件的突變，先天的「性逆轉」是生物界的一個變異數。Kallmann（1962）研究發現，同性戀與遺傳有關，因為異卵雙胞胎（Dizygotic twins）二人同時產生同性戀的比例較一般人高，而同卵雙胞胎（Connozygotic twins）一為同性戀者，另一產生同性戀行為的比例幾達百分之百。又如，科學家認為男同性戀者之所以娘娘腔、做女性裝扮，係因體內缺乏男性荷爾蒙、男性激素；因此，他們需要注射男性荷爾蒙來調整生理，以適切發展行為與性徵。

同時，生理上痛苦的性經驗或出生時器官上的性別特徵不顯著者（於

是成長過程中，潛伏性特徵較原來的性別顯著或腺體的分泌趨向於異性體質），便會有生理性同性戀的困擾，例如陰陽人、隱睪丸患者、變性人等，在成長過程中，因生理性別角色不明顯，也可能有同性戀傾向（Kallmann, 1962）。然而，這畢竟是少數同性戀者的成因，包括 Kallmann 在內的許多學者（朱潛，民 61；Strange, 1965）仍一致強調：只有先天的傾向還不足以造成同性戀，必須同時有一些特殊後天因素的影響。

㈡性與心理發展因素

根據 Freud 的理論，個體心性發展（psychosexual development）階段包括：口腔期（oral stage）、肛門期（anal stage）、性蕾期（phallic stage）、潛伏期（latent stage）或同性戀期（homosexual stage），最後是性器期（genital stage）或異性戀期（heterosexual stage）。若個人在此發展過程中遇到挫折、阻礙或不舒服的經驗，以致無法發展至異性戀期，極可能停滯於同性戀期或表現性異常行為（Fenichel, 1945）。例如孩童在幼年時會有戀母情結（Oedipus complex），男（女）孩會喜歡母（父）親，並模仿父（母）親穿著言行，以博取母（父）親的好感與注意。戀母（或戀父）情結沒有得到紓解，即可能產生性別認同的偏差。

Gottman（1989）也認為同性戀的發展傾向，決定於四至六歲的性別認同期與青少年期等兩個階段，若上述成長歷程遇到挫折、性壓抑，沒有適當輔導處理，也易產生同性戀行為。此外，家庭氣氛不佳、缺乏溫暖安全感、家長管教子女的態度嚴苛或溺愛、父母婚姻關係的變化（離婚、分居、鰥寡）、個人失戀後的心理反應等因素，也有很大的影響。以男同性戀而言，學者發現，家庭中缺乏男童性別角色認同的對象，男童對母、姊過分依賴，離異家庭之單親家長對子女的控制慾望，以及父母錯誤的性別期待，導致於將男童視為女童養育，都可能影響其日後心性發展。

㈢學習經驗與社會環境因素

由於各種不同的國情文化、社會背景，常常產生不同的性觀念、性態

度與性習慣。當個人在一缺乏愛的環境成長時，便對愛充滿著憧憬。而當他需要愛時，若沒有適當的異性出現，反而由一位同性戀者去滿足他時，極易導致其產生同性戀行為（簡春安，民 75）。相對的，成長歷程中，曾受到同性的性騷擾、性侵犯等，也可能影響一個人的心性發展。此外，人際關係的誤導影響，青少年「同性密友期」的畸型發展，以及其他環境隔離與同性接觸的機會，亦是形成同性戀的原因，例如軍隊、監獄、遠洋漁船、同性戀酒吧、男女分校等等情境，有些人比較容易於此產生暫時性的同性戀行為（張春興，民 81；陸汝斌，民 77；Kinsey, et al., 1948）。從心理需求觀點與社會學習理論而言，同性戀的形成有其一定的背景因素。

　　當然，若欲了解同性戀為何形成，不妨從另一個角度省思，異性戀又是如何發展而來。前述議題有時涉及統計學上多數與少數的問題。台灣地區究竟有多少同性戀的人口，迄今並沒有明確官方統計資料。美國性學專家 Kinsey 的研究資料顯示：女性同性戀人口比例約有 1 ％～2 ％，男性同性戀人口比例約有 2 ％～4 ％（王瑞琪等譯，民 81；Kinsey et al., 1948）；甚至有學者認為，同性戀者約占全球人口的 10 ％～15 ％（Fassinger, 1991a）。若以 Kinsey 平均 2 ％的同性戀人口比例，來推估台灣的同性戀人數，保守估計也有四十萬者之眾，值得吾人重視。

　　基本上，同性戀不是變性慾，同性戀也絕非性變態；同性戀者的價值觀與生活經驗，其實與異性戀者相似，他們同樣渴望與某一特定對象保持親密關係，他們一樣有生理性、安全性、愛與歸屬性、自尊性與自我實現等心理需求。然而，我們的社會是一個患有「同性戀恐懼症」的社會，有些人會對同性戀者存有不合理的恐懼，伴隨著這些意識或潛意識的情緒，會對同性戀者產生種種敵意、厭惡與偏見。

第二節　同性戀者的性與愛

究竟同性戀是正常或不正常的行為？同性戀與異性戀有何差異？同性

戀者的人際關係與生活適應如何？如果有那麼一天，孟姜女為睡美人而哭倒長城、羅密歐為梁山伯而魂斷藍橋，這樣的愛情神話就會遭人唾棄、不再唯美嗎？顯然世人的審美觀與愛情憧憬仍有雙重標準。同性戀者與異性戀者的差異難道只限於性別取向的不同嗎？當有人好奇地問道：「你什麼時候發現自己愛上同性？」此時不也可以從另一個角度來思考：「你何時發現自己喜歡的是異性呢？」時至今日，許多國內外的學者、同性戀人士與社會大眾已較能客觀、開放地探討同性戀的議題，並重視其人權與生活空間。

一、同性戀者與異性戀者

　　事實上，若單從同性戀的行為表現來探討上述問題，而不以道德尺度來評價，那麼，同性戀者與一般人除了性別認同與愛戀所有差異外，其他的社會功能及精神功能並無不同。許多研究顯示（莊慧秋等，民81；謝瀛華，民77；陸汝斌，民70；Gottman, 1989）：他（她）們除了「性」趣異「常」以外，別的成就仍一如常人（迄今也沒有證據顯示同性戀者犯罪率較高）。在心理特質方面，有些同性戀者較具親和力、心思細密、情感豐富、觀察敏銳，兼具某些才藝與特殊能力，也易與他人建立良好的人際關係（異性愛的人際關係除外）。

　　在諮商輔導上，有些諮商員開始實施所謂的「同性戀肯定諮商（Gay & Lesbian affirmative counseling）」，不再視其為病態的、不正常的，輔導重點並不是改變其性取向，而是其生活問題，他們也和異性戀者一樣有性以外的問題（Dworkin & Gutierrez, 1992; Ritter & O'Neill, 1989）。當然，同性戀者在生活或情感方面較異性戀者容易產生下列問題（曾雯琦，民77）：(1)本身性屬不明：同性戀者本身喜好與同性交往，但卻無法避免異性之追求。(2)尋找對象不易：大約在一百個同性之中，才能找到兩位同性戀者，故較異性戀難找對象。(3)求職之不易與限制：受到社會上的排斥，同事間的另眼看待，凡「出櫃」公開的同性戀者有時較難發揮所長。(4)性

生活不協調：同性戀受限於生理與心理因素，較無法滿足性需求，以致經常更換性伴侶。

一般而言，同性戀者的表現與常人無異。或許有某些男同性戀者，在動作上較為纖細、柔順；而部分女同性戀者顯得較為粗獷、瀟灑，但並非每位同性戀者皆有如此的區別。就內在情感而言，同性戀者如同異性戀者一樣，會有猜疑、嫉妒、柔情、憧憬等心理；他們也有煩惱、喜怒等情緒及社交關係。Keith 和 Norman（1980）曾調查四百七十八名澳洲同性戀者的社會適應與心理功能，結果發現與一般人無太大差異，他們亦想擁有一般人理想婚姻的關係，儘管現階段他們尚未擁有異性通婚夫婦視為理所當然的權利，但是，有些國家的同性戀者已經有撫養兒女的生活事實。

美國洛杉磯、西雅圖及阿根廷布宜諾斯艾利斯等都市皆已通過「同居法」或「同性聯姻法」，實際賦予同性戀同居人若干配偶的權利，包括保險金受益、親屬死亡喪假等。同性戀者也希望與同伴維繫和諧的情感，他們與異性戀者的價值觀相似，同樣渴望與某一特定對象保有親密關係，而又能獨立自主地實踐自我的理想。唯一的差別是，同性戀者——特別是自我相斥型、隱性型、壓抑型等同性戀者——較難對外人分享其內心世界，有較高程度的恐懼與失落感（Weinberg & William, 1975）。

雖然，從臨床實驗還無法證實同性戀者是不正常的，他們是與異性戀者有所不同；但是，就統計學與社會學的觀點而言，若「正常」的定義是指常態分配曲線中的多數者，無疑的，同性戀者只占總人口的2％至3％，應屬「偏態者」。有些學者（簡春安，民75；陸汝斌，民70）認為：同性戀者總是因病態體質、病態的人際發展，以及病態的學習經驗而產生，其結果自然也就趨向於病態。事實上，同性戀者面對社會壓力較焦慮不安、性生活較不滿足、自覺無助，至少50％以上的同性戀者都面臨一些心理適應的問題（郭洪國雄，民83）。

「張老師出版社」曾經調查同性戀圈內人與一般社會大眾對同性戀者的看法，結果發現，後者對前者普遍的看法是：同性戀者必有「病因」；同性戀者會對社會造成危害；同性戀者值得同情，社會應幫助他們把這種

行為「矯正」過來（莊慧秋，民78）。《婦女雜誌》（民79）對台北地區六百二十五位十八歲以上的成年人進行電話訪問，結果發現：三分之一以上的人認為同性戀者是身心異常的人；五分之一的人強烈認為同性戀違反社會風俗；只有十分之一的人認為同性戀者和異性戀者一樣正常（林文琪，民79）。

正因如此，同性戀者處在一個被「負向標籤化」的社會中，無法正常地生活、工作，選擇愛與被愛，其內心之苦悶、情感之壓抑與行為之阻卻，令人關注（余德慧，民68；楊欽，民75；O'Connor, 1992）。有些同性戀者甚至因受不了分分合合情感的煎熬，或是「出櫃」後的社會壓力以及職場騷擾而自我傷害，令人感到遺憾、惋惜。其實，同性戀也是另外一種性傾向或生活方式，如果有人覺得這種生活方式不錯，又沒有侵犯到別人，同性戀者應該有追求這種生活方式的自由，這是個人的價值，社會應該給予適當的空間與諒解。

二、同性戀者的生活調查

為期了解同性戀者的心理需求、自我觀念與生活現況，以便客觀地剖析同性戀者的內心世界，促進社會大眾對同性戀的正確認識，同時傾聽圈內人的心聲，減少社會大眾之誤解與歧視，長期以來，國內外皆有不少學者投入在此一議題的研究或探討。徐西森（民85）曾針對台灣地區二百七十六位同性戀者做一現況調查，本單元特摘錄其重要的研究發現，並配合其他單位的調查結果，來說明同性戀者的身心發展與生活世界。

(一)同性戀者的背景分析

該研究受訪之同性戀者的年齡大多為十九歲至三十五歲，屬於青年階段。職業以工商業及製造業最多，學生次之。教育程度多半為高中職以上，其中大專程度比例不少（約40％），值得重視。婚姻狀況以未婚居多（71％），但已婚（15％）與離婚（11％）的人口也不少。同性戀者獨

居多（67％），與家人同住者比例有限（15％），與同性性伴侶同居者更少（2％）。

　　同性戀者在家中的排序（出生別）大多為次子或老么，與一般人認為獨生子（女）較易產生同性戀行為的觀點有所差異。在性愛的角色中，反性向角色（女扮男性或男扮女性的性別角色）並不明顯，二者皆可及同性向角色不少。此外，受訪者以男同性戀者居多（77％），是否與女性同性戀者較少曝光、不易察覺，或因行為較內向、不公開尋找性伴侶等因素有關，值得進一步探討。

(二)同性戀者的性生活

　　同性戀者第一次發生性行為大多在青少年期（16至21歲者占54％）；第一次發生同性性行為的對象以同學、朋友最多（54％），其次是不認識的人（28％）；當時個人的態度以「被動接受」居多（48％），也有「好奇嘗試」（24％），反而是「無奈被迫」的人不多見（3％）；第一次發生同性性行為的地點以「成人電影院」較多（41％），公園（23％）及三溫暖（20％）次之。受訪之同性戀者目前性生活狀況：每月平均同性性行為次數多為 2 次以下（68％），每次做愛的平均時間大多在半小時之內（45％），每月出入同性戀場所的次數也不多（2 次以下者占 75％，3 至 6 次者占 22％），每月平均性伴侶人數以不固定者為多（不固定 3 人以下占 69％，不固定 4 至 7 人占 14％）。大部分同性戀者之性行為對象不固定，值得注意。較常尋找性伴侶的場所仍以成人電影院為主（50％），酒吧、餐廳、公園、三溫暖也不少，或許與該調查之取樣來源與範圍有關。

　　大部分同性戀者做愛時以愛撫、手淫、口交為主（59％），肛交的人有限（5％），或許與同性戀者擔心感染愛滋病的比例甚高（89％）有關。受訪之同性戀者因做愛時少用肛交，故使用保險套（3％）的人數也很少。值得重視的是，同性戀者對性行為的變化性感到不滿意者比例偏高（53％）；做愛後，不管是否滿足，多數人都不快樂（89％）。此種感覺之所以強烈，似乎與同性戀者既想要變化又想要尋找真愛，卻又無法信任

性伴侶忠實度等矛盾心態有關,因此同性戀者的性生活滿意者(35％)並不高。

我國衛生署疾病管制局(民90)也曾調查近四年內在醫療院所因受滋病感染而前來受診的二百四十八位同性戀者,結果發現,受訪者之首次同性性行為約發生於二十歲左右,平均每人每年約有三十八位性伴侶,其性行為發生場所依序為三溫暖、健身房、賓館及公園等。12％的受訪者曾與女性發生性行為。此外,扮演「1號」(性交時男性角色)的同性戀者性行為時半數未使用保險套,而扮演「0號」(性交時女性角色)的同性戀者僅有三分之一會使用保險套進行性交;口交時,同性戀者幾乎不使用保險套。上述現象,值得重視。

㈢同性戀者的心理需求

受訪之同性戀者推估台灣地區同性戀人口數約在二十至四十萬之間(64％)。對於目前的生活空間及權益保障普遍感到不滿意,前二者滿意度比例各僅有24％與6％。同性戀者認為找到真愛的機率很少。很少人相信同性性伴侶具有忠實度(有信心者只有25％)。絕大多數的同性戀者感覺受到歧視(97％),只有2％的人相信在台灣同性戀者的婚姻可能合法化。大多數人想同時擁有雙性戀生活(47％)或終生不婚(30％)。認為婚姻可以改變同性戀行為的仍占少數(18％)。

同性戀者並不認為自己與異性戀者有太大差異(91％),心理需求也很正常(98％),但有勇氣承認自己是同性戀的人畢竟還是少數(9％)。許多(89％)同性戀者會擔心感染愛滋病。同性戀者也有愛與歸屬的需求。想交圈內朋友,主要原因是可以互相支持(69％)、認識同志(45％)、聊天談心(33％)。由此觀之,同性戀者的心理需求與一般人差異不大,有其生理需求、安全感需求、自尊需求與自我實現需求等。

㈣同性戀者的自我概念

受訪之同性戀者對自我的看法,傾向於純潔的、不濫交的、開明的、

樂觀的、開朗的、自然不做作、情感專一的、自信的、人際關係良好、正常的、充滿希望的、工作能力較強，又善解人意。相對地，同性戀者「性」較重於「愛」，內在壓抑的，性慾較強，也是值得注意。同性戀者自我形象與其自我認同的發展歷程有關，Cass（1979）將同性戀者的自我認同歷程分成六個階段：混淆（confusion）、比較（camparision）、容忍（tolerance）、接受（acceptance）、驕傲（pride）與統合（synthesis）。不同的發展階段，同性戀者有其不同的心理特質與行為反應（王志弘，民85；洪雅琴，民85）。此一調查結果也顯示：受訪之同性戀者認為，國內大多數同性戀者的自我認同發展仍處在混淆與比較的階段。

　　台灣同志諮詢熱線協會（民90）曾經發表一項統計資料，其中顯示，每年同志求助的諮詢電話平均約有八百人次，男性約占 65 ％，女性約占 35 ％；學生約占 40 ％，年齡以十八歲至三十歲為主；同志求助的問題仍以情感困擾居多（31 ％），其次是交友與認同問題（各占 19 ％），亟待政府、社會團體與各界人士投入更多的生活資源。Beemyn（1997）認為，無論是男性或女性的同性戀者皆應建立自我的生活空間；此外，建構屬於自己的歷史文化也是未來發展的一項重要課題。

三、同性戀者的人權

　　「斷袖是癖，不是病。」七〇年代的英國及八〇年代的美國，已不再視同性戀為一種疾病，而尊重它是個人性愛生活的另一種方向或選擇。九〇年代的台灣，隨著時代變遷、人權運動興起、社會多元化、傳播媒體的發達及電影《喜宴》、《男極圈》、《鳥籠》及《藍宇》等電影的宣導，一般人雖已接受同性戀存在的事實，然而社會大眾對同性戀錯誤的認知與過度保守的態度，也易導致同性戀者自我封閉的傾向或反社會化的行為。本節前述的許多研究調查皆發現：同性戀者缺乏生活空間、權益不受保障、自覺受到歧視、內心受到壓抑、不易找到真愛、固定性伴侶難求、情感無所依歸等，凡此值得社會大眾省思。畢竟，沒有人有權利窺伺或議

論他人的性傾向，除非當事人侵犯了他人的生活空間或逾越法令規範。

今日，世界上民主先進的國家對於落實同性戀者的人權保障，不遺餘力，包括英國、美國、挪威等國家已訂頒同性戀權益的法案；我國也已成立第一個同性戀者教會（民85）、第一個公開出現於公營電台的同性戀節目（民85）、第一本合法登記的同性戀者雜誌（民87），甚至在最高民意機構立法院召開華人同志大會記者會（民90）；目前法務部（民90）已於完成的「人權保障基本法」草案中，增列政府應重視同性戀權益，同性戀男女也可以依法「組成家庭」與收養子女。美國康乃爾大學婦產科教授劉鴻清（民90）認為，人工子宮的新科技甚至可以協助男同志擁有名副其實的下一代，出生子女的基因也可完全來自兩位男同志父親的組合；但目前此一技術尚未完全發展成熟，有待努力，並須克服相關的法令規範與倫理爭議等問題。

基本上，同性戀非道德規範的評量問題，而是生活取向的教育課題，與其探討同性戀與異性戀的差異，同性戀者是否有問題，倒不如每個人思考是否能為自己的性抉擇負責，為自己的人生感情負責。同性戀不是變性慾，同性戀也絕非性變態；同性戀者的價值觀與生活經驗其實與異性戀者相似，他們同樣渴望與某一特定對象保持親密關係。然而，同性戀者生活壓力甚大，心理需求不被了解，性行為受到的限制也多，周遭人亦缺少一份諒解。

由此觀之，給予同性戀者生存空間、確保其權益，絕非僅是成立社團、拍攝同志電影、辦雜誌寫新聞、上電視座談、在電台開闢同志頻道等管道就可以化解歧視，或者就可以搭起圈內圈外的友誼橋樑。唯有結合家庭、社會與學校，發展個人的性認同，教育正確的性知識，才是根本之道。此外，同性戀者要以健康心態自我調適，不怨天尤人，社會大眾也要以成熟的觀念與之相處，輔導專業人員更需要具備人性的關懷與充實知能，來面對、處理此一問題。唯有每個人都能胸懷對人性的肯定與對他人的包容，承認差異、相互尊重，方能促進人際良性的互動，以增進個人生活適應及社會和諧進步。

兩性之間

炎熱的七月。

南台灣的天空有如一把火傘，罩著人們浮動煩悶的心情。

我獨自呆坐在父親墓旁的草堆裡，忘了酷暑，忘了荊棘，忘了時空，忘了自我……，腦海中浮現的是一幕又一幕的塵封往事，心中充滿了一絲又一絲的感恩情懷，間又夾雜著幾許的懊惱、沮喪及依依離情。

父親走了，一個難以接受又必須面對的事實。似乎，他老人家的歡笑、悲痛還歷歷眼前，而今已是天人永隔。

那天，一個令人難忘又心痛的日子……。

在父親出殯的前一夜，忽然憶起父親在病中最後意識清醒時對我所說的話：「早點回去休息，好好照顧自己，你的路還很長，做任何事都要想清楚。」

父親一直用這樣的心在看待人生，對待子女。此刻的我，竟然讓懊悔、沮喪、消沉、無奈、哀傷、自責……，充塞在自我的生命中，這如何能使他老人家放下牽掛？我是如何在表達為人子的孝思？

似乎，冥冥中，父親引領我走出情緒的深淵，走出困頓的迷宮。我告訴自己要堅強不要消沉，要冷靜不要悲傷，要激發內心深處父親所遺留給我最大的寶藏──愛的動力。

父母延續予子女生命的，正是那一份豐富的遺產──愛。

人生如果沒有愛，不能將愛散發出來，慢慢的內心就會枯寂，最後你將會發現，自己所擁有的只不過是一具臭皮囊而已。沒有愛，也擁有不了別人的愛，就是無味的人生。

愛能潤滑人際，愛能和諧兩性，愛能激發人性，愛也就是人類生命旅程中一切問題的答案。

學習活動

❖ **活動名稱：男（女）人的另一半就是女（男）人？**

活動目的：增進異性戀者對同性戀世界的了解

活動時間：約需 40 分鐘

活動性質：適用於個人學習、團體輔導與課程學習

活動方式：

1. 訪問同性戀者或同性戀的團體。

2. 事先準備擬訂訪談的內容，並徵詢對方的同意。

3. 訪問後加以記錄，並整理訪談內容（須尊重其隱私權），適時分享感受，並與自己過去對同性戀的觀感相互對照。

4. 必要時，請專家學者或教師、領導者指導。

❖ **活動名稱：與「同志」對談**

活動目的：增進異性戀者對同性戀世界的了解

活動時間：約需 60 分鐘

活動性質：適用於團體輔導與課程學習

活動方式：

1. 事先觀賞與同性戀有關的電影或小說，例如《孽子》、《喜宴》、《藍宇》、《鳥籠》、《莫利斯的情人》、《當王子遇上王子》等。

2. 邀請同性戀者現身說法，並針對同性戀者的性與愛提問對談。時間 50 分鐘。

3. 專家學者或成員分享看法。

第十一章

性騷擾

　　過去在傳統的農業社會裡，以「力」務「田」事的「男」人享有絕對優越於女性的各種力量與地位，包括政治上、經濟上、家族上、社會上與體能方面的優勢；於是乎，在性的公領域與私領域中，男性向來處於支配的地位，對女性「予取予求」，男人對女人的性騷擾與性侵犯，似乎也「理所當然」地成為性別歧視文化的一部分。性別歧視與性別偏見、性別刻板印象三者之間密切相關，性別歧視與性別偏見因涉及倫理道德規範等社會評價的壓力，以至於一般人較為謹言慎行，避免表現此類不當的行為反應，但性別刻板印象卻經常顯現在日常生活中的人際互動裡，亟待正視之。

　　今日，在現代工商業的職場中，隨著各國教育普及、資訊發達及重視人權等文明發展與社會開放的趨勢，女性的參政權、受教權及工作權獲得更多法令的保障，女性投入職場工作的機會與人數也相對增加，加上女權意識普及、女性道德勇氣增加，凡此皆改變了傳統男女兩性權力的生態配置與人際交鋒。於是乎，過去男性騷擾或侵犯女性的那些行為雖受到較多責難，但仍有賴於政府、社會大眾的重視與立法規範，例如於勞動檢查項目中列入「工作場所性騷擾」一項，尊重並保障女性的勞動權等（黃長玲，民92）。換句話說，無論是同性之間或異性之間的性騷擾現象，確已成為職場中、生活裡深令世人關注與省思的人際互動議題。

第一節　性騷擾的基本概念

　　在一九七〇年代婦女解放運動興起之前，「性騷擾」尚未有明確名稱和定義，一般婦女只能暗地裡稱之為「小強姦（little rape）」，受騷擾的女性投訴無門，即使提出控訴也難保不會受到「二度強暴」的語言傷害（清大小紅帽工作群，民82）。「騷擾」一詞原意為擾亂使人不安，因古代邊境常發生小型的戰事，確會令被擾者不安，但其影響力尚不致威脅一個國家的興亡局勢；言下之意，一般人誤以為騷擾雖令人不舒服，但似乎

無關緊要（陳若璋，民84），其實，性騷擾對當事人的身心傷害不亞於任何一種人際困擾與心理疾病。

一、性騷擾的定義

性騷擾（sexual harassment）意指凡同性或異性之間，以明示或暗示之方式，從事不受歡迎之性接近、性要求；或其他具有性意味之言語或肢體行為者；或意圖以屈服或拒絕上述行為，影響他人學習機會、雇用條件、學術表現或教育環境者。此外，尚包括以脅迫、恫嚇、暴力強迫、藥劑或催眠等方法，使他人不能抗拒而遂行其性接觸意圖或行為者，皆屬之。至於兩性或同性之間的性騷擾，因涉及壓迫、勒索、重大威脅及性別歧視等意涵，「騷擾」行為恐非無關緊要之小事，可能涉及人際之間不公平的互動關係，或是攸關被騷擾之一方（弱勢一方）工作、生活、生命的安全與尊嚴，故必須加以正視。在職場上，性騷擾更可能反映出一種因性別不同或權勢強弱所造成的勞動條件不平等，衍生更多的人際衝突與「職業災害」。性騷擾行為不僅造成個人之人際衝突與情緒焦慮，嚴重時更會引起受騷擾者的身心疾病，破壞其人之正常社交能力，並對個人人格、自尊、學習或工作環境有負面影響。

前述性騷擾定義有助於釐清人際之間性騷擾的評估與檢定，凡是個人受到他人不受歡迎的性侵犯、性要求，或其他具有「性意涵」的言語或行為，即屬之。換言之，凡是具有下列行為條件即構成性騷擾：(1)具有性意涵的反應或企圖；(2)引發當事人不舒服或不受歡迎的感覺；(3)對當事人的生活、工作或人際關係構成威脅性或冒犯性的影響結果。性騷擾是一種狀態或現象，也是一種過程或意圖，即使是「騷擾者」無心、非故意，卻又涉及性別意識、性意涵的一切反應或企圖，均屬之，只要是受騷擾者感受不舒服，都可能是一種性騷擾行為。

二、性騷擾的類型

　　一般而言，日常生活中的性騷擾行為依輕重程度，約可區分為下列五種類型（清大小紅帽工作室，民82），每一種類型的性騷擾均可能對不同的個體產生不同程度的身心傷害與人際困擾，不宜輕忽之。值得騷擾者警惕、被騷擾者留意，以及有關單位和社會大眾的重視。茲說明如下：

㈠性別騷擾（gender harassment）

　　此乃廣義的性騷擾，包括一切強化「女性是次等性別」的印象、帶有性意涵或性別歧視的言行、侮辱或敵視女性及同性戀者的言行等，例如：「你們女人哦……」、「女人遇到事情只會哭……」、「你有毛病啊！愛上同性……」。

㈡性挑逗（seductive behavior）

　　此乃常見的、具體的性騷擾，包括一切不受歡迎、不合宜或帶有攻擊性、性意涵的口語或肢體動作，例如「吃豆腐」占對方便宜、講黃色笑話、不經同意撫摸對方身體、在他人面前的自我猥褻行為等。

㈢性賄賂（sexual bribery）

　　此乃人與人之間以同意性服務做為交換利益的手段，例如教師以要求學生約會或占性便宜做為成績考核的依據，老人對小孩以糖果、金錢做為性交易的代價，主管對部屬要求性服務做為升遷或其他利益的交換條件等。

㈣性要脅（sexual coercion）

　　此乃以威脅或「霸王硬上弓」的手段強迫他人提供性服務，包括男女朋友或夫妻之間的強迫性親密行為，發生類似電影《桃色交易》女上司對

男部屬的強制性行為,例如強吻、強制拘留、強抱或熟識者間強行性交
等。

㈤性攻擊 (sexual assault)

此乃最嚴重之性騷擾類型,或稱之為「性侵害」,凡是以強姦或其他
足以導致當事人身心受創的暴力性或異常性性行為,皆屬之。包括性虐
待、強暴(性侵犯)、婚姻暴力或其他類似「木柵之狼」等特定部位的性
攻擊等。

此外,根據內政部性侵害防治委員會(民88),性侵害可分為強制性
交(俗稱強姦)與猥褻(亦稱性騷擾)兩大類:(1)強制性交是指以暴力、
脅迫、恐嚇等違反當事人意願之方式性交,而性交的範疇不僅是傳統上的
陽具插入陰道,更包括口交、肛交、手交、以異物插入生殖器官等。換言
之,只要被害人的性器官被侵犯到了,都算是性交。(2)猥褻則指行為人為
了滿足性慾而對被害人從事親吻、撫摸等,令被害人不舒服的肢體接觸。

上述五類性騷擾係依其騷擾行為的輕重程度來做區分,唯現實生活中
的性騷擾行為未必只以其中一種型式出現,有時騷擾者長期以來對同一個
或二位以上不同的被騷擾對象表現「混合」的騷擾行為,例如一位男性主
管對心儀已久的女性部屬可能先以性騷擾或性挑逗方式暗示對方,再伺機
出現性賄賂或性要脅行為;倘若前述手段皆未能得逞,此男性主管在「四
下無人」等環境使然或「色慾薰心」等生理催化下,甚至可能產生性攻
擊、性侵害的偏差行為。

三、騷擾者與被騷擾者

一般而言,性騷擾行為發生之前,騷擾者會先經歷一段「蟄伏期」;
而後進入「刺激期」,騷擾者會因受到外界的人、事、物刺激,而有意或
不自覺地表現其性騷擾或性侵犯行為,此為「反應期」;一旦個人的性騷
擾行為被察覺、糾正或制裁時,當事人會主觀地為自己辯解或歸因於外界

的誘因，此乃當事人「否認期」階段的典型反應；而後，接著進入性騷擾行為的處理程序時，當事人便會開始感受到壓力，且有驚嚇、憤怒、無奈、困惑或怨天尤人的情緒反應，這時騷擾者正處於「掙扎期」，必須接受必要的調查、訴訟。最後，當當事人的性騷擾、性侵犯等偏差行為一經確立，或因受到外界的指責、懲罰、治療，或因自我控制，其偏差行會有短暫性改變（又進入「蟄伏期」）或永久性的改變（此為「消退期」）。上述心理歷程的發展，會因騷擾者個人的主觀條件（個性、性別、習性、自制力等）及外在的客觀條件（社會資源、生活環境、同儕團體及專業協助等），而呈現個別差異的變化。

　　無論是職場中、校園裡、家庭內或生活上，任何情境皆可能發生性騷擾狀況，性騷擾本身是一種不受歡迎卻又存在人類社會已久的偏差性人際互動現象。騷擾者與被騷擾者雙方的人際關係可能是親子、師生、勞資、同儕親友或彼此毫無任何關係的陌生人。儘管騷擾者或被騷擾者不受限於任何特定的性別、年齡層、職業類別、居住地區、教育程度、社經地位與宗教種族，然而騷擾者的需求動機與行為模式卻仍有其共通點；同時，此事也會對被騷擾者造成重大的傷害，包括當事人的生理健康、情緒反應、自我認知、人際互動、生活作息、工作（學習）效率與生涯發展等。

　　對被騷擾者而言，當事人遭受前述任何一種或二種以上形式的性騷擾之後，生理上大多會出現下列輕重程度不等的反應：失眠、憂鬱、噁心、嘔吐、厭食、注意力不集中、頭痛、背痛、全身無力、血壓升高、疲勞倦怠、體重變化或注意力不集中、內分泌失調等現象，嚴重者甚至會出現身心症、憂鬱症或精神異常等病症；同時，當事人也會有憤怒、生氣、沮喪、擔心、困惑、無力、恐懼、焦慮、無奈或自責等心理反應，嚴重者甚至會有自暴自棄、絕望厭世等自我傷害傾向。若被騷擾者是遭遇生活中熟識者或重要親友的性騷擾時，也會影響其人際關係與自我概念，當事人可能因此對他人有戒心、猜疑心重、缺乏安全感、退縮孤立（甚至自我封閉）、社會網絡改變、性關係複雜化或生活步調失序、自我價值感降低、心理功能減弱等。換句話說，被騷擾者的生理、心理、生活步調、人際關

係、自我概念與心理功能，皆可能受到重大的傷害。

「我怎麼那麼倒楣，前幾天在回家的路上，看到暴露生殖器官的無聊男子；今天改變路線在上班的途中，又被陌生人從後摸一下屁股。當時，我只想趕快回家。這種事我也不敢對別人說，怕被人取笑，甚至傳開了，別人可能懷疑我是遭受性侵害了。這兩天，我常會疑神疑鬼，害怕有人靠近我。」

「我討厭我們班上的男同學，我們所讀的科系一向女生很少，所以每次男生就會有意無意地說，讀我們科系的女生只會讀書但沒人要，而且長得不怎麼樣。女人應該去唸×××之類的科系。有時上完體育課後，他們會隨便在教室赤裸上身，走來走去，無視我們三個女生的存在。對我們講話相當藐視，什麼『妳們女人哦……』，有時還動手動腳的。有些老師也很大男人主義，說什麼女人要自愛，唸那麼多書幹啥，最後還不是要嫁人。上課時，老師只重視男生的發言……」

「自從那一晚加班時，被我們經理強抱、親吻及亂摸之後，這一個多月來，我很痛苦……。我經常睡不著覺，眼睛閉起來，看到的都是那一幕，我已經失眠一段時間了。我很想殺了他，再自殺……他怎可以那麼對我，我那麼尊敬他，那麼努力工作……。我現在上班都很害怕最後一個人下班，很害怕和他碰面，尤其是他交辦公事時。我更怕他把這件事對外人炫耀，又怕他將我調到外勤工作，我該怎麼辦？每次洗澡時，我拚命地洗曾被他摸過的地方，要洗很久才出浴室，家人都怪怪地看著我，我快受不了了。」

至於騷擾者，當其表現性騷擾行為時，可能呈現兩種自我狀態：一則「無心」，騷擾者未曾察覺其言行舉止已對他人造成困擾，亦即騷擾者並不認為（或未曾自覺）自己的語言、動作含有任何涉及性意涵或性別歧視的心理傾向，自己也未能察覺他人的不舒服或受侵犯的狀態；另一則為

「有意」，騷擾者確已有意識地表現其含有性意涵、性別意識的行為反應，唯此類騷擾者的行為動機則相當複雜，當事人認為自己的行為反應是一種基於無傷大雅、人際互動（含聊天取樂、貶抑對方）的「社會性動機」，或是一種分享看法、反映個人價值觀的「心理性動機」，當然也可能是一種追求刺激、滿足慾望（含性需求、性變態）的「生理性動機」。無論是基於前述何種狀態下的性騷擾行為，騷擾者任何騷擾行為當下的內在身心歷程確實值得檢討，例如，習慣性地指責被騷擾者反應過當、騷擾者自己缺乏自覺或自制的能力不足等。

> 「大家在一起說說笑笑，多快樂，何必認真呢？我說她胸部平坦，像跑道；她不也說我，鼻子小，不管用嗎？何況，她不喜歡可以明講嘛！當場她不也在笑嗎？事後卻向別人詛咒我、數落我。我不覺得這有多嚴重的，好嘛！大不了以後上班時嚴肅一點好了，辦公室的黃色笑話就免了……。唉！本來我們這間 office 是彩色的，現在開始，你我的人生就是黑白了……」

> 「每次到了純男性的健身房，我一看到那些肌肉男就克制不了自己，我很容易興奮，經常會幻想和他們在運動器材上做愛……。我是一位同性戀者，我不認為自己有什麼錯、有什麼問題，但是每次我引誘對方，或做愛後，或偷摸他，或偷窺他，或在他面前做出一些動作之後，雖然有快感、很滿足，但我又覺得自己很賤，很不好，很痛苦。當時很興奮，但事後又很空虛。為什麼同性之間的性行為就很可恥呢？」

陳若璋（民84）認為，性騷擾或性侵犯的加害者，除了父權意識、性別意識之外，通常還有更複雜的心理結構，驅使他們強迫性地出現這些病態行為。有些嚴重的性騷擾者或性侵犯的加害者生長在性行為極為鬆散的家庭，上一代與下一代性界限模糊，他們皆有早期生活被性嬉戲或性虐待的經驗，而後自己成為性騷擾者和性侵犯者。有些人是因個人成長歷程

中，因兩性關係或人際關係不佳，累積許多挫折經驗，直到個人不能負荷承受而出現騷擾、侵犯的言行，甚至藉此類性行為來找回自我失落的權力，證明其性別存在的價值與優越感。

此外，有些性騷擾者、性侵犯者出身在道德嚴謹，極度性壓抑、性排斥的家庭，以至於形成當事人對性的好奇與抑制，平時強烈的道德意識抑制了個人的性好奇與性探索。一旦道德意識薄弱、性刺激強烈或個人性需求累積到一定的能量時，往往可能產生偏差行為，包括性騷擾、性挑逗、性攻擊與性侵犯等習性；值得注意的是，當性騷擾者、性侵犯者之偶發性或短暫性的性騷擾行為、性侵犯行為一旦得逞，而且僥倖不被發現或未受制裁時，極可能從此產生無法克制、持續性的性變態行為。因此，從心理學的角度觀之，騷擾者和被騷擾者皆須接受諮商輔導與心理治療，以減少性騷擾行為的困擾，增進其生活適應與身心發展。

四、職場中的性騷擾

今日，多元化、開放性、資訊發達及人際結構丕變的變遷社會中，伴隨女性大量投入職場，性別意識、性別偏見及性別歧視等現象皆可能反映在職場的工作情境中。現代上班族皆可能無法避免要與職場中的上司、同事、部屬、顧客及相關人士頻繁接觸，由於職場中的人際互動不僅涉及情感、利益、時空、專業等因素，更重要的是，也可能伴隨一種人際角色與權力地位的不平等關係，正因如此，也易形成人際互動的扭曲、衝突與性別分工、分化的質變問題。職場中的性騷擾議題，不僅反映了一種性別歧視現象，更是一種職場生態的社會結構問題。

Mackinnon（1979）在其所著 *"Sexual Harassment of Working"* 一書內提及，性騷擾可能普遍存在於職場女性的工作經驗中，依其初步推估，每十位職業婦女中即有七位曾在她們的工作生涯中遭遇過這種經驗；但是，以職業上性騷擾為訴因的案件卻非常有限，其可能原因包括：缺乏申訴管道、受害者害怕遭到報復、利益導向的介入調解、遽增的職場社會壓力及

欠缺法律體系的重視支持等等。事實上，性騷擾對當事人身心方面的影響是相當嚴重的，有些被騷擾者的經濟地位也因而不保、工作機會受阻，甚至個人的心理健康和自我形象（自信、自尊、自我概念等）等都受到嚴重的打擊。

㈠職場性騷擾的類型

　　傳統上，「男主外，女主內」的社會文化不知不覺地主導了現代人的職場文化。在工作職場中不同性別的人際互動，往往受到性別角色刻板化的影響，有些人不自覺地會對不同性別的職場工作者予以不同的差別待遇。我國女性解放的歷史仍不夠久遠，尚不足以建構「女權至上」或解構「男性沙文」的文化色彩，男性在職場領域的挫敗，有時容易連結至以女性難以公開反擊的性議題上，聊以自慰，以平衡個人公領域方面專業能力的衰退。

　　儘管兩性在生理結構的差異確是顯而易見的，但男女在有些方面的工作表現及工作能力的差異性，卻尚待科學研究的探討；即使兩性的身心發展也有不同，但未必沒有個別差異。是故，因個別差異與兩性差異所形成之人際互動的偏差行為，必須予以正視及規範。職場中性騷擾行為的發生，整體而言，反映了該職場的文化內涵和性別意識；職場中不同類型的性騷擾行為，則反映了影響職場生態與人際互動的因子，包括性別、權勢、利益、價值觀及勞役分工等。

　　一般而言，職場中常見的騷擾類型有性的交換、敵意的工作環境、性的徇私及非受雇員工的性騷擾等四種（呂寶靜，民88）。無論何種類型的性騷擾，對當事人均會產生個人身心健康、工作行為和職場人際的影響，甚至影響到個人的生涯發展與團體的組織氣氛。職場中常見的性騷擾類型及其界定，詳見表 11-1。值得注意的是，職場中性騷擾行為的動機較生活中一般人的性騷擾反應複雜，並非單純的只是一項性或性別的問題，還涉及權勢、職位、利益、價值觀及勞資關係等人際議題。

表 11-1　職場中常見的性騷擾類型

類型	説明
性的交換	職場內長官對部屬、強勢者對弱勢者、同性或異性之間，一方對另一方提出要求性服務，以確保或給予後者相關的權益、需求，後者被迫提供性服務以獲取某些職場工作的保障，亦即以利益來誘導或壓迫對方獲得性方面的需求滿足。通常此類性騷擾背後的強迫力量，可從當事人拒絕性要求後可能的遭遇處境驗證之。
敵意的工作環境	工作場所中，個人或群體表現出不受他人或弱勢者所接受，而且具有性意涵的行為反應，例如講黃色笑話、張貼淫穢的海報，不當的性別偏見與分工、不受歡迎的言行舉止或環境生態等。
性的徇私	職場中，強勢者依循個人涉及性意涵的心理感受或自我傾向，表現不當的工作行為或個人反應，以提供予對方有別於他人的工作權益，例如升遷、加薪、獎賞、安置及任用等。
非受雇員工的性騷擾	員工在工作中或其他生活情境裡，遭受與職場工作有關係但非體制內人員某些涉及性意涵或令人不快之不當行為的干擾，包括顧客、包商、送貨人員、詢問者或客户等。

（資料來源：呂寶靜，民 88）

　　職場中的性騷擾現象較其他的性騷擾行為涉及更多人際之間的權力、利益或權利義務等關係，它是一種不受人歡迎、令人感受不舒服之性侵犯、性脅迫、性要求，或其他具有「性意涵」的行為狀態。由於性騷擾的行為及其定義，與其所屬社會環境的思想觀念、風土民情、教育水準及法令規範等因素有關，而且每個人對性騷擾的判斷認定及感受程度，也存在著些許的個別差異，故職場中性騷擾行為的認定，必須考量下列三項標準：（邱駿彥，民 88）

　　(1)性騷擾行為必須發生於「工作場所中」或「勞動契約履行過程中」。如果性騷擾發生於工作場所外，並非在勞工提供勞務義務時間內時，一般而言，並非屬於〈兩性工作平等法〉所規範的性騷擾。即使性騷擾雖非發生於工作場所內，但卻屬於勞動契約履行過程中，例如奉雇主命令與其他勞工外出洽公因而遭受性騷擾時，自亦應視其為等同於工作場所

內的性騷擾。

(2)性騷擾行為不限於直接的身體接觸，舉凡以明示或暗示的語言、圖畫、影片或手勢動作等方式，皆有成立性騷擾的可能。

(3)性騷擾行為人必須有挑逗或滿足性慾為目的之主觀要素，且在客觀上須有違背他方意志的狀態。此點涉及行為人及受騷擾人內心意思，明確的提示判斷基準實非容易，但「社會一般通念」的基準可做為參考。即行為人所為的行為，如果已達社會一般通念認可的挑逗或滿足性慾行為，儘管行為人主張其並無性騷擾意圖時，仍不妨礙性騷擾之成立。

由此觀之，凡是職場內當事人因順從他人涉及性意涵的要求，而獲得更多、更佳的工作權益，或是因他人偏差行為、組織不當政策，而形成當事人處於涉及性意涵的敵意職場中，均被視是一種性騷擾現象。職場中的性騷擾行為，對當事人、其他工作者或整體組織氣氛，皆可能產生許多不良的影響，包括生理層面、心理層面、物理層面及工作效率、職場人際關係等。此外，職場中性騷擾的對象可能是單一的個體，也可能是龐大的群體（例如職場內的女性、童工、亞裔民族、非本地人、某一類工作者或少數族群）；同時，騷擾者與被騷擾者係因職場工作接觸，故而在人際互動過程中，產生此一涉及性意涵的行為反應，扭曲了原先常態性的職場人際關係。

(二)職場性騷擾與勞資關係

長期以來，性騷擾行為普遍存在於社會大眾的人際互動與生活經驗裡，甚且寄生於性別意識、性別偏見、性別分工、性別歧視與兩性關係中，以至於產生許多的誤解或假象，例如「性騷擾難以界定」、「性騷擾的法制化會挑起性別對立與人際紛爭」、「輕微程度的性騷擾對當事人傷害不大」、「女性其實喜歡被性騷擾，只是表面矜持一下」、「被騷擾者大多行為不檢點才會自取其辱」、「被騷擾是一件丟臉的事，不說比較好」、「陌生人較容易對我們性騷擾」、「性相吸是天經地義的」、「性騷擾是一時的，不理他（它）就沒事了」及「倒楣的不會是我」等。前述

錯誤觀念亟待澄清，否則性騷擾或性侵犯的行為將會一再發生；此外，性
騷擾的議題也值得個人、相關單位和政府機構的重視，並亟謀對策因應
之。

　　一九九一年八月，美國伊利諾州「三菱汽車裝配廠」的員工桑卓拉·
拉辛小姐，因無法忍受入廠工作十一個月來，職場不平等與不斷地被性騷
擾的慘痛經驗，憤而提出辭呈；未久，拉辛小姐的同事匿名向美國聯邦平
等就業委員會（Equal Employment Opportunity Commission，簡稱 EEOC）
提出申訴。EEOC 旋即向美國聯邦法院控告美國三菱汽車。根據媒體報導，
該廠自一九八八年開工以來，保守估計已有近五百名女性員工遭受性騷擾
或性侵犯（該廠四千名員工中，女性員工約有七百人），包括男性員工將
塑膠陽具置於工具桶內、將女性員工個人電話號碼或三圍等隱私性資料寫
於公廁內、男性主管以「濫貨、婊子」等不雅字眼辱罵女性部屬、男性同
事故意以肢體碰觸女性同事的身體等。

　　上述事件被媒體、民意代表形容為「美國史上最大規模的性騷擾」事
件，喧騰一時，甚至演變成大規模的示威抗議活動。最後在美國三菱商事
社社長沼口元彥公開聲明，公司內嚴禁任何型態的性騷擾，同時撤換不適
任幹部、懲處行為不檢點的有關人員，並且與 EEOC 合作處理申訴賠償，
邀請各界人士對公司內防杜性騷擾政策進行公平評估等等一連串措施之
下，此一事件始告平息。

　　但是，並非所有的職場性騷擾事件皆能獲得公平的審理與合理的結
果。二〇〇一年一月，中國大陸司法單位一審宣判第一件職場性騷擾的案
件，判決原告（被騷擾者）童小姐因證據不足而敗訴。該案件起因於童小
姐所任職的某國營企業內之總經理，自一九九四年開始假職權之便，經常
對其毛手毛腳性騷擾，原告童小姐不從，即予以調職、不當對待，童小姐
不甘受辱，憤而在二〇〇〇年六月一狀告上法院。根據媒體引述大陸法學
人士的看法，由於性騷擾在中國大陸還不是一個法律概念（一九九八年中
共人民大會曾有代表提及，並於一九九九年人大會議中正式提案，但因缺
乏共識、「條件未成熟」而未能立法）、缺乏法令規定，況且性騷擾蒐證

不易,因此被騷擾者很難藉由司法途徑討回公道。

基本上,由於性騷擾行為的界定大多採自被騷擾者的「主觀感受」,而不局限於法理方面的「客觀認定」,因此,騷擾者雖可以申辯個人行為的意義,舉證實例加以澄清,但更重要的是尊重被騷擾者的心理感受。若性騷擾行為屬實,騷擾者必須採取適當作為予以被騷擾者補償,包括道歉、賠償、澄清或接受必要的法律制裁。換言之,性騷擾行為不僅會對被騷擾者的身體、心理、工作和生活產生重大影響,亦會影響到騷擾者的職務、聲望、形象、名譽和勞資關係,損失個人更多的時間和金錢,耗弱不少心神和體力,甚至引發大規模的群眾運動與勞資衝突,值得現代職場工作者引以為戒。

第二節　性騷擾的預防與處理

儘管性騷擾問題長久以來即存在人際互動的歷程中,但不合宜的人際行為理應加以制止和規範,以免它繼續危害人類的生活。傳統上,保守封閉、以父權為主的社會,伴隨族群歧視、性別偏見等不公平現象,性騷擾行為往往隱而未現或不受人重視。今日,處於多元開放、兩性平權的現代環境裡,每個人都有道義責任來預防和處置此類性騷擾的問題。若欲預防或處理性騷擾的問題,除了當事人隨時提高警覺,人與人之間相互尊重之外,也必須藉由傳播媒體的宣導、學校體系的教育、學者專家的研究、職場組織的管理、社會大眾的覺醒、司法單位的重視及法令規範的健全等層面來著手。以下分從個人及組織(含學校、企業、政府等)兩方面來說明如何預防及處理性騷擾問題。

一、個人方面的預防與處理

現代文明社會的公民,必須具有正確的人權意識與深厚的人文素養,

也就是具有熱情、自制、責任感與判斷力等特質，來處理個人生活周遭的人際關係。人之所以異於動物，乃在於人有羞恥心和正義感，前者意指個體透過良心、道德、法律來不斷地自我省思個人言行，若有違反文明社會的常態價值時，則須自我克制個人非理性的、病態的行為反應；後者則在於個人依自我良知與社會價值，對所處環境非理性的、病態的刺激狀況，採取當下必要的判斷與反應，不任意隨波逐流，不盲動也不退縮，勇於表達自我見解，維護個人與眾人的權益，反責不法、不義的現象。自省與公義之所以成為人性的兩大精神支柱，正是源自於人類此一天生的「羞恥心」與「正義感」。因此，唯有騷擾者的「羞恥心」覺醒與被騷擾者的「正義感」發揮，才是個人處理、面對性騷擾問題的最佳「處方」。

對於性騷擾者而言，無論其性騷擾行為的心理狀態是「無心」或「有意」，該行為的動機誘因是「生理性」、「社會性」或「心理性」等因素，當事人必須隨時不斷反省個人的生活風格與行為模式，深切銘記「己所不欲，勿施於人」、「人必自重而後人重之」的人際哲學。若個人的人際魅力與溝通媒介是端賴於此類涉及性意涵的「幽默」言行，適足以反映出其人自我內在的「無物」輕佻，也錯估人際之間的互動「界限」。任何校園內、職場裡或其他生活領域中的性騷擾行為，皆是不受歡迎、損人傷己的人際反應，也容易扭曲個人的角色形象。對於那些難以克制自己性騷擾行為或嚴重至對他人性侵犯的當事人，有時也必須藉由外在資源的治療專業，來矯治其慣性性騷擾或性攻擊、性侵犯等性異常行為。

對被騷擾者而言，面對性挑逗、性賄賂、性要脅或性侵犯等輕重程度不等的性騷擾情境時，當事人（受害者）出現不安、恐懼、受辱、羞愧、憤怒、尷尬、不滿、無助、傷心等情緒反應，是相當正常的。當個人察覺自己正遭受性騷擾時，無論面臨何種形式的性騷擾，當事人絕對有權採取必要的防衛措施，千萬不要「息事寧人」、「姑息養奸」或「自怨自艾」，只因每個人對自己的身體與心靈擁有絕對的自主權。因此，面對他人任何形式或不等程度的性騷擾，當事人可以用堅定的語氣及立場拒絕對方，必要時依法提出申訴，確保個人的尊嚴與權益。

　　早年，我國的法律條文內並無「性騷擾」一詞，大多援引刑法上的「猥褻罪」處理之；近年來，伴隨國內人權意識與兩性平權觀念的盛行，對於性騷擾與性侵犯行為的法令規範較為完備，遭受性方面騷擾與侵犯的當事人可參酌下列法規提出訴訟：

　　(1)民國八十八年修正公布的「刑法」第十六章妨害性自主罪及第二十六章妨害自由罪等相關條文。

　　(2)民國八十七年制定公布的「家庭暴力防治法」及其施行細則等相關條文。

　　(3)民國八十八年修正公布的「兒童福利法」第四章保護措施及第五章罰則等相關條文。

　　(4)民國七十八年制定公布的「少年福利法」及其施行細則等相關條文。

　　(5)民國八十六年修正公布的「身心障礙者保護法」內相關條文。

　　(6)民國八十八年修正公布的「兒童及少年交易防制條例」及其施行細則等相關條文。

　　(7)民國八十六年制定公布的「性侵害犯罪防治法」及其施行細則等相關條文。

　　(8)民國八十八年教育部訂頒的「大專校院及中小學校園性騷擾及性侵犯處理原則」等相關條文。

　　(9)民國八十七年修正公布的「勞動基準法」及其施行細則等相關條文。

　　(10)民國八十七年台北市政府訂頒的「台北市工作場所性騷擾防制要點」。

　　(11)民國九十年制定公布的「兩性工作平等法」及其施行細則等相關條文。

　　(12)其他國內外相關之法令、規定、規範及勞資契約等。例如一九四八年的「世界人權宣言」、一九七九年聯合國「消除對婦女一切形式歧視公約」、一九九四年聯合國「行動綱領」第四章和原則四：男女平等、公平

和賦予婦女權力等等。

　　上述國內外相關法令條文皆已明確規定禁止對婦女、青少年、兒童和他人採取一切形式的剝削、侵犯、騷擾和暴力等不當行為。換言之，當事人若遭受性騷擾或性侵犯時，可據此援引有關法律規定提出申訴、訴訟，以確保自己的人身安全與各項權益。唯個人對於性騷擾方面所採取的法律行動，仍可能面臨許多亟待克服的困擾，例如性騷擾屬告訴乃論罪，被騷擾者因考量個人名譽可能影響其申訴意願，而且訴訟程序困難重重，舉證不易，罰則也較輕，還有媒體過度的渲染報導，與當事人雙方及其家長溝通的困難等（清大小紅帽工作室，民88；羅燦瑛，民90）。儘管法律制裁性騷擾過程雖不盡如人意，但仍有其正面功能，至少彰顯了法律規範、輿論制裁的意義，有助於減少可能的受害者，故仍待受害者、被騷擾者發揮道德勇氣，勇於舉發，以杜絕性騷擾與性侵犯等偏差行為的產生。民國七十九年國立清華大學成立「小紅帽反性騷擾行動小組」及民國八十一年國立台灣大學社會系的反性騷擾運動，均值得借鏡。

　　此外，個人在日常生活中也要提高警覺、謹言慎行，以避免給予性騷擾者可乘之機。個人宜隨時注意自己的穿著、言行舉止是否適當，避免參與複雜性、爭議性的社交活動，盡量減少與有性騷擾傾向或記錄的人單獨相處的機會。若遭遇輕重程度不等的性騷擾時，可適時採取必要的反應，包括「提高警覺，小心防範」、「義正詞嚴，適度駁斥」、「彈性應變，考量安全」、「細心蒐證，適時舉發」、「傾訴申訴，尋求支持」等。必要時，可向所屬的機關團體或警政單位提出申訴，以防範、處理此類性騷擾的人際議題。

二、組織方面的預防與處理

　　任何一個團體組織皆有必要保護其所屬成員的人身安全與權益尊嚴。學校乃是學生學習專業知能的教育情境，也是學生社會化經驗的傳道場所。因此，教職員工自當建構一安全的學習環境，避免師生遭受任何形式

的騷擾與傷害，以專心教學與求學。職場則是個人奉獻所學、發揮專長，以謀求生活保障、生涯發展的重要場所，雇主與企業家亦應提供一理想的工作環境，加強勞雇關係，避免員工遭受任何職業傷害或人際困擾，以保障勞工權益，促進社會與經濟發展。因此，對於校園中或職場裡的性騷擾問題必須予以正視，並且採取有效的措施來加以防範、處理。

民國八十五年，我國行政院教育改革審議委員會有感於社會思潮與民意殷盼，遂於教育改革理念中融入兩性平等教育的主張。教育部也於民國八十六年成立兩性平等教育委員會，力促各級學校推動兩性平等教育，並於民國八十八年訂頒「大專院校及中小學校園性騷擾及性侵犯處理原則」，函知各級學校必須依法訂定各校性騷擾及性侵犯處理與防治之實施要點、成立相關組織，並落實各項有關工作，以提供教職員工生免於遭受性騷擾及性侵犯之學習與工作環境。教職員工生若遭受性騷擾與性侵犯時，得依有關流程（詳見圖 11-1）向獨立的專責單位提出申訴。學校方面，接獲求助之處理人員應視求助者意願提供所需協助，例如晤談、陪同就醫、情緒支持、報警、緊急安置、庇護或資訊諮詢等服務。接獲申訴之處理人員應提供必要服務及相關資訊，包括了解事況、告知申訴者正式申訴及非正式申訴處理方式。

此外，學校各單位及處理人員應謹守保密原則，以客觀公平的態度處理性騷擾及性侵犯事件；若有違反前述原則，經查證屬實，則依校內外相關法令懲處之。許多國內外學者（王秀紅、謝臥龍和駱慧文，民 83；王麗容，民 88；吳玉釵，民 85；陳若璋，民 82；Bergman, 1992）的研究皆發現：校園內的性騷擾事件不僅會對被騷擾者（受害人）產生重大的身心傷害，局限了自我的人際關係，無法發展正常的兩性關係，甚至會因當事人恐懼、自卑及壓抑此類經驗，導致個人未來產生偏差行為與不健康的心理狀態；此外，校園內的性騷擾者（加害人）未來進入職場工作時，也可能持續出現其性騷擾行為（Bernice, 1997），值得注意並善加輔導。

目前我國的勞動市場仍存在著嚴重的性別歧視，包括女性因結婚、懷孕、生育而來的工作限制，工資、招募、任用、安置、升遷的差別待遇，

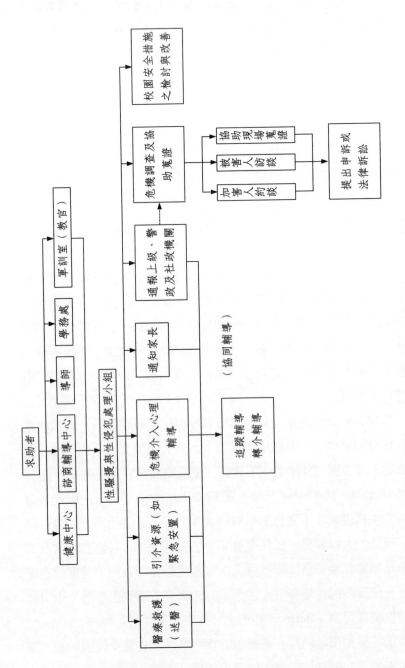

圖 11-1　各級學校性騷擾及性侵犯之危機處理流程

（資料來源：教育部，民 88）

以及日益浮現的工作場所的性騷擾問題（王如玄，民88）。工作場所內，性騷擾依行為者對象區分，主要有雇主對勞工的性騷擾及勞工相互間的性騷擾兩種；除此之外，工作場所內亦不排除有勞工對雇主性騷擾的可能性，不過發生後者情形者，雇主自可行使懲戒權以為處分，無須法令的過度介入，但雇主是否有藉此濫用懲戒權，亦不容忽視（邱駿彥，民88）。

唯有禁止工作場所內所有性別歧視及性騷擾的行為，使勞工能有一個受人尊重、不受干擾與威脅的職場環境，才是落實保障勞工工作權的重要措施之一。企業雇主應明白宣示不會容忍任何性騷擾行為於工作情境內發生，並指定專人與專責單位來受理、調查此類申訴案件，同時成立體制內的員工性騷擾與性侵犯的申訴管道，以及保證公平地予以調查、處理，明訂騷擾的罰則與保障被騷擾者的隱私權與工作權。依據美國聯邦平等就業委員會（EEOC）所公布的指導原則（1980），以及聯邦各級法院之判決，雇主與主管人員對於職場內的性騷擾事件都要負絕對責任，其原則如下（焦興鎧，民88）：

㈠有關「交換式」性騷擾的責任

(1)雇主本身對員工從事性騷擾之情形，通常由於雇主掌有做成雇用決定之絕對性權力，構成一種權力濫用之情形，因此，自應就此類事件負絕對責任。

(2)在經理或管理監督人員對其下屬從事性騷擾之情形，通常由於這些人員獲得雇主所賦予做成雇用決定之權能，構成一種代理關係，因此雇主也應就此類事件負絕對責任。

㈡有關「敵意工作環境」性騷擾的責任

(1)經理或管理監督人員造成一種敵意性工作環境性騷擾情況時，若雇主知悉或應該知悉該情況存在，而未採取有效之糾正措施，則應負應法律責任。

(2)同事間造成一種敵意性工作環境性騷擾情況時，若雇主知悉或應該

知悉該情況存在，而未採取立即有效之糾正措施，則應負擔法律責任。

(3)非受雇者（例如顧客或一般公眾）造成一種敵意性工作環境性騷擾情況時，若雇主知悉該情況存在，而未採取立即有效之糾正措施，則應負擔法律責任。

我國立法院於民國九十年通過「兩性工作平等法」（詳如本書附錄一），並於九十一年公布實施，被視為是國內兩性平權運動的里程碑。「兩性工作平等法」明訂禁止職場中的性別歧視，禁絕「單身條款」，亦即不得有因結婚、懷孕、分娩、育兒而須離職或留職停薪的規定，也不得以此做解雇理由；同時，明文禁止職場性騷擾，嚴禁雇主藉職務調動、獎懲、升遷等手段，對員工進行言詞或行為上的性騷擾。換言之，雇主及資方有責任防治職場發生性騷擾行為，包括禁止職場內有性要求、具性意味或性別歧視等言詞或行為，以及禁止雇主以類似之言行做為勞動契約存續或職務分發、升遷、獎懲之交換條件。

長期以來，職場中普遍存在兩性權力地位不對等的結果，不少女性勞動者或弱勢族群、少數族群被迫處於遭受職場性騷擾恐懼中，甚至被迫在擁有身體自主權（含性自主權）及確保職場工作權之間做一抉擇。根據婦女新知基金會（民 90）的統計發現，職場勞工申訴案件比例最高的就是「懷孕條款」，其次是職場性騷擾。然而現行法令對於禁止職場性騷擾的條文，僅在就業服務法第五條中有廣義的「就業歧視」規範，卻沒有罰則，職場員工發生性騷擾問題，只能援引其他相關法規（詳如本節前述部分）來透過司法途徑尋求解決，但往往曠日費時，而且成功率不高。如今兩性工作平等法通過之後，有助於回歸我國憲法與世界潮流對兩性平權的保障，消弭性別歧視、杜絕職場性騷擾等不當情事，促進兩性地位的實質平等。

三、兩性平權與人際互動

雖然性騷擾行為長久以來存在於人類的社會生活中，但它絕對是人與

人之間互動交往的一種偏態、非常態的現象。美國密西根大學法學院教授、長期研究性別歧視的學者 Mackinnon 認為，未來兩性平等願景的實現必須植基於三項要件：(1)在與男性一樣生而為人、立足點平等的基礎上，必須確保女性有與男性平等的待遇；(2)對於女性被定位為社會的第二性，因而遭受的結構性傷害，必須能夠充分體認；(3)對於女性接受與抗拒其共同的命運所發展出的特質，必須能夠加以確認，並匯納為一股正面的力量（賴慈芸等譯，民82）。現代社會中的人際處境與性別環境，往往使得弱勢者（女性、兒童、勞工、少數族裔等）的人格與尊嚴，在尋求自主、自尊、自我價值的表現與行動時，受制於強勢者（男性、成人、資方、多數族群等），導致弱勢者仰賴強勢者的資源分配、前者屈服於後者的意志與需求之下。

　　復以傳統社會賦予兩性的人際互動內涵與性別分際角色觀點論之，長期以來，男性主宰的性文化和性關係膨脹了男性的自我意識，而女性宿命的臣服與客屬地位也戕害了女性的自我主體，於是乎，兩性之間的性騷擾與性侵犯，對於騷擾者如男性或被騷擾者如女性，將連結並強化了不同的自我概念。男性對女性的性騷擾隱含著男性的優勢與自我的擴充，女性對男性的性騷擾則隱含女性那離經叛道和扭曲的自我，前者具有吸引力與誘惑力，後者則涉及道德規範與個性人格的爭議，確有其雙重標準。因此，性騷擾往往被視為是一種性別歧視的現象，而此類性別歧視確實會對個人的自我價值、社會網絡、人際互動、工作效率與國家整體的經濟力，產生重大的影響。全美婦女人權的專案研究單位 "The President's Task Force on Women's Rights and Responsibilities"（1979）調查發現，性別歧視所造成的經濟損失遠甚於種族歧視，值得世人警惕。

　　基本上，若以性別類型去標籤化許多不具性別意涵的事物（如男性或女性工作），又對個人賦予不同的角色期待、教養方式、分工原則與生活方式，如此在刻板化之性別角色期待的長期影響下，自然會形成現今男女性格、氣質、認知特性、社會行為、職場成就、生活方式等諸多方面的差異（黃儷莉，民88）。Ben（1993）則認為，長期以來女性被排除於當代

政治、經濟及軍事決策之外，並非由於男性的沙文主義或性別社會化、性別刻板印象的結果，而是由於男性基因決定的行為傾向：男性結合的傾向，以此為基礎形成男性的優勢地位。

　　無論是心理、社會、文化或生理的因素影響，性別分際不宜意味著性別歧視，性別歧視並不足以合理化任何偏態的人際互動或性騷擾行為。值得注意的是，當一個性別的角色地位與社會發展受到壓抑時，另一個性別也可能同樣活在某個框架中，倘若整個現代社會不能正視任何一個性別（男性／女性）的困境，相對的，可能意味著另一個性別的困境也將被迫隱藏。唯有人與人之間「多一分了解、少一分誤解」，相互了解人的基本權益與尊嚴，唯有男人與女人之間「相互尊重、同中存異」，方能減少兩性的偏見、歧視與衝突，也才能避免受限於傳統社會的性別角色及其刻板印象，「多一點人際關係，少一點性別解讀」，創造和諧、平等的人際空間，促進人類的生活適應與生存發展。

兩性之間

　　前陣子有兩則社會新聞的報導，看得令人怵目驚心、心痛不已。一件是中部地區的一位中年男子，因想喚回離家出走的妻子，於是帶著四位子女自焚，造成多人重度灼傷，想著三、四歲不懂人事的小孩身痛哀號，令人不忍。另一件案例發生在南部地區，一位三十歲女子，因受人性侵害、精神崩潰而跳樓自殺。

　　這樣的悲情故事經常會出現在我們的生活中，聽聞者莫不為之扼腕鼻酸。逝者已矣，生者何堪。為何曾經相愛至親的人，必須用「生死相隨」或「你死我亡」的方式來終結人生，來終結情感？為何生活中遭受打擊的人，不能及時尋找他人的協助，善用資源來度過人生的危機，卻選擇自我傷害來終結苦難？唯一合理的解釋，便是他們的心理不夠健康，灰色思想太多，以致遇到生活困頓、情感挫敗，無力也無法解決。

　　一位身心健康的人，必然不會因婚姻關係的失敗而「禍延子孫」；相對的，會努力經營親子關係來挽回婚姻關係。縱然無法挽回，至少能從失敗中成長，從錯誤中學習。再者，一位身心健康的人，也必然不會因他人的侵害，終生生活在陰影中，甚至全盤地否定自我、絕望人生。

　　如何做好心理衛生、心理健康的工作，方法甚多，舉凡看好書、交益友、做善事、信良師、想妙方、存善念等皆是。此外，安排休閒生活，建立生活重心，妥善規劃生活，拓展人際關係，尋求社會資源，積極認知思考，磨練自我心性等，也都可以促進我們身心健康，激發潛藏的生命力。

　　別忘了，我們雖然無法選擇出生的地方，但可以決定自己心靈的故鄉；我們雖無法塑造生活中的另一半，但可以掌握生命中自己的這一半，不是嗎？

學習活動

❖ 活動名稱：拒絕性騷擾

活動目的：學習有效處理性騷擾的方法

活動時間：約需 60 分鐘

活動性質：適用於團體輔導與課程學習

活動方式：1.五人一組，每組準備 A4 紙一張。

2.每組在紙上寫下生活中可能發生的一個性騷擾情境。時間 10 分鐘。

3.指導者收回後，由各組代表抽取一個情境，討論並演練應對解決的方法，並記錄在該組紙上。時間共 20 分鐘。

4.邀請其中志願的 3 至 5 組公開演練，並由專家學者或教師、領導者指導。

5.記錄紙送回該（原提問題情境）組之成員參閱。

❖ 活動名稱：惹人厭的異性行為

活動目的：增進兩性相互了解不當的行為模式

活動時間：約需 40 分鐘

活動性質：適用於團體輔導與課程學習

活動方式：1.同性別之成員分成若干組，每組各在一張全開之海報紙上，依序寫下生活中令人生厭或生怨的異性言行（從最嚴重至較輕微）。時間約 15 分鐘。

2.每組推派代表一人出列，張貼海報紙並代表報告。每組時間 3 分鐘。

3.每位成員自我檢視有何令異性生厭（怨）的言行。

4.專家學者或教師、領導者指導。

第十二章

兩性平等教育

　　眾所皆知，美國是高度先進開發的民主國家，其國內管理及經理人女性比例（45%）甚至排名世界第一（行政院主計處，民91），但其職業分工和專業訓練仍然充滿著傳統以性別角色分類的色彩。舉例而言，男護士被稱為「murse」而非「nurse」，男保母被稱為「manny」而非「nanny」，社會文化中仍然呈現濃厚的性別偏見。儘管現階段包含美國在內的國家，有許多專家學者或社會人士正努力於改善此一性別偏見、性別歧視的現象，但是這種努力並沒有完全實現，社會上、校園裡仍然存在著傳統兩性不平等的性別文化（黃文三，民87），未來如何落實兩性平權的理想，乃是發展「兩性關係與教育」重要與首要的課題。

　　兩性平權係指男女之人權、生存權、財產權、受教權，及社會地位、社會參與等各項權利，同等獲得尊重與保障。兩性平權地位的建立是一持續性與長遠性的全民運動，須依恃社會各層面與多元化的管道來協力推動，其中「教育」更被視為是推動兩性平權最經濟且有效的方法（Harvey & Noble, 1985）。它也是一種生活經驗傳習與專業知能學習的歷程，因此兩性平等教育乃是未來教育改革、促進兩性平權的重點工作之一。本章旨在探討兩性平等教育的基本理念、家庭情境的兩性平等教育、學校情境的兩性平等教育與社會情境的兩性平等教育，以期真正解構兩性關係的性別迷思，重新建構出兩性健全、和諧的互動環境。

第一節　學校情境的兩性平等教育

　　民國八十四年，國內教育界發生兩個引人矚目的事件，一是台大女聯會學生於女生宿舍內集體看Ａ片（成人色情影片），另一為台北市某一國中校園內發生男生集體性騷擾女生的行為。這兩個事件對當時的社會產生相當大的衝擊，影響層面也相當廣泛，它並不只是一、二個特殊案例，而是突顯了現階段生活環境中，仍存有許多令人關注與憂心的兩性教育議題與兩性互動問題，值得政府、教育人士與社會大眾的深切反省，以謀求改

善之道。基本上，兩性平等教育是一種多元文化，它是一個教育概念、一項教育改革，也是一種持續發展的教育歷程（Banks, 1989），在此一尊重多元文化、落實教育改革的體系中，唯有人人形成兩性平等的新時代理念，方能改善家庭、學校和社會環境中兩性不平等或性別歧視的現象。

一、兩性平等教育的理念

世界上先進開發的國家、兩性平權的國家，其國內的發展特色之一即是教育普及。由於學校教育有其專業的人力與設施，也是重要的、系統性的學習場所，故被視為今後推動兩性平等教育工作的主力。兩性平等教育旨在藉由「教育」的專業歷程和方法，協助社會大眾（受教者）檢視長期以來社會建構的性別陷阱和性別歧視等現象，促成兩性性別角色刻板化的鬆動，並提升兩性平權的地位形象和互動關係（謝臥龍、駱慧文和吳雅玲，民 88）。有些人誤以為主張「中性化」的性別角色就是一種兩性平權；有些人認為只要家事分工、各種活動有女性參與就是兩性平權；更有些人認為兩性天生就無法平等，婦權工作者是「天下本無事，庸人自擾之」，凡此皆是阻礙兩性平權工作推展的謬思。

目前我國行政院及各縣市政府雖已成立女性權益促進會，各級學校也已成立兩性平等教育委員會，然而組織形式的完備卻未必代表兩性平權理念已然完全落實（嚴祥鸞，民 89）。因兩性平等教育旨在建構兩性適性發展與相互尊重的新文化，故兩性平等教育工作者關心的是社會建構下所造成性別差異與限制發展的現象，而非在意於組織體系中應分配或保障幾席位置予女性，或法律規範中是否多明訂一些有關女性權益的條文；女權工作者與所有女性所期待的是，整個社會文化得以融入兩性平權理念，能夠破除社會建構的種種兩性不平等現象，進一步剖析並改善社會、文化制度下種種不當設置對男女發展的限制，以期早日實現兩性適性發展與平權互動的目標。

㈠兩性平等教育的本質與目標

　　我國教育部已於民國八十六年三月成立兩性平等教育委員會，積極推動各級學校落實兩性平等教育工作。當前兩性平等教育的重要性確實不容質疑，惟其基本目標與實施重點，可能因不同年齡層學生之不同的身心發展需要，而有不同的實施方式和教育架構。本質上，兩性平等教育宜培養學生在學習過程中，能夠檢視並解構自我潛在的性別歧視、性別意識與角色迷思，認知兩性在心理、生理以及社會層面的異同，建構兩性適性發展與相互尊重的新文化，真正落實兩性平等教育的真諦（謝臥龍，民86）。換言之，兩性平權的結果既非要強勢者「施恩」於弱勢者，亦非「鼓動」弱勢之一方去衝擊強勢的一方。

　　兩性平等教育的主要目的，旨在破除社會對兩性的刻板印象及迷思，修改不合時宜的社會制度與法令，進一步使學習者能檢視自己可能潛在的歧視現象，並破除不當的性別社會建構，改變與修正男女刻板化的認知、態度與行為。因此，兩性平等教育包含了解兩性彼此互動時，在生理、心理與社會的異同，同時強調彼此的相互尊重及適性發展（張玨，民84）。兩性平等教育的目標包含了五個重點：(1)消除社會上各階層不平等的現象；(2)認知兩性間差異的本質；(3)解構兩性不平等的現狀；(4)建立兩性平等互動正面積極的模式；(5)教育兩性共同建立美滿家庭的方式等（魏惠娟，民87）。此等目標正是引領兩性平權工作未來發展的方向，今後在推動兩性平等教育的過程中，必須結合更多相關的人力資源與專業學科。

㈡兩性平等教育的內涵與重要性

　　兩性平等教育乃是透過「教育」的方法與歷程，使「兩性」都能站在公平的立足點上發展潛能，不因生理、心理、社會及人文上的性別差異而受到限制，同時期望經由教育上的兩性平等，促進男女在社會上的機會均等，而且在兩性平等互助的原則下，共同建立和諧的多元社會。是故，兩性平等教育是一種多元文化教育、機會均等教育、人文精神教育和適性發

展教育（謝臥龍，民88）。兩性平等教育除了以性教育、性別教育、兩性關係與教育等學科之議題內容為核心基礎之外，同時強調下列的內容重點：

(1)兩性與社會：兩性之社會控制、權力福利、倫理道德、社團參與、角色地位等。

(2)兩性與法律：憲法、民法親屬篇、兩性平等工作法、國際人權條例、勞動基準法等。

(3)兩性與家庭：家務分工、子女教養、經濟來源、手足關係與家規倫常等。

(4)兩性與媒體：廣告、新聞、圖書、娛樂、文學、藝術等。

(5)其他：教育、文化、政治、人權、宗教、衛生醫療、資源環境等。

張玨（民86）認為，兩性平等教育主要是以婦女或性別研究為基礎，以呈現或了解男女兩性因性別不同，而受到社會制度的忽略與壓迫，並嘗試以改變教育的方式和制度，來達成改變傳統上以男性為中心的社會結構，加入更多以婦女為中心的經驗和觀點，促進女性充分自決與自主。長期以來，我國各級學校的教育重點，過度重視學生「智育」的發展與專業知能的教導，以致忽略了學生「德育」、「體育」、「群育」和「美育」等其他層面的學習與發展（張玨，民86；教育部，民88；莊明貞，民88；魏惠娟，民87）。許多學生眼中只有分數成績高低、只有能力好壞之分，忽略了男女之間性別表象下的內涵與價值，社會上處處可見性別歧視所造成的兩性對立，以及性別角色刻板化所形塑的性別隔閡，導致更多衝突性與悲劇性的兩性關係發展現象。

此外，校園中處處可見其他兩性不平等的人際互動與生態環境。根據方德隆（民89）的研究發現：幼稚園及中小學教師均是女多於男，幼稚園、國小、國中之女老師人數所占百分比分別為98.8%、64.0%和61.6%，而大學院校與高職老師卻是男多於女，其中女老師人數所占百分比僅分別為29.8%和45.4%。在學生就學機會方面，高中職以上（非國民義務教育）聲望較高且競爭激烈的公立學校，其學生人口中男性比例均高於女

性；學校課程與教學方面，教材中性別偏見的現象相當明顯，潛藏傳統性別意識型態的分流課程。謝臥龍（民86）的研究也發現，目前校園內師生互動的模式不利於女性學生的未來發展，例如課堂上教師發問方式，常出現男女學生有不平等的差別待遇情形。凡此現象，皆值得未來推動兩性平等教育的參考與省思。唯有創造無性別偏見與刻板印象的校園環境，方能真正促進學生健康的身心發展與健全的兩性關係。

㈢兩性平等教育之師資及其訓練課程

　　基於「有健全的師資，才有健康的下一代」理念，教師本身所具備的專業知能與兩性平權理念，也會影響學生專業知能的學習和兩性平權態度的發展。因此在推動兩性平等教育之時，必須在師資培訓與教材、教法上加強改進，深入檢視教師本身性別刻板印象的程度，唯有教師先能自我釐清觀念和改變態度，才能帶動校園出現兩性平權的實質行動。舉例而言，國中階段的青少年學生正處於身心發展急速成長的青春期，也正是需要充實完整「性知識」與培養健康「兩性關係」的關鍵期，然而目前我國國中老師卻因對此一領域的認知不足，導致在課堂上無法採取有效促進兩性平權的教學策略（張佩鈺，民89）。因此，兩性平權理念的建立及其培訓工作，將成為各級學校教師現階段之職前與在職訓練的重要課題。

　　美國早在一九七二年即在聯邦憲法第九條修正案中加入兩性平等教育的理念。美國國家師資培育認證委員會（Nation Council for the Accreditation of Teacher Education，簡稱 NCATE）和美國國家師資培育及認證指導聯合審議協會（National Association of State Directors of Teacher Education and Certification，簡稱 NASDTEC）均將兩性平權議題或相關之訓練課程列為師資認證的重要標準之一。此外，美國大學院校師資培育協會（American Association of Colleges for Teacher Education，簡稱 AACTE）也具體彙整出三十四項各校師資培育訓練課程中，有關兩性平權教育方面的能力指標，並將之歸納為學校教育、教師自覺、社會文化與兩性互動等四類（Wilson, 1993），詳見表 12-1。

表 12-1　美國大學院校師資培育有關兩性平權教育議題之課程內容

第一類：學校教育	第三類：社會文化
1. 辨識性別偏見的教材	1. 認識語言的性別差異
2. 修訂性別偏見的教材	2. 了解人類的性別差異
3. 以多元角度檢核教材	3. 認知並尊重人類的性別差異
4. 編選及發展兩性平權課程	4. 澄清有關性別角色的個人價值觀
5. 辨識評量工具之語言、文化差異	5. 了解科技中的性別差異
6. 編選及發展有關女性性別史觀的教材	6. 認識兩性平權教育的有關法令
7. 認識性別差異的學生行為	7. 分化對男性與女性的影響
8. 公平使用電腦資源	8. 了解兩性性別角色的期待與壓力
9. 了解男女分校之相關法源	9. 了解非傳統性別分類對職業抉擇的影響
10. 檢核性別偏見的教學策略	10. 認識貧窮對兩性發展的影響
11. 釐清性別偏見的校園分工	11. 了解男女兩性對教育的貢獻
	12. 認識性別權力
	13. 偵測電腦軟體中的性別偏見
	14. 了解兩性學習型態的性別差異
第二類：教師自覺	**第四類：兩性互動**
1. 完全了解學生的權益福祉	1. 促進兩性關係
2. 保障學生的權益福祉	2. 探討個人性格對兩性關係的影響
3. 檢核個人從事教職的性別歧視現象	3. 性騷擾的界定與防治
4. 檢核個人從事教職處理衝突的能力	4. 性騷擾中受害者的輔導
	5. 辨識調情與性騷擾的差異

（資料來源：Wilson, 1993）

　　表中所列內容，一方面顯示從事教育工作者所須具備的兩性平權知能，另一方面也反映出現代人必須充實的有關兩性平權素養；同時，也提供教育行政單位、各級學校人員與社會大眾一套用以檢視各校是否落實兩性平權教育工作的評量標準。國內吳雅玲（民 88）更進一步參考 Wilson 的觀點，彙整了我國現階段中等教育學程有關兩性平權教育之課程內容，如表 12-2。各級學校未來在規劃教師在職進修或輔導知能訓練時，可參考表列有關之課程議題。未來若能提升各級學校教師對兩性平權理念和兩性平等教育課程的認知，將有助於發揮兩性平等教育的功能。

表 12-2　我國現階段中等教育學程中兩性平權教育課程內涵表

內涵層面	內涵
基礎理論	兩性平等的本質、女性主義的教育觀點、性別角色發展理論、兩性教育史
學校教育	師生互動、班級經營、男女學習成就差異、教材檢視／轉換／編寫、課程之設計、性別／科技與教育、教學法
教師自覺	教師性別角色、教師職務分工、試教／教學實習
社會文化	性別偏差語言、男女各方面之差異、傳播媒體、兩性平等相關資源體系、兩性平等相關法源、性別角色、性別刻板印象、身體意識、兩性權力、科技中的性別鴻溝、職場上的性別議題、性別與生涯抉擇
兩性互動	性侵犯與性騷擾、婚姻與家庭、友誼與愛情、家庭中的性別議題、性別與情慾、性教育與兩性平等教育、青少年性教育

（資料來源：吳雅玲，民 88）

　　有鑑於此，教育部於民國八十六年訂頒「兩性平等教育實施方案」時，也特別重視兩性平等教育師資培育的工作，此一方案亦已成為現階段及未來各級學校推動兩性平等教育工作的重要依據。教育部「兩性平等教育實施方案」之內容，包含緣起、目標、策略、重點措施、執行要點，以及督導考評，其中有關「策略」及其「重點措施」的部分內容，詳列如下（鄭崇趁，民 89）：

　　*1.*建立兩性平等教育組織及運作模式

　(1)成立兩性平等教育委員會。

　(2)策訂「兩性平等教育實施方案」。

　(3)督導省市、縣市教育局成立兩性平等教育委員會或小組。

　(4)督導大專院校成立兩性平等教育委員會或小組。

　(5)訂頒「各級學校兩性平等教育實施要點」。

　　*2.*培育兩性平等教育師資及專業人才

　(1)定期辦理進修課程，培育各級學校兩性平等教育師資。

　(2)結合教育與社會團體，培育兩性平等教育專業人才。

　(3)鼓勵大專院校於通識課程及教育學程開設兩性平等教育相關課程。

⑷鼓勵大專院校籌設兩性平等教育相關學程或研究所。

⑸定期辦理各級學校兩性平等教育相關課程教師研討會。

⑹建立兩性平等教育專業人才資訊網絡。

3.充實兩性平等教育課程及教學內涵

⑴發展各級學校兩性平等教育之教材與教法。

⑵檢視與評鑑各級學校教科書及補充教材之內容是否符合兩性平等教育原則。

⑶編製各級學校兩性平等教育補充教材及參考資料，並建立各科教學之融入模式。

⑷進行學校兩性平等教育實驗計畫。

⑸發展兩性平等教育教學評鑑策略。

⑹訂頒「中小學性侵害防治教育實施原則及課程參考綱要」。

4.發展兩性平等教育研究及資訊服務

⑴分區成立兩性平等教育資料與諮詢中心。

⑵編印兩性平等教育資源手冊。

⑶鼓勵大專院校成立兩性平等教育相關研究單位。

⑷進行兩性平等教育有關專案研究。

⑸定期辦理兩性平等教育學術研討活動。

5.加強宣導兩性平等觀念及相關措施

⑴規劃辦理校園及社會兩性平等觀念宣導活動。

⑵推薦、獎勵增進兩性平等優良讀物。

⑶定期舉辦大眾媒體兩性平等教育研討會。

⑷試辦推廣兩性平等教育社區實驗計畫。

⑸鼓勵學校和社區讀書會選讀兩性平等教育書籍。

6.增進校園人身安全環境及性別意識

⑴建立安全與無性別偏見之校園空間指標。

⑵發展性別歧視與性侵害事件危機處理模式、輔導轉介流程及通報申訴制度。

(3)策勵學校繪製校園危險地圖。

(4)辦理校園人身安全教育研討會。

7.發展性別意識教育策略及解決衝突因應措施

教育部每一年度均會針對目前國內推動兩性平等教育工作的實施情形做一檢討評估，並提出新一年度的工作計畫與重點。現階段學校情境的兩性平等教育任務包括：(1)發展多元兩性平等教育組織及運作模式；(2)加強師資及地區兩性平等教育推動人員之培訓；(3)充實兩性平等教育課程及教學內涵；(4)設置諮詢工作站，發展兩性平等教育資訊服務；(5)推廣兩性平等教育實施模式，加強觀念宣導；(6)增進校園人身安全及性別意識等；(7)發展兩性平等教育之研究及資訊服務等（王淑娟，民 87；張美慧，民91）。前述工作任務涵蓋教學、輔導、諮詢、宣導、研究與服務等領域。今後唯有強化各級學校全體教師兩性平等教育的知能，提升教師全面參與此一重要教改工作的意願，才是未來兩性平等教育工作長遠而有效的人力資源與推展動力。

各級學校教師在課程教學或班級輔導過程，教導兩性平權理念時，可以設計生動有趣的教學、輔導活動來催化學生學習興趣，「寓教於樂」地吸引受教者的注意力，活化教室學習氣氛，以強化學生知覺印象，深化兩性平等教育的學習效果。唯有將兩性平權教育融入生活領域或教學輔導中，方能產生真實動態的均衡發展（王俊秀，民87）。遺憾的是，我國兩性平等教育方面的課程設計和實施，在台灣尚屬萌芽階段，對於兩性教育課程實施方面的研究，更是鳳毛麟角（連廷嘉、孫幸慈，民91），亟待研究發展。唯有擬訂具體的課程設計與輔導方案，方能真正落實兩性平權理念。

二、各級學校兩性平等教育的作法

兩性平權理念可藉由立法來加以落實（邱玉誠，民92），其作法可透過課程教學或團體輔導等方式來進行。基本上，兩性平等教育之教學或輔

導活動設計，必須考量活動目標（認知目標、情意目標和技能目標）、活動對象（個體的身心發展、學習能力和需求興趣等）、活動方式（步驟程序、指導說明、時段時程、場地及其布置、干擾變項及輔助教具等），以及預期效果（評量方式、學習指標和教育理念等）。有關兩性平權教育之活動設計範例，詳閱本書各章之「學習活動」單元，其活動實施原則也可參閱第九章第二節性教育之內容加以運用。以下分別從小學、中學（含國中與高中職）與大學三個階段來說明兩性平等教育工作的具體作法。

㈠小學階段的兩性平等教育

　　小學階段的兒童約處於人類行為發展歷程的兒童後期（六至十二歲）。此一時期的兒童除了身高、體重、體型等生理結構的變化之外，其智力、情緒、人際、語言與學習能力等心理發展也有較大的改變，包括好奇心重、學習力強、理解力增加、情緒表現明顯等。國小階段的兒童較喜歡團體活動，期待愛與歸屬感的滿足，故兒童晚期又稱為「幫團時期」（gang age）。此時大部分的兒童喜歡同性友伴，討厭異性同儕，這種現象明顯地出現在愈接近青春期的兒童身上，男孩子對女孩子較易表現反對或中立的態度，女孩子也對男孩子採取不友善、排拒的反應傾向（胡海國，民78）。基於兒童晚期乃是人生發展歷程中重要關鍵期的理念與事實，小學階段的兩性平等教育工作實有加強的必要（謝臥龍、駱慧文和吳雅玲，民88）。

　　小學階段的兩性平等教育工作必須以兒童的身心發展、社會化的性別角色、生活中兩性互動關係及自我保護、性侵害防治等項目為重點，故兩性平等教育的內容宜包括：(1)協助兒童認識自己的身體；(2)探討並認同自己的性別；(3)了解並尊重自己與別人的性傾向；(4)認識兩性身心發展的差異；(5)建立兩性平權的觀念；(6)探討家庭與社會情境中的性別權力關係；(7)學習尊重自己與他人的隱私權；(8)培養保護自己的能力；(9)了解周遭足以求助的社會資源；(10)建立和諧的兩性與人際關係。

　　有關小學階段的兩性平等教育課程方案詳見附錄三（連廷嘉、孫幸

慈，民90），該課程係連廷嘉和孫幸慈（民90）根據兩性教育的基本理念以及應用相關課題，所設計來做為國小兒童的兩性教育課程方案，研究者並曾以國小三、四年級各十班兒童為對象，實際驗證其效果，確認可做為日後提供國小老師實施兩性平等教育之參考。至於小學階段兩性平等教育的實施方式，可多運用錄影帶（卡通化）、錄音帶、幻燈片或圖片等媒體，或以編寫琅琅上口的兩性平權童詩、設計兩性平權的兒童遊戲等方式來進行，以期協助兒童發展適宜的自我認同與性別角色，激發兒童的學習態度和參與興趣，深化其兩性平權的理念。

(二)中學階段的兩性平等教育

從人類行為發展的角度來看，中學階段的青少年正處於性機能與性生理成熟的青春期。青少年除了身體方面的急遽成長改變之外（例如第一性徵和第二性徵的發育完成），同時也會出現煩悶、徬徨、不安、自卑、孤獨、缺乏自信和不滿現狀等心理反應。在人際發展方面，青少年由於性器官的生長與性機能的成熟，因此會逐漸對性、異性（或同性）產生性的注意力與好奇心。青少年會嘗試各種不同的新奇方法來玩弄性器官，也會注視或碰觸同性同儕的性器官和身體，並且相互比較、品頭論足一番；甚至偷藏、窺視與性有關的圖書雜誌或影帶，更令其關注於異性的生理、心理發展。

性機能成熟速率不同的青少年，對異性、對自己的看法和態度也會有所不同，例如早熟者較不會注意異性同儕，反而會想和年齡稍長的異性交往；又如對自己身體、儀表、性機能等成長發育不滿意者，較易自卑、不安、憂慮和降低自我價值感。青春期的兩性關係發展屬於「同性密友期」或「異性群友期」，大多偏於「友情式」，即使進入「愛情式」也多半不穩定或過於熱烈激情，故兩性交往時，混雜著溫暖、執著、不安、困窘及缺乏安全感等心理反應。胡海國（民78）將青少年此一早期的異性戀情喻為「幼稚的愛情」（puppy love），意指不成熟、不穩定的戀情。由於青少年性生理已然成熟，但性心理成熟度仍顯不足，故兩性互動關係及其品質

較令人擔憂。

　　無論是針對國中或高中職階段所實施的兩性平等教育，都必須配合青少年身心發展的需求來加以設計規劃。中學階段的兩性平等教育內容宜協助學生認識性與性別、兩性交往、自我了解與保護（身體自主權）、性生理衛生與心理健康等議題知能，進而認知兩性平權的內涵與相互尊重的重要性，建立青少年多元化的性別觀點，並以友情為基礎，學習兩性互動的理念與作法。由於考量青春期青少年的心性發展與學習態度，兩性平等教育的實施方式不妨採取更具多元化的活動型態，包括影片觀賞、辯論座談、角色扮演、小團體輔導、手冊宣導和海報資料展覽等。唯有落實中學階段的兩性平等教育工作，方能培養青少年正確的性知識、健康的性態度和安全的性行為。

(三)大學階段的兩性平等教育

　　大學院校的在學生多半已邁入「青年期」的人生發展階段，也是伴隨性成熟而達法定成年的時期。儘管大學生在專業知能的學習與發展上，具有較高的層次水準和社會期待，然而其性成熟度與兩性平權理念未必人人皆相對隨之提升。大學階段青年族群的社交生活確實較為多彩多姿，性、異性、約會和人際活動成為主要的「交談」話題與生活焦點；此外，青年人也相當重視自己的穿著裝扮，企圖藉由儀表造型來建立個人的形象風格。青年期亦屬人際發展歷程中的「異性群友期」和「異性密友期」階段，青年人對異性的好奇與興趣，除了受到年齡和性成熟度等因素的影響之外，也與青少年的同儕關係、社交生活有關，此時相戀、迷戀、暗戀、單戀和失戀等兩性互動狀況，成為學校人際生活的一部分，對異性的好奇、興趣和交往對象，也逐漸地轉向年齡、學歷、興趣等條件相近的異性同儕。

　　青年人的兩性關係是開放的（異性友誼）、多元的（性別認同）而又專注的（愛情關係）。「團體活動」是青年人在兩性群友期發展歷程中的主要社交型態，而「約會」則是青年人進入兩性密友期的重要人際活動，

大多數青年人對於「單純性」、沒有異性參加的社交活動也都興趣缺缺（專業訓練或課程學習除外）。此外，性傾向、性行為與性困擾也更容易成為青年男女關注的焦點，包括婚前性行為、墮胎、性侵犯、同性戀、不婚的戀情及性別角色的分化等。青年人的性態度也顯現更多的開放性、獨特性，他們可以接受沒有感情的性，性別分化的雙重標準（例如男性因性而愛、女性因愛而性的價值觀）較為淡化，性行為模式也隨之改變、較為多變（Shaffer, 1994）。

　　基於此，大學階段的兩性平等教育內容宜置於協助學生分辨友誼與愛情的親密度，釐清愛與性、愛與喜歡的關係，培養健全的情愛觀，認識多元文化的性別意涵，具備性侵害與性自主的法律概念，了解人權運動、婦女運動及弱勢族群社會運動的歷史發展，以期能夠尊重並關懷個體生命，塑造兩性平權的個人價值觀和社會行動力。楊瑞珠（民87）在一項「大專生文化與心理態度量表之編製與調查」的長期性研究中發現，國內大專生普遍重視、認同兩性平等的觀點，因此，未來大學院校的兩性平等教育工作宜聚焦於教導大專生將兩性平權理念落實於日常生活中。至於作法上，可多鼓勵學生進行此一領域的專題研究、生活場域的觀察與報告、多元族群的座談與辯論、國內外有關資料的研閱與分析、班級輔導與團體諮商、兩性平權方面通識課程的學習等。如此一來，大學的多元課程、多元活動、多元認知與多元的人際互動關係，將有助於構築出多元化的兩性平等教育內涵。

　　兩性平等教育不僅是一種知識教育，也是一種行動教育；不僅是一種專業教育，也是一種生活教育；不僅是一種階段教育，也是一種終生教育。學校情境中的兩性平等教育可設定各方面的性／性別／兩性議題，同時結合各種教育方法：調查法、訪問法、討論法、個案研討、媒體教學、網路諮詢、角色扮演、團體輔導、結構活動、參觀訪視和機會教育等，以全面性、統整性、專業性、系統性地推動兩性平等教育的工作。當然，兩性平權理念的推展與落實，並非僅靠學校教育之力可獨立為之，尚待家庭、社會等層面的協同合作，方能發揮其功能。

我國「兩性平等工作法」已於民國九十一年公布施行，使我國兩性平權工作的發展邁向一個嶄新的里程碑。目前教育部也已著手擬訂「性別平等教育法」，內含有關兩性平等教育的「總則」、「學習環境與資源」、「師資之培育與聘任」、「課程、教材與教學法」、「性侵害及性騷擾之防治」、「申訴與罰則」及「附則」等七章四十一條條文，俟完成行政立法程序後，將成為我國兩性平等教育工作推展的另一項重要成就與指標。未來若能有效落實立法精神與積極宣導執行，必能有助於「促進性別地位的實質平等，消除性別歧視，維護人格尊嚴，厚植並建立性別平等之教育資源與環境」。

今日兩性平等教育已成為國內推動教育改革的重要政策之一，兩性平權觀念的落實也已成為人權國家的重要指標。許多學者致力於檢視、改進國內大量教科書之性別意識型態、教材發展與性別偏見等現象（方德隆，民 87；柯華葳，民 83；莊明貞，民 87；黃玉梅，民 78；羅瑞玉，民 88）；此外，性別刻板印象、性別歧視、性別暴力、性侵害防治等議題，更是現階段重要的學術研究與實務工作的方向（鄭崇趁，民 87；陳源湖，民 91；Rosen & Bird, 1996）。現代人處於開放、多元的社會環境中，人與人之間、男人與女人之間的互動接觸頻率日日有增無減，唯有「落實兩性平等教育於現在，才能塑造健康的兩性平權世界於未來」。

第二節　社會與家庭情境的兩性平等教育

兩性平等教育的實施，除了從學校教育著手之外，也可以透過社會教育與家庭教育的系統來加以推展。家庭乃社會體系下的基本單位，也是個體終其一生的學習場所與生活場域，每個人生活於家庭的時間往往多過於在校學習或職場工作的時間，加上傳統父權型態的家庭結構，仍深深影響著國人的生活型態、成長經驗與人際價值觀，因此對兩性平權理念的落實與兩性平等教育工作的推展，形成相當程度的阻力。今日伴隨視聽科技的

發達，以及傳播媒體無遠弗屆的影響力，每個人皆可以在家中或學校以外的場所快速獲得多元化的兩性資訊。因此，家庭和其他社會情境也是宣導兩性平權理念、建立兩性平等互動關係的重要管道。本節將從社會傳播媒體和家庭親職教育兩個層面，探討兩性平權與兩性互動關係的相關議題與內容。

一、社會情境的兩性平等教育

自古以來，我國的社會文化即不時強調女性「無才便是德」，常將女性「物化」成為男性的附屬品，並制定了一些嚴苛的「三從四德」、「貞節牌坊」的觀念，塑造男性「沙文主義」、「大男人主義」的崇高地位，阻礙了女性應有的發展空間（蘇芊玲，民 86；魏惠娟，民 83；魏國英，民 91）。雖然，二十一世紀後的今天，女權運動已不斷地蓬勃發展，女性主義也有漸漸抬頭的趨勢，同時女性的社會地位亦有些許的提升，但在現階段的社會脈動中，仍然存在著不少的性別歧視現象與性別角色的刻板印象，而且潛在地威脅著女性的生活和工作（連廷嘉、孫幸慈，民 90）。今後若能落實兩性平等教育的理念與措施，將有助於社會建構出以專業能力取代性別偏見的生活環境。

舉例而言，儘管中國大陸現正逐漸邁向自由市場的經濟體系，但兩性不平等的現象卻仍處處可見，女性往往是國營企業裁員或破產時，頭一個遭到解雇的對象。Forney（2002）認為，無論是中國大陸，抑或是其他的亞洲國家，甚至於歐美先進國家，社會上仍存在著許多男女不平等的問題。在某些國家中，諸如生產線上作業員、清潔工等勞力性的基層工作，女性仍占了絕大多數；在公司裡，高級主管的職位大部分還是以男性居多，女性仍寥寥可數。大部分的老闆也較偏愛雇用男性工作者。Forney 引用中國勞動和社會保障部所做的一項調查顯示，女性的再就業率比男性低 19%。又如巴基斯坦的女性，其社會地位也一直不如男性，法律也明顯不利於女性（Bloch, 2002）。換言之，女性職場工作所遭受的不平等待遇，

直到今日似乎仍無太大的改變。

　　有些學者（方德隆，民 87；李元貞，民 83；謝臥龍等人，民 85）認為，台灣地區近幾年來雖然經濟發達、教育普及且社會進步，物質生活也已達高度發展之境界，但是性別歧視、兩性不平等之互動現象卻也依然存在。舉例而言，台灣地區勞工的收入，女性平均薪資僅為男性的七成；此外，已婚女性花費在家務的時間是已婚男性的五倍以上（勝淑芬，民91）。加上社會上充斥著黑色（暴力）、黃色（色情）、灰色（吸毒）、藍色（自殺）等惡質生活因子，凡此皆導致這一代青少年的迷失與社會運作的失序，不僅個體缺乏積極正向的生活態度與人際關係的認知理念，甚至出現諸如「情變傷人或自戕」、「七匹狼」、「集體性騷擾」、「璩××光碟」等性、性別與兩性互動的偏差行為。因此，有關社會情境的兩性平等教育工作也益顯重要。

㈠傳播媒體與社會教育

　　王鍾和（民 86）指出，儘管今日台灣地區的社會文教機構到處林立，也持續不斷在推展各方面的社會教育與藝文活動，然而，社會教育機構並未特別針對「兩性平權」、「性別教育」等主題進行有系統的活動規劃與業務推展，迄今具有兩性平等教育專業理念與實務經驗的社教人員也相當有限。至於大眾傳播媒體，則是推動兩性平等教育工作非常重要的資訊宣導工具及社會教育管道，Bell（2001）曾強調，傳播媒體會影響青年學子的社會意象（social imagery），這種媒體所建構的社會意象正是社會大眾的情感寄託所在。然而，由於受限於商業利益的考量與議題焦點的設定等因素，過去傳播媒體在兩性平權理念的推動上仍有很大的改善與努力的空間，值得寄予厚望。

　　綜合學者（林芳玫，民 85，民 86；徐西森，民 86a；陶福媛，民 80；葉郁菁，民 91；Kirca, 1999; Budgeon & Currie, 1995; Riordan, 2001）的研究發現：卡通、漫畫、小說、雜誌、廣告、網路、電影、電視劇與流行文化等媒體及其 e 世代資訊，均隱含男性主義或女性主義的意識型態，有些

傳播媒體或藝文活動，一方面突顯了兩性不平等的社會現象，但另一方面卻也在無意間建構了兩性不平等的主流價值。媒體工作者或決策經營者固然有不少人具有社會責任感與專業自主權，但未必人人皆能覺察到個人的性別角色意識與兩性平權理念是否有所偏頗，如此一來，往往導致傳訊者與收訊者之間，對涉及性／性別／兩性關係等方面的資訊傳播，出現認知誤差或解讀有別，也在無形中「增強」或「灌輸」社會大眾性別歧視、性別刻板化與兩性不平等互動等價值觀。

㈡漫畫與電影中的兩性

　　眾所皆知，漫畫與電影對社會大眾，尤其是對兒童、青少年的影響層面相當廣泛。葉郁菁（民 91）的調查發現，有高達 90 ％以上的在學生均曾看過漫畫書刊，電影更是都會男女一種重要的休閒文化。漫畫書與電影對讀者雖具有減壓、休閒與增廣見聞的功能，但其內容也會對青少年形成性別角色刻板印象或兩性不平等意識等社會化作用，包括女性身體物化、父權崇拜、男尊女卑等價值觀的形成與扭曲。舉例而言，「小甜甜」與「科學小飛俠」等卡通片，就在無形中塑造了「女柔」、「男剛」的性別形象；電影《終極警探》與《窈窕美眉》亦然。美國好萊塢電影中更是塑造不少以男性陽剛為主題的賣座電影，躋身「二千萬（身價）俱樂部」的影視名人中仍以男性居多數，女星寥寥可數。因此，傳播媒體對社會大眾的性別認同與性別刻板印象深具影響力。

㈢卡通片中的兩性

　　至於卡通影片類型的節目，性別歧視及其角色刻板化現象更是明顯，例如卡通片中男性角色出現的比例至少高於女性角色的四倍以上，前者又似乎比後者來得重要（Thompson & Zerbinos, 1994）；再如少數族群或兒童、青少年（卡通片收視主流觀眾）等類的角色出現比例也很少。卡通影片中的女性多半是扮演無足輕重的角色，或是扮演受害者、隨從者，或是扮演搖旗吶喊者，或者是一般傳統角色等（Signorielli, 1989），其行為表

現也大多是亂發脾氣、嘮叨囉唆、貪小便宜、歇斯底里等反應；而卡通影片中的男性角色則是智慧高、能力強，並能解決問題（即使是男性的「大壞蛋」主角）。凡此皆是傳播媒體呈現兩性不平等資訊的例證。

㈣報章雜誌中的兩性

在報章雜誌方面，凡是與權力、政治、階層意識有關的議題，都歸屬於男性興趣事務，搶占重要、顯著的版面；而家庭生活、社會事件則被視為是「女性的」、「軟性的」新聞（Tuchman, 1978）。同時，女性的新聞、議題和版面往往少於男性（Cox, 1992），即使是報紙類以女性讀者為主的家庭生活版面，仍然受到父權主義和商業效益的宰割，該版主編雖多為女性，但報導決策權仍掌握在更高層的男性主管手中（江靜芳，民84）；而且配合版面視覺美化的「催眠」下，資訊廣告化的現象也相當嚴重，女性讀者的價值觀、生活方式與人生信念往往不自覺地受到商品影響（沈括，民84）。此外，報章雜誌的報導標題屢屢可見性別歧視、貶抑女性的字眼，諸如：「豐胸不成，女郎花錢白受罪」、「少女要狠，不輸男性」、「市府四千女員工，民代催婚」和「胖妹虛擬俏妞，網路詐財」等。

㈤電視節目中的兩性

其他電視節目方面，當節目中女性或男性的角色經常表現出某一類型的情緒、需求、態度、個性、風格和生活型態時，即有性別角色刻板化的偏頗、誤導之嫌，若加上對某一性別刻意塑造上述心理反應的「負向」特質時，更隱含有性別歧視、性別偏見的意涵，例如女人要在家相夫教子、嫁出去的女兒就像潑出去的水、貪小便宜的歐巴桑等。反觀電視節目中的男性角色，則較具有專業形象與社會權威（吳知賢，民 88）。Jones（1994）在一項針對男女兩性出現於電視螢光幕上的次數比例之調查研究中發現：除了情境喜劇和戲劇節目之外，大多數的電視節目裡，男性角色均較女性角色為多；在冒險動作類節目方面，女性角色更是少之又少；又

如男性出現在「芝麻街」之類的教育節目比例至少高過女性兩倍以上。

除此之外，各類型電視節目都隱含或明示與「性」有關的議題。在美國，電視節目頻頻出現有涉及女性裸露或性行為的話題或畫面，甚至高達平均每小時即有三次之多（Brown, Greenberg & Buerkel-Rothfuss, 1933）。今日即使像《慾望城市》之類強調都會男女之女性意識的熱門影集，劇中內容對女性角色的描繪是褒是貶，仍是人言殊異、莫衷一是。不少觀眾欣賞劇中幾位女主角敢愛敢恨、言行開放和獨立自主的特質，但也有影評人與社會大眾認為，劇中女主角似乎與性、性幻想相互連結，其中對男人主動示愛、裸露挑逗男性等畫面，不無有「物化」、醜化女性之嫌。更有甚者，男性公眾人物「偷腥」、外遇的事實一經揭露，往往以「偕妻」上電視媒體公開道歉收場，或是以一句「我犯了男人都會犯的錯」來表達未現悔意的非正式道歉；而女性公眾人物的緋聞事件或介入別人家庭的紛爭，卻往往落得身敗名裂、被「妖魔化」的下場。

㈥廣告中的兩性

長久以來，電視節目中除了出現不少以女性「波大無腦」做為挪揄戲謔的場景，新聞性節目中也隱含許多「男性主播較有權威感」的意涵之外，商品廣告更處處可見將女性「物化」的訊息。陳芬苓（民92）指出，近幾年來無論是更年期用藥、子宮頸抹片的篩檢以及避孕問題等方面的醫療保健資訊宣導，醫療界或傳播界大都以「保護」及「教導」的角色，強迫婦女接受所謂專家學者及西方醫療的觀點，反而忽略了尊重本土婦女對其身體自主性的詮釋；而且在醫療教育宣導的過程中，女性往往被視為缺乏知識而需要被教導的被動體，同時女性被強力推銷各種醫療保健產品。婦女儼然是傳播媒體與醫療教育的弱勢者，甚至被「無知化」、「商品化」和「工具化」。

王懋雯（民92）等人曾透過實際觀察記錄，取樣一百一十五則電視廣告加以內容分析。研究結果發現，不少電視廣告中出現性別迷思的現象，包括洗髮廣告中的長髮迷思、男女職業刻板印象的強化、充滿性暗示的男

性藥酒廣告、家庭角色的重新地位、性別歧視語言的應用、男性窺視女性的迷思、陽剛陰柔的兩性特質迷思、女性外貌美醜的二分迷思等。換句話說，我國的電視廣告仍隱含對女性儀表的窺視與男性權威的尊崇。經由此類電視廣告不斷地暗示，女性很快就接受了自己被物化的角色，以及必須美化儀表的觀念，同時間接呈現一種「男主女從」兩性關係的訊息。

Fowles（1996）發現，廣告中大部分的男性都被塑造成富有冒險精神、積極主動、智慧帥氣的形象，至於女性則被形容為美麗性感、纖細苗條、被動依賴，甚至一副只會搔首弄姿、不太聰明的樣子，再不然就是呈現賢妻良母的居家角色，在在隱藏著性別刻板化的角色意涵。長期研究「性別廣告」（gender advertisement；廣告再現性別角色）的著名學者Goffman（1979）即指出，處在父權社會下的女性往往成為男性的附屬品，其廣告角色與地位也較男性低微，而且女性廣告的內容、背景大多與家庭事物有關。時至今日，無論是廣播、網路、報章雜誌或電視、電影等方面的廣告，男性商品廣告中的女性依然是「花瓶」角色較多，而女性商品廣告中的男性仍有強者、勇者或「驢得可愛」的優勢。

㈦兩性平權化社會環境的建構

無可否認的，每位傳播媒體工作者的專業表現皆受到其所處環境、組織系統、傳媒產業和國際潮流等外在因素的影響（McQuail, 1994），因此，大眾傳播媒體現階段所呈現的兩性不平等現象，其實也相當程度地反映了整個社會尚待落實的兩性平權理念。正因如此，從事大眾傳播媒體工作的人員更須留意各種偏差的兩性意涵，無論此一偏差事實係來自於個人的成長經驗或社會的主流價值。Henry（1993）、Van Zoonen（1994）等學者分析性別與傳播媒介二者的角色關係，強調凡與性別有關的論述，皆必須注意編碼、編輯過程中，究竟存在著哪些可能的矛盾和衝突，例如探討女性議題的編輯工作者，無論其性別為何，是否能將自己置於一個女性情境中去了解、去分析、去論述。

換句話說，大眾傳播媒體必須回歸「以人為本」的論述，以媒體行動

來落實平權互惠的兩性關係，而且能不局限於過去傳統以男性優勢、父權體制下所建構而成的性別論述，唯有藉由「第四權」媒體的兩性平權運動，方能徹底打破此一長久存在於人類生活體系中性別不平等的框架。由於大眾媒體在數量上有一定的優勢，尤其是報紙和電視相較於個人接觸，每天更可將許許多多的資訊用以傳遞、說服於社會大眾（趙居蓮譯，民84）。因此，未來有關兩性平等教育工作的推展，大眾傳播媒體自應扮演更積極的角色，同時也有賴於媒體及其工作者的自律反省與社會大眾的監督制裁，如此方能進一步提升女性的自主權與兩性平權地位。

大眾傳播媒體及所有的社會教育媒介，平時應將兩性平權理念融入於各項媒介物中，例如，行政院新聞局或勞委會職業訓練局不妨多宣導勝任愉快的女司機和男護士，以打破傳統性別的職業區隔；又如宣導男性失業者在家快樂地從事家務管理、女性主管在職場工作上的傑出表現等。此外，各地區的社會教育機構或女性權益促進團體，亦可透過社教活動、媒體報導，來強化女性意識的覺察和女性自主權的保障。甚至在建構兩性平等互動與人身安全的生活空間方面，政府有關單位與社會大眾亦可再多加用心經營、努力改善，例如，在公共空間的設計與設備方面，可落實兩性平權與資源共享的觀念，因為公共活動空間分配上的性別不平等，也會阻礙女性追求身心健康與兩性平權目標的實現（陳芬苓，民92）。總之，今後唯有不斷地透過政府、傳播媒體與社會大眾的協同努力，才能創造兩性平權、優質生活的社會環境。

二、家庭情境的兩性平等教育

如前所述，大眾傳播媒體的影響力無遠弗屆，往往深入於每個地區、每個角落和每個家庭裡。在家庭生活中，家庭成員不但相互照顧、彼此扶持，以滿足個人和家庭的內在需求，同時家人關係（手足、夫妻、親子等）也會形成一個動態的互動系統，彼此相互影響，持續地產生調適與改變。此等家庭成員彼此交互作用的過程或結果，經常在無形中建構了個人

或組織的行為型態、團體氛圍和價值態度。家庭成員人際互動之間刺激與反應的輸入輸出、行為反應的交流和互換，皆會產生一種井然有序的系統化運作，而且彼此會嘗試去維持此一家庭系統的平衡與穩定（蔡春美、翁麗芳和洪福財，民 90；Corcini & wedding, 1996）。是故，家人關係與家庭教育對於兩性平權理念的宣導與落實，同樣具有舉足輕重的關鍵地位。

㈠性別認同發展與家庭教育

　　吳蘭若（民 89）曾分別從學習心理學、認知發展論、心理分析論和Chodorow觀點等專業角度，探討個體性別角色認同的發展歷程。從學習心理學觀點言之，個體係依其注意力來選擇性地觀察男性或女性的行為模式及行為結果，兒童因受到「偏離自己性別的舉動，通常會招來負面結果」的影響，大多會表現符合自己性別的行為模式。從認知發展論的角度來看，個體認同自己的性別角色，並非由於受到獎賞支持，而是個人依其認知發展主動地建構自己的性別角色，將自己歸類為男生或女生，接受自己的性別，然後再尋找符合自己性別的行為模範。至於心理分析論的觀點則強調，女童或男童的性別角色是來自於個人早期成長經驗中，對同性別之父親或母親的性心理認同而來。

　　美國女性主義者 Chodorow 則結合其社會學和心理分析論的概念，認為母親乃是男孩與女孩成長歷程中首要、重要的關係人，由於女孩與母親同性，故母親易將女兒視為自我的延伸，導致女兒雖因較少與母親分離而無法自主獨立，但對人則有較多的關心與同理；反之，男孩與母親不同性別，母親往往受到社會價值觀的影響，不自覺地會催迫兒子與自己（女性）劃清界限，因此男孩較女孩更早獨立自主，也較常表現出攻擊性、支配性以及與他人疏離的行為。換句話說，早期親子互動經歷對兒童日後的性別發展會產生深遠影響。其他有關之個體性別認同與性別角色發展，可參閱本書第三章第一節。

　　綜合上述各學派的理論觀點，父母、家庭對子女性別認同與性別角色的發展，具有相當重要的影響力，特別是幼兒期和兒童期，更是性別角色

認同發展的關鍵期，家庭與學校若能落實兩性平等教育工作，必能協助子女、學生認識兩性的身心發展，學習人際互動的知能，促進良好的兩性關係，進而落實兩性平權的理念與理想於生活中。由於父母較學校老師缺乏教育方面的專業知能，而且並非所有家長都具備兩性生理、心理、生涯、性行為和友情、愛情、婚姻等人際互動的理念與方法，於是乎在家庭生活中，父母一方面呈現出傳統性別意識型態的價值觀和行為反應，一方面又無法教導子女現代兩性關係的新知識，容易導致家庭情境中兩性平等教育工作的效能不彰。

㈡家庭分工與兩性平權

其實，家庭教育對子女兩性平權理念的建立，可以從平時家人的生活習慣或人際互動經驗中著手，例如，母親可以鼓勵小哥哥學習照顧弟妹，而非只要求家中的小姊姊負起小保母的責任；此外，父親的角色不宜局限於抽菸、發怒、閱報和躺著看電視等「好逸惡勞」的角色，母親也不只是從事洗衣、煮飯、照顧孩子和整理家務等「任勞任怨」的工作。若能鼓勵子女更廣泛地參與各種家務工作與社會活動，對子女兩性平權理念的建立，將有兼具「身教」與「言教」的莫大效果（Cahill & Theilheimer, 1999）。其他諸如：女人與男人同樣擁有追求異性、求歡與求婚的權利；結婚時，尊重女人是否冠夫姓、居夫家的意願；夫妻皆有工作收入之雙薪家庭，其家事應由雙方協商共同分擔；女兒與兒子的課業成就與學習資源、權益，應受到父母同等的重視與關懷；母親與父親一樣，在教養子女方面擁有同等的權威與負擔等等。

葉郁菁（民 90）在一項比較城市和鄉村地區兒童畫的研究中發現：城鄉差距反應出兒童接觸不同的性別價值觀與角色模範（role model）。都市地區兒童所畫的家庭活動多半以室內較多，但鄉村地區的兒童所畫的家庭活動則較有變化；都市地區學童所觀察到的性別角色模範是父母親分擔家務工作，因此出現爸爸煮飯、媽媽睡覺等，與傳統性別角色不同的繪畫作品，但是在鄉村地區則男女的性別分工明顯，女性多半為家務工作的服務

者。換句話說，在資訊發達、多元開放的地區，傳統性別意識與性別角色分工的觀念日趨淡薄，對兩性平權工作的推展較為有利，但在偏遠或鄉鎮地區則不然。因此，落實城鄉平衡的社會教育和家庭教育，確實對子女兩性平權意識的建立與性別角色刻板印象的解構，有相當大的影響力。

㈢兩性平權家庭情境的建構

今日，在科技日新月異、生活水準提高的情況下，大部分的家庭都有超過一台以上的電視，同時，社會大眾可以從多達七十個以上的頻道中選擇自己喜歡的節目，因此在這個資訊超載的時代，家長更須細心地把關、選擇，並陪伴子女觀賞電視節目，才能給子女一個健康乾淨的成長空間（吳知賢，民88）。由於家庭是個體社會化歷程中，第一個接觸的組織系統，也是最重要的一個教育系統，其對子女的認知學習與社會心理的發展影響相當大，因此，家庭在兩性平等教育工作的推展中扮演了舉足輕重的地位，未來倘欲建立兩性平權的社會環境，自須從家庭教育著手。下列原則與作法將有助於塑造兩性平權的家庭環境，建構兩性平等互動的生活空間：

⑴父母必須以身作則，具有兩性平權的理念與行為表現。

⑵建立良好的親子互動關係，有助於發揮家庭教育的功能。

⑶均衡子女與父母、手足之兩性相處時間，學習性別角色，認識兩性差異。

⑷協調兩性平權的家事分工，父親、兒子等男性家庭成員可扮演更積極性的家務、家管角色。

⑸父母宜協助子女過濾大眾媒體中有關兩性關係的資訊，教育兩性平權理念。

⑹父母與子女共同學習兩性關係的成長資訊，共同參與兩性教育的活動，例如聽演講、閱讀圖書。

⑺提供子女有選擇性、不具性別刻板印象的玩具、遊戲與活動，尊重子女的興趣需求與身心發展。

⑻檢視並改善家中成員互動、空間布置與資源分配等兩性平權的生活資源。

⑼提供子女有別於傳統角色之性別楷模，例如，父母協助子女於傳播媒體中（漫畫書、卡通影片、電視節目等）尋找不同於傳統性別的角色（嚴母、慈父、女軍人、男護士等）。

⑽父母宜隨時自我檢視，並協助子女檢視個人潛藏的性別意識，避免產生性別歧視、性別偏見等態度和行為。

⑾家庭宜與學校、社會等專業機構協同合作，掌握並交換新時代的兩性平權資訊，落實兩性平等教育的工作。

從社會發展與組織運作的角度來看，若欲改變男女互動不平等或偏差歧視的社會現象，就必須藉由專業化的學校系統、資訊化的社會系統與生活化的家庭系統，來共同努力推動兩性平等教育工作。兩性平等教育的目標旨在解構台灣社會對兩性互動的迷思及其刻板印象，修改不合時宜的社會規範、制度與法令，同時促使社會大眾積極檢視個人可能的性別歧視傾向，以改變並修正其兩性互動的認知、態度與行為。是故，兩性平等教育的內容應包含兩性之生理、心理、社會等方面發展差異的探討，同時進一步強調男女相互的尊重及其適性發展（張玨，84）。唯有如此，方能真正解構兩性的性別迷思，重新建構出兩性平權、健全的互動環境。

三、兩性平等教育的未來發展

有關統整家庭、學校與社會三方面情境之兩性平等教育工作的具體作法甚多，包括：學校教師宜加強兩性教育的在職進修，並具備適當處理兩性問題的輔導知能；有關當局、警政人員、教育工作者宜嚴格取締不良的書刊及不當的傳播媒體與場所，至少學校及住宅區要「淨化」、「純化」，避免學童、青少年受不當兩性資訊的污染；學校宜開設兩性心理學等通識教育課程，或是將兩性平權理念融入公民課、指導活動或相關課程

的重要教學單元中，灌輸學生健康的兩性觀念；父母也應以身作則，塑造和諧的家庭氣氛與兩性關係，並接受兩性平等教育，吸取新知，增進親子溝通，以發揮家庭教育的功能。

除此之外，家庭與學校宜保持密切連繫，避免諸如單親、獨生子女或男女分校等「單性」空間，對青少年兩性認知發展的負面影響；隨時機會教育，使社會大眾拋開傳統性別角色的束縛，以吸收兩性的正確資訊；每個人也須擴大自我的社交圈，多加學習與異性相處的知識能力；至於性行為偏差者，則宜輔導與處罰雙管齊下予以矯治，以避免導致其性心理異常發展，危害社會安全與公共秩序。社會大眾也不妨多自我反省、覺察個人的兩性關係和生活信念，是否具有性別偏見、性別歧視、性別刻板化等意涵；政府單位宜全面從法令、規範、風俗、禮儀或其他層面，來檢視民眾生活空間是否有違兩性平權之措施。更重要者，莫過於女性自身人權理念的確立以及自我主體意識的確認：女性與男性同為獨立個體、同享社會資源。

未來，進一步配合國內「親職教育法」的施行，父母的再教育與終生教育的課程內容，宜融入更多兩性平權理念的課程設計，強化父母親職教育與兩性教育的專業知能。各級學校也可結合「社區教育」、「社區諮商」等管道與資源，提供父母有關性、性別、兩性教育與媒體教育等等的訓練課程，同時透過政府行政資源的運用和公權力的行使，採取獎勵與懲罰的措施，提升父母兩性平權的認知態度，並強化其參與兩性平等教育工作的意願。當然，大眾傳播媒體也可在建構兩性平權生活空間方面，扮演更積極、更專業的社會角色，無論是對兒童、對青少年、對社會大眾，或是對父母的理念宣導與行為矯正方面。換言之，唯有結合家庭、社會和學校的人力資源，方能擴大家庭教育、社會教育與學校教育的功能，早日落實我國憲法第七條條文：「中華民國人民，無分男女、宗教、種族、階級、黨派，在法律上一律平等」的理想目標。

兩性之間

　　生命的進化如同一場「苦戰」，就好像蠶在蛻變時，必須把自己纏繞起來；火鳳凰要能重生，就必須把自己投向火堆燃燒一般。人在生命延續的過程中，就必須承受那無窮無盡、無法預測的「苦」。正因為生命是如此的不順利、不平凡，這樣的苦正是人類必須承受的負擔與壓力，也更能顯現出生命的可貴、尊嚴與不凡。只要世間的男男女女願意承受苦難，接受挑戰，一定可以在生命的演化過程中蛻變出來。

　　其實人生本就「苦」短，這也是一種「挑戰」。人一生下來，兩個眼睛、一個鼻子、一個嘴巴，就構成一個「苦」字，所以不管是男人或是女人，只要是生而為人，可能就必須面對許多問題，所以問題本身不是問題，如果我們對生命執著，對生活熱愛，對他人關懷，那麼這個「苦」也就是一種訓練。反之，這個「苦」就是一種壓力。有人面對壓力時無法跨越，有人面對壓力時會有挫敗，但是也有人能化壓力為動力，化阻力為助力，激發潛能，突破、超越生命的障礙。

　　有些人喜歡爭論男人、女人誰命苦？答案是：只要是人都命苦，但是這個苦端視你從哪一個角度解釋。你從正向的角度積極思考，命苦本身就是一種磨練、挑戰；如果你從負向的角度去詮釋時，你將會發現到這種苦是一種阻力、一種挫敗，你甚至會覺得生命到了一種關卡桎梏，沒有辦法獲得解脫。所以，人從不同角度去思考一件事情，就可以擁有不同的生活態度與生命哲學。

　　「改變信念就是改變生活、改變生命」，人要學會吃苦、受苦，苦中作樂，苦中成長。當情關難過、緣盡情了時，何妨改變一下你／妳那消極的信念與消極思考呀！

（第九章「性行為與性教育知能」自我測量表之問題答案：全 4243－14452－3113）

學習活動

❖ **活動名稱：找回自我、快樂地生活**

活動目的：建構兩性平權的生活空間

活動時間：約需 50 分鐘

活動性質：適用於團體輔導與課程學習

活動方式：

1. 三至六人一組，各組準備 A4 紙一張。

2. 每組事先訪查生活中兩性不平等的各種現象，書寫於 A4 紙上。

3. 與其他組交換訪查資料，共同討論解決方法並自我檢討。時間 25 分鐘。

4. 各組代表報告研究心得，相互交流。時間 15 分鐘。

5. 專家學者或教師、領導者指導。

❖ **活動名稱：攜手同行大會考**

活動目的：回顧並統整「兩性關係與教育」之知能

活動時間：不限

活動性質：適用於個人學習、團體輔導與課程訓練

活動方式：

1. 個人學習方面：自我整理每章節重點，以及個人的生活經驗。

2. 團體輔導與課程訓練方面：三至六人一組，各組準備 A4 紙一張，擬訂、書寫與本書內容有關的十個問題。主持人收回後，進行搶答競賽。

3. 專家學者或教師、領導者指導、總結。

兩性工作平等法

（中華民國九十一年一月十六日總統華總一義字第○九一○○○○三六六○
號令制定公布全文四十條）

第一章　總則

第　一　條　為保障兩性工作權之平等，貫徹憲法消除性別歧視、促進兩
　　　　　　性地位實質平等之精神，爰制定本法。

第　二　條　雇主與受雇者之約定優於本法者，從其約定。

　　　　　　　本法於公務人員、教育人員及軍職人員，亦適用之。但第
　　　　　　三十三條、第三十四條及第三十八條之規定，不在此限。

　　　　　　　公務人員、教育人員及軍職人員之申訴、救濟及處理程
　　　　　　序，依各該人事法令之規定。

第　三　條　本法用辭定義如下：

　　　　　　一、受雇者：謂受雇主雇用從事工作獲致薪資者。

　　　　　　二、求職者：謂向雇主應徵工作之人。

　　　　　　三、雇主：謂雇用受雇者之人、公私立機構或機關。代表雇
　　　　　　　　主行使管理權之人或代表雇主處理有關受雇者事務之
　　　　　　　　人，視同雇主。

　　　　　　四、薪資：謂受雇者因工作而獲得之報酬；包括薪資、薪金
　　　　　　　　及按計時、計日、計月、計件以現金或實物等方式給付
　　　　　　　　之獎金、津貼及其他任何名義之經常性給與。

第　四　條　本法所稱主管機關：在中央為行政院勞工委員會；在直轄市
　　　　　　為直轄市政府；在縣（市）為縣（市）政府。

本法所定事項，涉及各目的事業主管機關職掌者，由各該目的事業主管機關辦理。

第 五 條 為審議、諮詢及促進兩性工作平等事項，各級主管機關應設兩性工作平等委員會。

前項兩性工作平等委員會應置委員五至十一人，任期兩年，由具備勞工事務、兩性問題之相關學識經驗或法律專業人士擔任之，其中經勞工團體、婦女團體推薦之委員各二人，女性委員人數應占全體委員人數二分之一以上。

前項兩性工作平等委員會組織、會議及其他相關事項，由各級主管機關另定之。

地方主管機關如設有就業歧視評議委員會，亦得由該委員會處理相關事宜。該會之組成應符合第二項之規定。

第 六 條 直轄市及縣（市）主管機關為婦女就業之需要應編列經費，辦理各類職業訓練、就業服務及再就業訓練，並於該期間提供或設置托兒、托老及相關福利設施，以促進兩性工作平等。

中央主管機關對直轄市及縣（市）主管機關辦理前項職業訓練、就業服務及再就業訓練，並於該期間提供或設置托兒、托老及相關福利措施，得給予經費補助。

第二章 性別歧視之禁止

第 七 條 雇主對求職者或受雇者之招募、甄試、進用、分發、配置、考績或陞遷等，不得因性別而有差別待遇。

但工作性質僅適合特定性別者，不在此限。

第 八 條 雇主為受雇者舉辦或提供教育、訓練或其他類似活動，不得因性別而有差別待遇。

第 九 條 雇主為受雇者舉辦或提供各項福利措施，不得因性別而有差別待遇。

第 十 條 雇主對受雇者薪資之給付，不得因性別而有差別待遇；其工

作或價值相同者，應給付同等薪資。但基於年資、獎懲、績效或其他非因性別因素之正當理由者，不在此限。

　　雇主不得以降低其他受雇者薪資之方式，規避前項之規定。

第 十一 條　雇主對受雇者之退休、資遣、離職及解僱，不得因性別而有差別待遇。

　　工作規則、勞動契約或團體協約，不得規定或事先約定受雇者有結婚、懷孕、分娩或育兒之情事時，應行離職或留職停薪；亦不得以其為解僱之理由。

　　違反前二項規定者，其規定或約定無效；勞動契約之終止不生效力。

第三章　性騷擾之防治

第 十二 條　本法所稱性騷擾，謂下列二款情形之一：

　　一、受雇者於執行職務時，任何人以性要求、具有性意味或性別歧視之言詞或行為，對其造成敵意性、脅迫性或冒犯性之工作環境，致侵犯或干擾其人格尊嚴、人身自由或影響其工作表現。

　　二、雇主對受雇者或求職者為明示或暗示之性要求、具有性意味或性別歧視之言詞或行為，作為勞務契約成立、存續、變更或分發、配置、報酬、考績、陞遷、降調、獎懲等之交換條件。

第 十三 條　雇主應防治性騷擾行為之發生。其雇用受雇者三十人以上者，應訂定性騷擾防治措施、申訴及懲戒辦法，並在工作場所公開揭示。

　　雇主於知悉前條性騷擾之情形時，應採取立即有效之糾正及補救措施。

　　第一項性騷擾防治措施、申訴及懲戒辦法之相關準則，由中央主管機關定之。

第四章　促進工作平等措施

第 十四 條　女性受雇者因生理日致工作有困難者，每月得請生理假一日，其請假日數併入病假計算。

　　　　　生理假薪資之計算，依各該病假規定辦理。

第 十五 條　雇主於女性受雇者分娩前後，應使其停止工作，給予產假八星期；妊娠三個月以上流產者，應使其停止工作，給予產假四星期；妊娠二個月以上未滿三個月流產者，應使其停止工作，給予產假一星期；妊娠未滿二個月流產者，應使其停止工作，給予產假五日。

　　　　　產假期間薪資之計算，依相關法令之規定。

　　　　　受雇者於其配偶分娩時，雇主應給予陪產假二日。

　　　　　陪產假期間工資照給。

第 十六 條　受雇於雇用三十人以上雇主之受雇者，任職滿一年後，於每一子女滿三歲前，得申請育嬰留職停薪，期間至該子女滿三歲止，但不得逾二年。同時撫育子女二人以上者，其育嬰留職停薪期間應合併計算，最長以最幼子女受撫育二年為限。

　　　　　受雇者於育嬰留職停薪期間，得繼續參加原有之社會保險，原由雇主負擔之保險費，免予繳納；原由受雇者負擔之保險費，得遞延三年繳納。

　　　　　育嬰留職停薪津貼之發放，另以法律定之。

　　　　　育嬰留職停薪實施辦法，由中央主管機關定之。

第 十七 條　前條受雇者於育嬰留職停薪期滿後，申請復職時，除有下列情形之一，並經主管機關同意者外，雇主不得拒絕：

　　　　　一、歇業、虧損或業務緊縮者。

　　　　　二、雇主依法變更組織、解散或轉讓者。

　　　　　三、不可抗力暫停工作在一個月以上者。

　　　　　四、業務性質變更，有減少受雇者之必要，又無適當工作可供安置者。

　　　　　雇主因前項各款原因未能使受雇者復職時，應於三十日前
　　　　通知之，並應依法定標準發給資遣費或退休金。

第 十八 條　子女未滿一歲須受雇者親自哺乳者，除規定之休息時間外，
　　　　雇主應每日另給哺乳時間二次，每次以三十分鐘為度。

　　　　　前項哺乳時間，視為工作時間。

第 十九 條　受雇於雇用三十人以上雇主之受雇者，為撫育未滿三歲子
　　　　女，得向雇主請求為下列二款事項之一：

　　　　一、每天減少工作時間一小時；減少之工作時間，不得請求
　　　　　　報酬。

　　　　二、調整工作時間。

第 二十 條　受雇於雇用三十人以上雇主之受雇者，於其家庭成員預防接
　　　　種、發生嚴重之疾病或其他重大事故須親自照顧時，得請家
　　　　庭照顧假，其請假日數併入事假計算，全年以七日為限。

　　　　　家庭照顧假薪資之計算，依各該事假規定辦理。

第二十一條　受雇者依前七條之規定為請求時，雇主不得拒絕。但第十九
　　　　條雇主有正當理由者，不在此限。

　　　　　受雇者為前項之請求時，雇主不得視為缺勤而影響其全勤
　　　　獎金、考績或為其他不利之處分。

第二十二條　受雇者之配偶未就業者，不適用第十六條及第二十條之規
　　　　定。但有正當理由者，不在此限。

第二十三條　雇用受雇者二百五十人以上之雇主，應設置托兒設施或提供
　　　　適當之托兒措施。

　　　　　主管機關對於雇主設置托兒設施或提供托兒措施，應給予
　　　　經費補助。

　　　　　有關托兒設施、措施之設置標準及經費補助辦法，由中央
　　　　主管機關會商有關機關定之。

第二十四條　主管機關為協助因結婚、懷孕、分娩、育兒或照顧家庭而離
　　　　職之受雇者獲得再就業之機會，應採取就業服務、職業訓練

及其他必要之措施。

第二十五條　雇主雇用因結婚、懷孕、分娩、育兒或照顧家庭而離職之受雇者成效卓著者，主管機關得給予適當之獎勵。

第五章　救濟及申訴程序

第二十六條　受雇者或求職者因第七條至第十一條或第二十一條第二項之情事，受有損害者，雇主應負賠償責任。

第二十七條　受雇者或求職者因第十二條之情事，受有損害者，由雇主及行為人連帶負損害賠償責任。但雇主證明其已遵行本法所定之各種防治性騷擾之規定，且對該事情之發生已盡力防止仍不免發生者，雇主不負賠償責任。

　　　　　如被害人依前項但書之規定不能受損害賠償時，法院因其聲請，得斟酌雇主與被害人之經濟狀況，令雇主為全部或一部之損害賠償。

　　　　　雇主賠償損害時，對於為性騷擾之行為人，有求償權。

第二十八條　受雇者或求職者因雇主違反第十三條第二項之義務，受有損害者，雇主應負賠償責任。

第二十九條　前三條情形，受雇者或求職者雖非財產上之損害，亦得請求賠償相當之金額。其名譽被侵害者，並得請求回復名譽之適當處分。

第 三十 條　第二十六條至第二十八條之損害賠償請求權，自請求權人知有損害及賠償義務人時起，二年間不行使而消滅。自有性騷擾行為或違反各該規定之行為時起，逾十年者，亦同。

第三十一條　受雇者或求職者於釋明差別待遇之事實後，雇主應就差別待遇之非性別因素，或該受雇者或求職者所從事工作之特定性別因素，負舉證責任。

第三十二條　雇主為處理受雇者之申訴，得建立申訴制度協調處理。

第三十三條　受雇者發現雇主違反第十四條至第二十條之規定時，得向地方主管機關申訴。

其向中央主管機關提出者，中央主管機關應於收受申訴案件，或發現有上開違反情事之日起七日內，移送地方主管機關。

地方主管機關應於接獲申訴後七日內展開調查，並得依職權對雙方當事人進行協調。

前項申訴處理辦法，由地方主管機關定之。

第三十四條　受雇者或求職者發現雇主違反第七條至第十一條、第十三條、第二十一條第二項或第三十六條規定時，向地方主管機關申訴後，雇主、受雇者或求職者對於地方主管機關所為之處分有異議時，得於十日內向中央主管機關兩性工作平等委員會申請審議或逕行提起訴願。雇主、受雇者或求職者對於中央主管機關兩性工作平等委員會所為之處分有異議時，得依訴願及行政訴訟程序，提起訴願及進行行政訴訟。

前項申訴審議處理辦法，由中央主管機關定之。

第三十五條　法院及主管機關對差別待遇事實之認定，應審酌兩性工作平等委員會所為之調查報告、評議或處分。

第三十六條　雇主不得因受雇者提出本法之申訴或協助他人申訴，而予以解僱、調職或其他不利之處分。

第三十七條　受雇者或求職者因雇主違反本法之規定，而向法院提出訴訟時，主管機關應提供必要之法律扶助。

前項法律扶助辦法，由中央主管機關定之。

受雇者或求職者為第一項訴訟而聲請保全處分時，法院得減少或免除供擔保之金額。

第六章　罰則

第三十八條　雇主違反第七條至第十條、第十一條第一項、第二項、第十三條第一項後段、第二項、第二十一條第二項或第三十六條者，處新台幣一萬元以上十萬元以下罰鍰。

第七章　附則

第三十九條　本法施行細則，由中央主管機關定之。

第四十條　本法自中華民國九十一年三月八日施行。

聯合國消除對婦女一切形式歧視公約

〈公約背景〉

　　經過多年的努力，聯合國在一九七九年十二月十八日通過《消除對婦女一切形式歧視公約》（以下簡稱《公約》），並於一九八〇年三月一日公開供各國簽署，一九八一年九月三日正式生效。迄今已有逾一百三十餘個締約國。

　　《公約》是現今最完整、全面考量有關女性人權的國際公約，它列出一套完整的原則及措施，要求國家通過立法及社會政策，保障婦女在政治、經濟、文化等各方面的平等權利（新婦女協進會資源中心，1992）。

　　《公約》共有三十條條文，其中十六項條文列出徹底消除婦女在各方面所受歧視而必須實行的措施（如下條文），而另外的十四個條文則列出對締約國提交報告的要求、監察委員會的組成及《公約》的效力等。

〈公約內容〉

條款一：對婦女歧視的定義

　　「對婦女歧視」指基於性別而做的任何區別、排斥或限制。其影響或目的均足以妨礙或否定已婚或未婚婦女在男女平等的基礎上認識、享有或行使在政治、經濟、社會、文化、公民或任何其他方面的人權和基本自由。

條款二：採取措施取締對婦女的歧視

　　要求締約國譴責一切對婦女的歧視，採取一切適當的措施，包括修改憲法、制定法律、推行政策及於有需要時應行制裁等，廢除歧視婦女的行為、法律、規章、習俗和慣例。

條款三：採取措施確保婦女的潛能得到發展

各締約國應採取積極措施，特別在政治、社會、經濟及文化領域確保婦女得到充分發展和進步，使婦女可在男女平等的基礎上行使和享有人權和基本自由。

條款四：暫時措施

締約國各國在促進男女平等的過程中所採取的特別暫行措施，不得被視為歧視，而這些措施在取得男女平等後，應停止使用。

條款五：性格角色及沿襲

改變沿襲自傳統的男女社會和文化行為模式，消除基於性別的尊卑觀念，或基於母女角色定型的偏見及習俗。此外，家庭教育包括正確理解母親的社會功能，強調養育子女是父母的共同責任。

條款六：販賣婦女與賣淫活動

禁止一切形式販賣婦女和強迫婦女賣淫從而對婦女進行剝削的行為。

條款七：政治與公眾事務

消除在政治和公眾事務中對婦女的歧視，以確保障婦女享有與男性平等的選舉、制定及執行政策和擔任公職等的權利。

條款八：參與國際事務

確保婦女享有與男性平等的機會，參加各國際組織的工作。

條款九：國籍

確保婦女與男性享有同等取得、改變或保留國籍的權利；更應保證婦女與外國人結婚或婚姻存續期間，丈夫轉變國籍不會自然改變妻子的國籍，或令其喪失國籍，或被強加入其丈夫的國籍。

條款十：教育

確保婦女享有與男性同等權利，在各類教育機構接受各種程度的教育；並透過改變教學形式，如修訂教科書、課程及教學方法，消除教育中男女角色定型的觀念。

條款十一：就業

推行男女同工同酬，確保婦女享有與男性同等的就業、選擇職業、晉升、接受訓練、工作保障、工作福利、社會保障及健康保障的權利。此

外，婦女更不應因結婚或生育而受歧視；禁止雇主以懷孕、產假或婚姻狀況為理由予以解僱。政府應提供必要的社會服務，特別是發展托兒服務，使父母得以兼顧家庭義務及工作責任。

條款十二：保健

確保婦女在男女平等的基礎上取得各種保健服務，包括避孕、懷孕、分娩和產後的保健服務。

條款十三：社會及經濟福利

確保婦女取得與男性同等的經濟及社會生活權利，包括領取家屬津貼銀行貸款、抵押，及參與各種娛樂活動的權利。

條款十四：農村婦女

應考慮農村婦女面對的特殊問題及確認他們在家庭生活方面的重要作用。政府應保障農村婦女在男女平等的基礎上參與農村發展規劃、參與經濟活動、取得信貸及接受訓練教育。農村婦女有權享有保健設施，包括避孕及有關的職業服務。

條款十五：法律

男女在法律面前必須平等，婦女在公民事務上享有與男性平等的權利，包括簽訂合同與管理財產，並在法律訴訟上享有平等待遇。此外，任何限制婦女法律權利的合同或具法律效力的文書，應一律視為無效。

條款十六：婚姻、家庭

保障婦女享有平等的締結婚姻及選擇配偶的權利。男女雙方在婚姻存續期間、解決婚姻關係或處理有關子女的事務時，應享有平等權利和義務。配偶雙方應有同等的自由和權利決定子女人數及生育間隔。夫妻應有同等的個人權利，包括選擇姓氏和職業，亦應有同等的管理及運用財產的權利。

〈對締約國的監察〉

聯合國組成「消除對婦女歧視委員會」以監察締約國執行公約的進展情況。委員會包括二十三名成員，是從各締約國的代表中選出。公約訂明締約國需在簽訂公約的第一年內，以及以後每四年提交報告。為了統一報

告的內容格式，委員會分別於一九八三及一九八八年制定有關之指引。

　　各締約國需在報告的第一部分詳列有關國家的一般背景資料、國內負責推行婦女權益的機構，及各項促進保障婦女地位的措施。報告的第二部分則需就公約內各項條款的落實執行、締約後各項政策的改善及發展、所遇到的障礙等，做一全面報告。

　　委員會成員均以個人身分參與工作。他們除了負責審核締約國提交的報告外，亦會就報告的內容向各締約國的政府代表提問要求詳盡的資料。委員會每年會就審核結果撰寫報告，並向聯合國做有關建議。

　　除了締約國提交的官方報告外，各國的非政府機構亦可直接向委員會提交獨立報告，令委員會對締約國的婦女狀況有更全面的掌握，及對締約國進行更有效的監察。

 **附錄三**

兩性平等教育國小課程範例

　　本課程係連廷嘉和孫幸慈（民90）根據兩性教育的基本理念以及應用相關課題，所設計來做為國小兒童的兩性教育課程方案。研究者並曾以國小三、四年級各十班兒童為對象，實際驗證其效果，確認可做為日後提供國小老師實施兩性平等教育之參考。本課程也適用於國小高年級兒童的團體輔導方案，並透過講授、活動體驗、小組分享、拼圖、課外讀物及學習單等方式進行，期能在一個溫暖、安全又充滿趣味的情境下，提升兒童的學習興趣，進而達到兩性平等教育之目標。

㈠設計理念與依據

　　本設計方案所參考的文獻包括：

　　1.教育部（民88）「兩性平等教育季刊」第八期內容。

　　2.教育部（民89）「國民中小學九年一貫課程第一學習階段暫行綱要」。

　　3.教育部（民89）「國小中年級兩性平等教育補充教材教師手冊」。

　　4.高雄市教育局（民86）「兩性平等教育單元活動設計彙編」。

　　5.張玨（民86）「兩性平等教育的精神與目標（內涵）」。

　　6.莊明貞（民87）「國小高年級兩性平等教育課程」。

㈡課程方案

　　根據上述理論依據以及參酌兩位國小輔導實務人員意見後，所設計的課程方案大綱如下表：兩性平等教育課程方案摘要表。本課程包括下列幾項重點：

1.教學目標

⑴了解自己姓名的意義，以及父母賦予此姓名的意義。

⑵認同自己的性別角色，並能欣賞異性的優點。

⑶了解身體的構造及功能，認同自己的身體，並能尊重異性。

⑷察覺家庭中家事分配的情形，是否存在著性別刻板角色，並認識個人在家中生活應擔任的職務。

⑸了解每個人喜好的不同，並學習以尊重態度對待朋友。

⑹認識身體的隱私處，了解隱私的重要性，以及尊重別人的隱私。

⑺注意到陌生人、熟人的各類異常行為，和別人相處時要能平常對待、互相尊重，以及遇到偶發事件時如何去尋找協助幫助。

2.課程體驗

⑴運用分組討論方式，鼓勵兒童將內心想法和感受跟同儕分享。

⑵利用閱讀兒童讀物、剪報、拼圖等活動，以增加課程之活潑性，並促進兒童對兩性性別角色的學習和突破，以及了解多元文化社會中兩性平等的意涵。

3.課程方案摘要表（見下頁）。

次數	單元名稱	單元目標
1.	我是誰	了解自己姓名的意義。 父母賦予此姓名的意義。
2.	喜愛我的性別	覺察兩性的差異。 認同自己的性別角色。 欣賞異性的優點。
3.	男性好？女性好？	覺察兩性的差異。 了解兩性的性別特質。 認同自己的性別角色。 欣賞異性的優點。
4.	身體大奇航	了解身體的構造及功能。 認同自己的身體，並能尊重異性。
5.	我到底怎麼了？	察覺兩性身體的差異。 了解身體的構造及功能。 認同自己的身體，並能尊重異性。
6.	成長情事	察覺兩性身體的差異。 了解身體的構造及功能。 認同自己的身體，並能尊重異性。
7.	第三類接觸	認識身體的隱私處。 了解隱私的重要性。 尊重別人的隱私。
8.	小心大野狼	注意到陌生人、熟人的各類異常行為。 和別人相處時要能平常對待、互相尊重。 遇到偶發事件時如何去尋找協助幫助。
9.	朱家故事	察覺家庭中家事分配的情形。 察覺已存在的性別刻板角色。 認識個人在家中生活應擔任的職務。
10.	威廉的洋娃娃	了解每個人喜好的不同。 學習以尊重態度對待朋友。

參考書目

一、中文部分

尹美琪（民 84）。同性戀的坎坷路。**諮商與輔導，114**，46-48。

文榮光（民 69）。**臨床性醫學**。台北：大洋。

方德隆（民 89）。多元文化教育中性別意識之內涵。載於教育部主編：**高中職教師兩性平等教育工作坊研習教材**（1-11）。

王文俊編（民 88）。**朱柏廬治家格言註釋**（四版）。台北：揚善雜誌。

王文科（民 89）。質的研究的問題與趨勢。載於中正大學教育學研究所主編：**質的研究方法**（1-24）。高雄：麗文文化。

王幼玲（民 76）。阻礙感情交流的傳統性格：讓人讀不懂的心。載於余德慧主編：**中國人的愛情觀**（238-245）。台北：張老師文化。

王如玄編（民 88）。**女人六法**。台北：婦女權益促進發展基金會。

王志弘（民 85）。台北新公園的情慾地理學：空間再現與男同性戀認同。**台灣社會研究季刊，22**，195-218。

王秀紅、謝臥龍和駱慧文（民 83）：醫療行為中性騷擾的界定與預防－德懷研究。**公共衛生，21(1)**，1-13。

王俊秀（民 87）。課程規劃與發展的困境以及因應之道。載於教育部主編：**大專院校兩性平等教育課程與教學研習會論文集**（31-36）。

王淑俐（民 89）。**人際關係與溝通**。台北：三民。

王淑娟（民 87）。邁向一九九八：兩性平等教育委員會大事記。**兩性平等教育季刊，5**，8-11。

王淑敏（民 89）。大學生職業偏好與妥協選擇現象之研究。載於中國輔導學會主編：**2000 諮商專業發展學術研討會手冊**（85）。

王溢嘉（民 80）。**禁果之路**。台北：自由時報。

王瑞琪、莊雅旭、莊弘毅和張鳳琴譯（民81）。**新金賽性學報告**。台北：
　　張老師文化。

王碧瑩（民81）。**做個風姿綽約的女人**。台北：方智。

王鍾和（民86）。我國中小學之性教育。**學生輔導雙月刊**，**48**，58-69。

王懋雯、林俐君和黃淑鈴（民92）。電視廣告中的兩性角色。**台灣性學學
　　刊**，**9(1)**，1-13。

王麗容（民88）。校園性騷擾及性侵犯處理模式之研究。載於高雄醫學大
　　學主編：**邁向二十一世紀兩性平等教育國內學術研討會論文集**
　　（37-61）。

田秀蘭（民85）。自我效能預期與女性之生涯發展。**諮商與輔導**，**123**，
　　32-33。

白景文（民86）。工作價值觀、領導型態與工作滿意度之相關性研究──
　　以研華集團為例。台灣師範大學工業科技教育研究所碩士論文。

朴英培（民77）。工作價值觀、領導型態、工作滿足與組織承諾關係之研
　　究──以韓國電子業為例。政治大學企業管理研究所博士論文。

朱　潛（民61）。**變態心理學**。台北：台灣商務。

江仕豪（民80）。**夫妻心理學**。台北：雷鼓。

江漢聲（民85）：性反應與性功能異常。載於陳皎眉、江漢聲、陳惠馨合
　　著：**兩性關係**（148-160）。台北：國立空中大學。

江靜芳（民84）。報禁解除後「家庭生活版」十八變。**台大新聞論壇**，**3**，
　　112-125。

行政院主計處（民91）。**國情統計通報：2000 年女性政經參與之國際比
　　較**。http://www.dgbas.gov.tw/dgbas03/bs2/gender/n9101.htm

行政院青年輔導委員會（民85）。**青少年白皮書**，23-26。

行政院衛生署（民81）。**國中性教育教材教師手冊**（四版）。

余德慧（民76）。中國人的心底故事。載於余德慧主編：**中國人的愛情觀**
　　（序）。台北：張老師文化。

余德慧（民79）。**中國女人的生涯觀**。台北：張老師文化。

余德慧（民79）。**中國人的人際觀**。台北：張老師文化。

余德慧（民79）。**中國男人的生涯觀**。台北：張老師文化。

余德慧、陳斐卿（民85）：人緣──中國人舞台生活的秩序。載於楊國樞主編：**中國人的人際心態**（2-46）。台北：桂冠文化。

吳玉釵（民85）：國小學童性騷擾經驗之探討。**訓育研究**，**35**(2)，33-40。

吳知賢（民88）。電視媒體中兩性關係的探討。**國教之友**，**51**，3-11。

吳明清（民91）。教育的意義、目的與功能。載於楊國賜主編：**新世紀的教育學概論**（2-23）。台北：學富文化。

吳芝儀、李奉儒譯（民84）。**質的評鑑與研究**。台北：桂冠。

吳芝儀譯（民85）。**生涯發展的理論與實務**。台北：揚智文化。

吳雅玲（民88）。中等教育學程中兩性平等教育課程內涵之德懷研究。載於高雄醫學大學兩性研究中心主編：**邁向二十一世紀兩性平等教育國內學術研討會論文集**（二）（99-124）。

吳錦鳳編著（民75）。**心理學與心理衛生**。高雄：復文。

吳蘭若（民89）。幼兒性別角色認同發展與兩性平等教育。**兩性平等教育季刊**，**10**，91-99。

吳鐵雄、李坤崇、劉佑星與歐慧敏（民85）。**工作價值觀量表指導手冊**。台北：行政院青年輔導委員會。

呂政達（民79）。鍾馗情結。載於王幼玲、王政達等著：**亞當與夏娃法則**（166-168）。台北：張老師文化。

呂寶靜（民88）。職場性騷擾。載於行政院勞工委員會主編：**保護你手冊**（11-18）。台北：中華民國新女性聯合會。

李光真（民91）。現代多元婚姻觀。**光華雜誌**，**27**(8)，6-17。

李美枝（民71）。性別特質問卷的編製及男女大學生在成就動機、婚姻、事業及性態度上之比較。**中華心理學刊**，23，23-27。

李美枝（民79）。**女性心理學**（三版）。台北：大洋。

李美枝（民81）。性別角色兩性差異。載於吳靜吉等編著：**心理學**（561-592）。台北：國立空中大學。

李美枝（民85）。兩性關係的社會生物學原型在傳統中國與今日台灣的表現型態。**本土心理學研究**，**5**，114-174。

李華璋（民83）。工作價值觀在生計諮商上的應用。**輔導季刊**，**30** (2)，33-40。

杜芳琴（民77）。**女性觀念的衍變**。鄭州：河南人民。

沈　怡（民84）。從女性新聞到人性新聞。**台大新聞論壇**，**3**，112-125。

沈慶鴻（民89）。由大學生兩性交往的現況談大學性教育的必要性。**學生輔導雙月刊**，**69**，28-35。

汪慧瑜（民86）。「兩性教育」──夫子教戰手冊。**學生輔導雙月刊**，**48**，108-113。

卓紋君（民89）。從兩性關係發展的模式談兩性親密關係的分與合。**輔導季刊**，**36**(2)，31-44。

卓紋君、饒夢霞（民87）。台灣人愛情關係的發展與分析：以一百個愛情故事為例。**一九九八年世界心理衛生與輔導會議論文集**（3.251-3.266）。

吳書昀（民91）。性別意識的發展歷程：以婦運參與者為例之研究。高師師範大學輔導研究所碩士論文。

周甘逢、周新富和吳明隆（民90）。**教育導論**。台北：華勝文化。

孟祥森譯（民82）。**逃避自由**。台北：志文。

林文琪（民79）。你接不接受同性戀。**婦女雜誌**，**11**，114-128。

林如萍（民80）。國中生性教育課程探討。載於晏涵文主編：**告訴他性是什麼～0 至 15 歲的性教育**。台北：張老師文化。

林芳玫（民85）。媒體陽謀論：專業主義精英文化與商業力量對女性的三重歧視。載於謝臥龍主編：**兩性、文化與社會**（133-151）。台北：心理。

林芳玫（民86）。由新社會運動的觀點看媒體與台灣婦運。**中外文學**，**26**(2)，75-97。

林珮淳（民85）。古代「三寸金蓮」與現今「美容塑身」的探討。**兩性平**

等教育季刊，**10**，81-90。

林淑美（民 67）。學生宿舍中男女合舍與男女分舍之大學生心理成長的比較。**中華心理學刊**，**20**(2)，29-33。

林惠雅（民 87）。社會行為的發展。載於蘇建文等著：**發展心理學（二版）**（267-300）。台北：心理。

林燕卿（民 87）。學校性教育。載於江漢聲、晏涵文主編：**性教育**（459-490）。台北：性林文化。

邱玉誠（民 92）。性別平等教育法研訂過程。**兩性平等教育季刊**，**22**，8-9。

邱駿彥（民 88）。我如何判斷與處理性騷擾。載於行政院勞工委員會主編：**保護你手冊**（25-30）。台北：中華民國新女性聯合會。

侯文詠（民 82）。**親愛的老婆**。台北：皇冠。

柯淑敏（民 90）。**兩性關係學**。台北：揚智文化。

柏　楊（民 78）。**皇后之死：溫柔鄉**。台北：躍昇文化。

洪雅琴（民 85）。同性戀者自我認同發展歷程的探討。**諮商與輔導**，**126**，17-20。

祈家威（民 82）。我是不是？我怎麼辦？載於余德慧主編：**中國人的同性戀**（27-30）。台北：張老師文化。

胡幼慧（民 85）。多元文化。載於胡幼慧主編：**質性研究──理論、方法及本土女性研究實例**（271-288）。台北：巨流。

胡海國編譯（民 78）。**發展心理學（十二版）**。台北：桂冠。

苗廷威譯（民 87）。**人際關係解剖**。台北：巨流。

徐西森（民 85）。**同性戀問題、案例分析及處遇模式之研究**。第四屆亞洲性學會議論文。

徐西森（民 86a）。**輔導心語：輔導知能與心理成長**。高雄：新雅。

徐西森（民 86b）。**團體動力與團體輔導**。台北：心理。

徐西森（民 91a）。**商業心理學（二版）**。台北：心理。

徐西森、連廷嘉、陳仙子和劉雅瑩（民 91b）。**人際關係的理論與實務**。

台北：心理。

徐　靜（民72）：**精神醫學**。台北：水牛。

晏涵文（民79）。學習新的兩性關係。載於楊月蓀譯：**新兩性關係（二版序）**。台北：財團法人洪建全教育文化基金會。

晏涵文（民80）。**浪漫的開始**。台北：張老師文化。

晏涵文（民87a）。**生命與心理的結合：家庭生活與性教育（二版）**。台北：張老師文化。

晏涵文（民87b）。現代青少年的感情生活與性教育**理論與政策，48**，165-182。

晏涵文、蘇鈺婷和李佳容（民90）。國小高年級學生性教育現況及需求之研究。**台灣性學學刊，7(2)，**1-23。

茗　溪（民75）。同性戀。**諮商與輔導，2，**2-12。

高雄市家庭計畫推廣中心編（民80）。**避孕方法：生殖生理**。

張　玨（民84）。婦女研究──婦女健康人權的回顧與展望。載於**婦女研究十年：婦女人權的回顧與展望研討會論文集**（7-10）。台北：台大人口研究中心婦女研究室。

張　玨（民86）。**兩性平等教育的精神與目標**。台大：人口研究中心婦女研究室。

張　玨（民89）。兩性平等教育。載於教育部主編：**兩性平等教育工作坊研習教材**（1-28）。

張　玨（民88）。性別教育之我見。**兩性平等教育季刊，7，**24-27。

張士嘉（民86）。婚姻與環境：婚姻適應歷程模式。**世新大學學報，7，**219-250。

張治遙（民80）。**大學生內外控信念、社會支持與學習倦怠的相關研究**。彰化師範大學輔導研究所碩士論文。

張春興（民78）。**張氏心理學辭典**。台北：東華。

張春興（民84）。**現代心理學**。台北：東華。

張美慧（民91）。累積與前進：兩性平等教育委員會大事記。**兩性平等教**

育季刊，**17**，8-11。

張英熙（民 79）。蜘蛛女之吻～談同性戀問題。**學生輔導通訊，9**，39-42。

張家宜（民 87）。台灣高等教育教師聘任性別差別待遇之研究。**淡江大學人文社會學刊**，2，108-145。

張瑾瑜（民 85）。**國小學童職業性別刻板印象之研究**。彰化師範大學輔導研究所碩士論文。

張龍雄（民 81）。**性關係社會學**。台北：遠流。

教育部（民 88）。**大專院校及中小學校校園性騷擾及性侵犯處理原則**。台北：教育部訓育委員會。

淺野八郎（民 78）。**心理測驗（愛情篇）**。台北：專業文化。

清大小紅帽工作室（民 82）。**校園反性騷擾行動手冊**。台北：張老師文化。

畢恆達（民 89）。讓女生重返運動場。載於教育部主編：**高中職教師兩性平等教育工作坊研習教材**（122-125）。

莊明貞（民 87）。**國小高年級兩性平等教育課程專案報告**。台北：教育部訓育委員會。

莊明貞（民 88）。性別議題與九年一貫國民教育課程改革。**兩性平等教育季刊，7**，39-96。

莊慧秋（民 79）。八〇年代女性的生涯定向。載於余德慧主編：**中國女人的生涯觀**（118-125）。台北：張老師文化。

莊慧秋（民 79）。她們的故事：四種典型的生命路向。載於余德慧主編：**中國女人的生涯觀**（117-125）。台北：張老師文化。

莊慧秋等（民 81）。**中國人的同性戀**。台北：張老師文化。

許佑生（民 84）。**當王子遇見王子**。台北：皇冠。

許珍琳、晏涵文（民 89）。台北市高中職學生之性知識、性態度和性行為及其相關因素之研究。**台灣性學學刊，6(2)**，7-23。

許麗玉（民 79a）。環肥燕瘦看走眼。載於王幼玲、王政達等著：**亞當與**

夏娃法則（174-177）。台北：張老師文化。

許麗玉（民79b）。都是性荷爾蒙作怪？載於王幼玲、王政達等著：亞當與夏娃法則（229-230）。台北：張老師文化。

連廷嘉、孫幸慈（民90）。兩性教育課程對國小兒童輔導效果之行動研究。**教育部九十年度南區大專院校兩性平等教育行動研究論文集**（28-50）。

郭洪國雄（民83）。**男同性戀者需求與適應之探討**。中正大學社會福利研究所碩士論文。

郭麗安（民83）。同性戀者的諮商。**輔導季刊**，**30**(2)，50-57。

郭麗安（民90）。諮商師在婚姻情境中問題概念化的性別偏見研究。**中華輔導學報**，**10**，1-40。

郭麗安（民91）。諮商師問題概念化的權力意識：以婚姻諮商為例。高雄師範大學性別教育研究所主編：**性別、知識與權力研討會論文集**（61-76）。

陳光中、秦文力和周愫嫻譯（民81）。**社會學**（二版）。台北：桂冠。

陳均妹（民89）。青少年性教育在班級中的實施。**學生輔導雙月刊**，**69**，35-43。

陳志賢（民87）。**婚姻信念、婚姻溝通與婚姻滿意度之相關研究**。高雄師範大學輔導研究所碩士論文。

陳秉華、蔡秀玲（民88）。國內十年來諮商歷程研究之回顧與展望。載於中國輔導學會主編：**輔導學大趨勢**（123-164）。台北：心理。

陳芳苓（民92）。性別、勞動與健康。**兩性平等教育季刊**，**22**，66-72。

陳若雲（民87）。重新解讀性教育。**杏陵天地**，**7**(1)，7-9。

陳若璋（民82）。**大學生性騷擾、性侵害經驗特性之研究報告**。教育部訓育委員會專案研究報告。

陳家聲（民82）。**商業心理學**。台北：東大。

陳浩（民81）。**同性戀**。台北：遠流。

陳皎眉（民86）。**人際關係**。台北：國立空中大學。

陳皎眉（民 89）。性別角色與性別刻板印象。載於教育部主編：**兩性平等教育工作坊研習教材**（33-42）。

陳衛平譯（民 72）。**成功的穿著**。台北：桂冠。

陳麗如（民 83）。**影響大學生生涯阻隔因素之研究**。台灣師範大學教育心理與輔導研究所碩士論文。

陸汝斌（民 70）。**生理、心理、精神病**。台北：宇宙光。

陶福媛（民 80）。**我國雜誌廣告中女性角色之分析**。政治大學新聞研究所碩士論文。

勝淑芬（民 91）。兩性工作平等上路。光華雜誌，**27**(3)，38-46。

彭懷真（民 72）。**同性戀、自殺、精神病**。台北：橄欖基金會。

曾文星、徐靜（民 84）。**家庭的心理衛生**。台北：水牛。

曾雯琦（民 77）。**另一種情愛：同性戀問題**。聯合報，3 月 15 日，第 15 版。

曾端真、曾端妮譯（民 85）。**人際關係與溝通**。台北：揚智文化。

游慧卿（民 75）。**性別角色在個人、家庭、社會價值之間的差異與生活適應研究**。台灣師範大學教育心理與輔導研究所碩士論文。

焦興鎧（民 88）。雇主在職場性騷擾事件中所負之法律責任為何？載於行政院勞工委員會主編：**保護你手冊**（51-88）。台北：中華民國新女性聯合會。

馮　榕（民 80）。**性生活與學習**。台北：時報文化。

黃天中（民 84）。**生涯規劃概論**。台北：桂冠。

黃文三（民 86）。青少年後期性別角色發展及其相關因素之比較研究——以高雄師大八十二至八十四學年度大一新生為例。**高雄師大學報**，**8**，45-74。

黃文三（民 87）。近三十年來我國青少年性別角色研究的回顧與分析。**高雄師範大學教育學系教育學刊**，**14**，231-274。

黃光國（民 72）。穿著與人生舞台。載於陳衛平譯：**成功的穿著**（序，5-7）。台北：桂冠。

黃同圳（民81）。年輕的心事──企業新進員工工作價值觀初探。**管理雜誌，212**，65-69。

黃同圳（民82）。**青年勞工工作價值觀與組織向心力之研究**。台北：行政院青年輔導委員會。

黃素菲（民87）。我國醫學院學生生涯發展需求與輔導方案設計之研究。載於教育部主編：八十七年度青少年輔導計畫論文摘要集（21-35）。

黃榮村（民67）。我對婦女問題的一些看法。**中國論壇，5**(11)，24-27。

黃榮村（民69）。女性角色的重估。**教育資料文摘，5**(1)，26-33。

黃德祥（民83）。**青少年發展與輔導**。台北：五南。

黃麗莉（民85）。中國人的和諧觀／衝突觀：和諧化主評証觀之研究取經。載於楊國樞主編：**中國人的人際心態**（47-71）。台北：桂冠。

黃麗莉（民88）。**跳脫性別框架**。台北：女書文化。

楊中芳（1996）。「社會／文化／歷史」的框架在哪裡？**本土心理學研究，5**，191-200。

楊宇彥（民90）。**離婚女性生涯轉換之分析研究**。高雄師範大學輔導研究所碩士論文。

楊清芬（民88）。國小男生與女生的校園生活。載於高雄醫學大學兩性研究中心主編：**邁向二十一世紀兩性平等教育國內學術研討會論文集**（397-424）。

楊　欽（民75）。超越在障礙與挫折之外。人間雜誌，**5**，32-35。

楊瑞珠（民85）。多元文化諮商的本質和要素。**諮商輔導文粹，1**，121-132。

楊瑞珠（民87）。**長期性研究「大專生文化與心理態度量表」之編製與調查期中報告**。教育部輔導工作六年計劃研究報告。

葉明濱譯（民71）。**自我的掙扎**。台北：志文。

葉郁菁（民90）。從兒童畫中分析國小學童性別角色之認同。**台南師範學院初等教育學報，14**，259-292。

葉郁菁（民91）。支配與被支配：少女漫畫中呈現的兩性價值觀。**兩性平**

等教育季刊，**17**，134-141。

詹益宏（民 77）。**性醫學～同性戀**。台北：牛頓。

賈紅鶯（民 85）。青少年同性戀傾向的認識與輔導。**諮商與輔導，126**，
　　10-16。

趙居蓮譯（民 84）。**社會心理學**。台北：桂冠。

劉仲冬（民 85）。邁向兩性更平等的社會。載於謝臥龍主編：**兩性、社會
　　與文化**（51-69）。台北：心理。

劉秀娟（民 87）。**兩性關係與教育**（二版）。台北：揚智文化。

劉秀娟、林明寬譯（民 87）。**兩性關係**。台北：揚智文化。

劉修祥、黃淑貞與陳麗文（民 89）。台北市高職餐飲管理科應屆畢業生升
　　學意向與態度之探討。**高雄應用科技大學學報，30**，1-14。

劉惠琴（民 91）。助人專業與性別實踐。**應用心理研究，13**，45-71。

蔡勇美、江吉芳（民 76）。**性的社會學**。台北：巨流。

衛生署編（民 81）。**國中性教育教材教師手冊**。台北：行政院衛生署。

鄭丞傑（民 90）。不景氣中的台灣人性教育與行為現況：解讀 2001 年全
　　球性調查報告。**性教育通訊，5(8)**，2-3 版。

鄭全全、俞國良（民 88）。**人際關係心理學**。北京：人民教育。

鄭佩芬（民 89）：**人際關係與溝通技巧**。台北：揚智文化。

鄭崇趁（民 89）。兩性平等教育實施策略。載於教育部主編：**高中職教師
　　兩性平等教育工作坊研習教材**（12-18）。

鄭淑麗（民 87）。分手十年心理比較。**張老師月刊，251**，66-74。

鄧守娟（民 91）。以性別觀點看婚姻關係與婚姻治療中的權力議題。**諮商
　　與輔導，204**，2-8。

賴慈芸、雷文玫和李金梅譯（民 85）：**性騷擾與性別歧視**。台北：時報文
　　化。

賴瑞馨（民 78）。**牽手一輩子**。台北：張老師文化。

韓　生譯（民 90）。**男人來自火星，女人來自金星**。台北：天下文化。

繆敏志（民 83）。女性生涯發展之探討。**台北護專學報，9**，271-314。

謝宏惠（民79）。**大專生性別角色、場地獨立性、決策型態、生涯自我效能與生涯不確定程度之研究**。台灣師範大學教育心理與輔導研究所碩士論文。

謝臥龍（民86）。從兩性平權教育的觀點探討教學互動歷程中的性別偏見。**教育研究**，**54**，37-43。

謝臥龍（民86）。促進兩性平等，教育應扮演的角色。**學生輔導雙月刊**，**48**，50-57。

謝臥龍（民88）。**各級學校教師對兩性平等教育及性侵害防治教育教材內涵與其重要性之探討**。教育部訓育委員會專案研究報告。

謝臥龍、莊勝發和駱慧文（民85）。諮商員在諮商過程中對女性案主性別角色刻板印象之初探。**測驗與輔導**，**135**，2780-2783。

謝臥龍、莊勝發和駱慧文（民86）。各級學校諮商員對女性案主性別角色與特質認知之比較研究。**諮商輔導文粹**，**2**，13-40。

謝臥龍、駱慧文和吳雅玲（民88）。從性別平等的觀點來探討高雄地區國小課堂中師生互動的關係。**教育研究資訊雙月刊**，**7**，57-80。

謝臥龍、駱慧文和糠明珊（民85）。諮商輔導歷程中性別偏見議題的探討。**諮商輔導文粹**，**1**，31-50。

謝馥蔓（民83）。**專科學生工作價值觀的實證研究——以四海工商專校為例**。東吳大學商學院管理研究所碩士論文。

謝瀛華（民77）。**性心理手冊**。台北：遠流。

簡春安（民75）。**幸福圈**。台北：宇宙光。

簡春安（民81）。社會工作與質化研究法。**當代社會工作學刊**，**2**，13-32。

藍采風（民85）。**婚姻與家庭**。台北：幼獅。

藍采風（民89）。**壓力與適應**。台北：幼獅。

魏惠娟（民86）。**成人教育方案發展的系統分析與應用**。台北：師大書苑。

魏惠娟（民87）。兩性平等教育的教材教法與情境策略。**兩性平等教育季**

刊，**3**，39-48。

羅瑞玉、徐西森和連廷嘉（民91）。台灣地區青少年性別角色態度之探討研究。**國立高雄應用科技大學學報，32**，685-724。

羅惠筠、陳秀珍編譯（民81）。**現代心理學——生活適應與人生成長**。台北：美亞。

羅龍治（民76）。**狂飆英雄的悲劇（二版）**。台北：時報文化。

羅燦煐（民89）。性暴力的媒體再現。載於高雄師範大學性別教育研究所主編：**南區中小學教師媒體與兩性平等教育研討會論文集**（67-78）。

羅燦瑛（民90）。**各級中小學性侵害防治教育實施之評鑑研究**。教育部訓育委員會專案研究報告。

嚴　韻譯（民90）：**我們愛死了的故事**。台北：麥田。

蘇建文、連廷嘉、黃俊豪與林翠湄等譯（民91）。**發展心理學**。台北：學富文化。

蘇建文、程小危、柯華葳與林美珍等（民87）。**發展心理學（二版）**。台北：心理。

顧瑜君（民73）。坦蕩的男女關係。**張老師月刊，85**，26-27。

顧瑜君（民76）。分手大吉。載於余德慧主編：**中國人的愛情觀**（189-237）。台北：張老師文化。

二、英文部分

Adams, G.R., & Gullotta, T. (1989). *Adolescent Life Experiences* (2nd). Monterey, CA: Brooks/Cole.

Ahrens, J.A., & O'Brien, K.M. (1996). Predicting gender role attitudes in adolescent females: Ability, agency and parental factors. *Psychology of Women Quarterly, 20,* 409-417.

Alexander, P., & Moore, S. (1991). What is transmitted in the intergenerational transmission of violence. *Journal of Marriage and the Family, 53* (3), 657-667.

Altman, J.S., & Taylor, D.A. (1973). *Social Penetration: The development of interpersonal relationships.* New York: Holt, Rinehart and Winston.

Argyle, M., & Henderson, M. (1996). *The Anatomy of Relationships and the Rules and Skills Needed to Manage Them Successfully.* Publisher: William Heinemann Ltd.

Aries, E. (1987). Gender and communication. In P. Shaver & C. Hendrick (Eds.), *Sex and Gender* (pp. 149-176). Newbury Park, CA: Sage.

Austin, A.M.B., Salehi, M., & Leffler, A. (1987). Gender and developmental differences in children's conversations. *Sex Roles, 16,* 497-510.

Balswick, J. (1988). *The Inexpressive Male.* Lexington, MA: Lexington Books.

Bandura, A. (1989). Social cognitive theory. *Annals of Child Development, 6,* 48-115.

Banks, J.A. (1989). Multicultural education: Characteristics and goals. In J.A. Banks & C.A.M. Banks (Eds.), *Multicultural Education: Issues and Perspectives* (pp.103-108). Briston: Allyn and Bacon.

Basow, A.S. (1992). *Gender Stereotypes and Roles* (3rd ed.). Pacific Grove, CA: Books/Cole .

Beckett, J.O., & Smith, A.D. (1981). Work and family roles: Egalitarian marriage in black and white families. *Social Service Review, 55,* 314-326

Bell, J.W. (2001). Building bridges/ marking meaning: texts of popular culture and critical pedagogy in theory and practice. In B. Comber & A. Simpson (eds.), *Negotiating Critical Literacies in Classroom* (pp. 229-244). NJ: Lawrence Erlbaum Associates.

Bem, S.L. (1981a). Bem Sex-Role Inventory, professional manual. Palo Alto, CA: Consulting Psychologists Press.

Berscheid, E., & Walster, E. (1978). *Interpersonal Attraction* (2nd ed.). MA: Addison-Wesley.

Betz, N.E., & Fitzgerald, L.F. (1983). Issues in the vocational psychology of women. In W.B. Walsh & S.H. Osipow (Eds), *Handbook of Vocational Psy-*

chology, 83-159. New Jersey: Hillsdale Press.

Betz, N.E. (1994). Basic issues and concepts in career counseling for women. In W.B. Walsh & S.H. Osipow (Eds), *Career Counseling for Women.* New Jersey: Hillsdale Press.

Betz, N.E., & Fitzgerald, L.F. (1987). *The Career Psychology of Women.* Orlando: Academic Press.

Beutell, N.J. & Brenner, O.C. (1986). Sex differences in work values. *Journal of Vocational Behavior, 28,* 28-41.

Bloch, H. (2002). Blaming the victim. *TIME Magazine, 159,* 20.

Brammer, L.M. (1993). *The Helping Relationship: Process and Skill.* New York: Allyn & Bacon.

Brannon, L. (1996). *Gender: Psychological Perspectives.* Boston: Allyn & Bacon.

Broverment, I.K. (1972). Sex role stereotypes: a current appraisal. *Journal of Social Issues*, 28, 63.

Brown, D., & Brooks, L. (1991). *Career Counseling Techniques.* MA: Allyn and Bacon.

Brown, J.D., Greenberg, B.S., & Buerkel-Rothfuss, N.L. (1993). Mass media, sex and sexuality. *Adolescent Medicine: State of the Art Reviews, 43*, October, 1993.

Bryman, A. (1988). *Quantity and Quality in Social Research.* London: Unwin Hyman.

Budgeon, S., & Currie, D.H. (1995). From feminism to postfeminism: Women's liberation in fashion magazines. *Women's Studies International Forum, 18* (2), 173-186.

Burke, C., & Danie, G. (1995). *Gender and Family Therapy.* London: Haworth.

Burns, A., & Homel, R. (1989). Gender division of tasks by parents and their children. *Psychology of Women Quarterly, 13* (1), 113-125.

Bystydzienski, J.M. (2001). The feminist movement in Poland: Why so slow?. *Women's Studies International Forum, 24* (2), 501-511.

Cahill, B.J., & Theilheimer, R. (1999). Helping kids (and teachers) not to hate. *The Education Digest, 65* (4), 50-56.

Canary, J.D., Cody, J.M., & Manusov, L.V. (2000). *Interpersonal Communication: A Goal-based Approach* (2nd ed.). Boston: Bedford.

Chan, Chih-yu (1992). Sex Differences in Empathy as a Function of Age: A Study with Chinese Adolescents. *Journal of Education & Psychology, 15,* 259-276.

Chang, Szu-chia (1997). Marriage as environment: Toward a model of processes of adaptation in marriage. 世新大學學報, **7**, 219-250.

Chatterjee, J., & McCarrey, M. (1998). Sex role attitude of self and those inferred of peer, performance, and career occupations as reported by women in non-traditional vs. traditional training program. *Sex Roles, 21,* 653-669.

Cherrington, D.J. (1979). The values of younger workers. *Business Horizons, 20* (6), 18-30.

Chesler, P. (2002). *Woman's Inhumanity to Woman?* NY: Thunder's Mouth Press/ Nation Books.

Christopher, F.S., & Sprecher, S. (2000). Sexuality in marriage, dating, and other relationships: A decade review. *Journal of Marriage and the Family, 62* (4), 999-1018.

Chusmir, L.H. (1983). Characteristics and predictive dimensions of women who make nontraditional vocational chocices. *Personnel and Guidance Journal, 62* (1), 43-48.

Chusmir, L.H., & Parker, B. (1991). Gender and situational differences in managers' lives: A look at work and home lives. *Journal of Business Research, 23,* 325-335.

Clarkson, P. (1999). *Gestalt Counseling in Action* . London: Sage.

Clayton, R.R. (1979). *The Family, Marriage, and Social Change.* (2nd ed.) Lexington, MA: Heath.

Coche, J. (1995). Group therapy with couples. In N.S. Jacobson & A.S. Gurman (Eds.), *Clinical Handbook of Couple Therapy* (pp.197-211). New York: Guilford Press.

Coche, J., & Coche, E. (1990). *Couples Group Psychotherapy: A Clinical Practice Model.* New York: Brunner/Mazel.

Corey, G., Corey, M., & Callanan, P. (1993). *Issues and Ethics in the Helping Professions* (3rd ed.) . Pacific Grove, CA: Brooks/Cole.

Cox, J. (1992). *Newspaper Court Women.* USA Today, 24 November, sec. B, p.8.

DiBenedetto, B., & Tittle, C.K. (1990). Gender and adult roles: Role commitment of women and men in a job family trade-off context. *Journal of Counseling Psychology, 37,* 41-48.

Doucet, A. (1995). Gender equality and gender differences in household work and parenting. *Women's Studies International Forum, 18* (3), 271-284.

Duck, S. (1992).The role of theory in the examination of relationship loss. In T. Orbuch(Eds.), *Close Relationship Loss Theoretical Approach* (pp.3-27). New York: Springer-Verlag.

Dworkin, S.H., & Gutierrez, F.J. (1992). *Counseling Gay Men & Lesbians: Journey to the End of the Rainbow.* Alexandria: American Counseling Association.

Ehrenreich, B. (2000). Barefoot pregnant and ready to fight. *Time Express, 56,* 110-112.

Farmer, H.S. (1995). *Gender Differences in Adolescent Career Exploration.* ERIC Clearinghouse on Counseling and Student Services Greensboro NC.

Feeney, J.A. (1999). Issues of closeness and distance in dating relationships: Effects of sex and attachment style. *Jounal of Social & Personal Relationship, 16* (5), 571-591.

Fenichel, O. (1945). *The Psychoanalytic Theory of Neurosis.* New York : Norton.

Fiske, A.P. (1991). *Structures of Social Life: The Four Elementary Forms of Human Relations.* New York: Free Press.

Fiske, A.P. (1992). The four elementary forms of sociality: Framework for a Unified theory of social relations. *Psychological Review, 99,* 689-723.

Floyd, F.J., Markan, H.J., Kelly , S., Blunberg, S.L., & Stanley, S.M. (1995). Preventive intervention and relationship enhancement. In N.S. Jacobson & A. S. Gurman (Eds.), *Clinical Handbook of Couple Therapy* (pp.212-226). New York: Guilford Press.

Forney, M. (2002). China's layoff policy: Ladies first. *TIME Magazine, 80,* 36-38.

Fowles, J. (1996). *Advertising and Popular Culture.* Thousand Oaks, CA: Sage Publications.

Franzoi, L.S. (2000). *Social Psychology* (2nd ed.). New York: McGraw-Hill.

Fry, V. (2002). Girls and the human brain. *Studio Classroom*, November, 7-9.

Gade, E.M., Jr. (1997). Intrinsic and extrinsic work values and the vocational maturity of vocational technical students. *The Vocational Guidance Quarterly, 11,* 125-130.

Gelles, R.J. (1995). *Contemporary Families: A Sociological View.* London: Stage Publications.

Gianakos, I. (1995). The relation of sex role identity to career decision-making self-efficacy. *Journal of Vocational Behavior, 46,* 131-143.

Goffman, E. (1979). *Gender Advertisements.* New York: Harper & Row.

Goldberg, H. (1993). *The New Male-Female Relationship.* New York: American Library.

Goodman, N. (1993). *Marriage and the Family.* （中譯本） 台北：桂冠。

Gordon, L. (1990). *Love Knots.* New York: Bantam.

Gottman, J.M., Notarius, C.I., Gonso, J., & Markman, H.J. (1996). *A Couples Guide to Communication.* Champaign, IL: Research Press.

Gray, J. (1992). *Men Are from Mars, Women Are from Venus.* New York: Harper Collins Publishers.

Guerney, G., Jr., Brock, G., & Coufal, J. (1986). Integrating marital therapy and enrichment: The relationship enhancement approach. In N.S. Jacobson & A. S. Gurman (Eds.), *Clinical Handbook of Couple Therapy* (pp.151-172). New York: Guilford Press.

Hargreaves, D. (1987). Psychological theories of sex-role stereotyping. In D.J. Hargreaves & A.M. Colley (Eds.). *The Psychology of Sex Roles* (pp.27-41). London : Harper & Row.

Harrison, J.K. (2000). *Sex Education in Secondary Schools.* Philadelphia Penn: Open University.

Harvey, G., & Nobel, E. (1985). Economic considerations for achieving sex equality through education. In Klein, S.S. (Eds.), *Handbook for Achieving Sex Equality Through Education* (pp.17-28). Baltimore, MD: The Johns Hop-kins University Press.

Heerden, J.V. (1999). Explaining Masturbation. *New Ideas in Psychology,* 17, 67-70.

Henley, N.M. (1977). *Body Politics: Power, Sex, and Nonverbal Communication.* Englewood Cliffs, NJ: Prentice-Hall.

Henry, S. (1993). Changing media history through women's history. In P.J. Creedon (ed.), *Women in Mass Communication* (pp.341-362). Newbury Park, CA: Sage.

Hill, C.T., Rubin, Z., & Peplau, L.A. (1976). Breakups before marriage: The end of 103 affairs. *Journal of Social Issues, 32,* 147-168.

Homas, G.C. (1974). *Social Behavior: Its Elementary Forms.* New York: Harcourt, Brace & Jovanovich.

Hsu Min-Tao (1996). "Fitting in" to the "no return trip" : Women's perception of marriage and family in Taiwan. *Proceedings of the National Science Council* (Part C), *8* (4), 527-538.

Isaacson, L.E., & Brown, D. (1993). *Career Information, Career Counseling, & Career Development.* MA: Allyn and Bacon.

Jakob, M. (2002). Bridging the gender gap. *English Digest Journal, 128* (4), 16-17.

Jones, E. (1994). The construction of gender in family therapy. In C. Burke and B. Speed (Eds.), *Gender, Power and Relationships.* London: Routledge.

Jones, R.W. (1994). *Ratio of female: Male characters and stereotyping in educational programming.* Paper presented at the Annual Meeting of the American Psychological Association, 102nd, Los Angeles, CA, August 12-16.

Kallmann, F.J. (1962). *Expanding Goals of Genetics in Psychiatry.* New York: Grune & Stratton.

Kinsey, A.C., Pomeroy, W.B., & Martin, C.E. (1948). *Sexual Behavior in the Human Male.* Philadelphia: W.B. Saunders.

Kirca, S. (1999). Popular culture: From being the enemy of the feminist movement' to a tool for women's liberation? *Journal of American Culture, 22* (3), 101-108.

Kline, M., Tschann, J.M., Jhonston, J.R., & Wallerstein, J.S. (1989). Children's adjustment in joint and role physical custody families. *Development Psychology, 25*, 430-438.

Kuhn, T.S. (1969). *The Structure of Scientific Revolutions.* London: The University of Chicago Press.

Kulik, L. (2002). The impact of social background on gender-role ideology: Parents' versus children's attitudes. *Journal of Family Issues*, 23 (1), 53-73.

Lasonen, J., & Burge, P. L. (1991). *Women in workplace: Vocational Education and Segregated Division of Labor.* Paper presented at the American Vocational Association Convention.

Levinger, G., & Snoek, J.D. (1972). *Attraction in Relationships : A New Look at Interpersonal Attraction.* NY: General Learning press.

Lewis, R.A. (1973). Alongitudinal test of a development framework for premarital dyadic formation. *Journal of Marriage and the Family, 35,*16-25.

Lio, T. F., & Cia, Y. (1995). Socialization, life situations, and gender-role attitudes regarding the family among white American women. *Sociological Perspectives*, 38(2), 241-260.

Lott, B. (1994). *Women's Lives: Themes and Variations in Gender Learning.* NY: Thomson Publishing Inc.

Maccoby, E.E., & Jacklin, C.N. (1974). *The Psychology of Sex Differences.* CA: Stanford University Press.

Mackinnon, L.A. (1979). *Sexual Harassment of Working.* New York: Yale University Press.

Magezis, J. (1996). *Teach Yourself Women's Studies: Women's History* (pp. 19-47). London UK: Hodder Headline Plc.

Major, B., Schmidlin, A.M., & Williams, L. (1990). Gender patterns in social touch: The impact of setting and age. *Journal of Personality and Social Psychology, 58*, 634-643.

Mark, L.K., & Anita, L.V. (1996). *Interpersonal Communication and Human Relationships* (3rd ed.). Massachusetts: Allyn & Bacon.

Marsh, H.W., & Byrne, B. (1990). The differentiated additive androgyny model: *Relations between masculinity, femininity and multiple dimensions self-concept. Australian Research Grants Scheme.* Australia: New South Wales.

Masters, W.H., & Johnson, V. (1966). *Human Sexual Response.* Boston: Little, Brown.

Matula, K.E., Huston, T.L., Grotevant, H.D., & Zamutt, A. (1992). Identity and dating commitment among women and men in college. *Journal of Youth and Adolescence, 21* (3), 339-356.

McCracken, J.D., & Falcon-Emmanuelli, A.E. (1994). A theoretical basis for work values research in vocational education. *Journal of Vocational & Technical Education, 10* (2), 4-14.

McDabe, M.P. (1987). Desired and experienced levels of premarital affection and sexual intercourse during dating. *Journal of Sex Research, 23*, 23-33.

McFarland, W.P. (1993). A developmental approach to gay and lesbian youth. *Journal of Humanistic Education and Development, 32*, 17-29.

McGinnis, A.L. (1989). The Friendship Factor. (4th ed.). NY: Hodder & Stoughton, Inc.

McQuail, D. (1994). *Mass Communication Theory* (3rd ed.). London: Sage.

Mead, M. (1935). *Sex and Temperament in Three Primitive Societies.* New York: William Morrow.

Milton, J., Berne, L., Peppard, J., Patton, W., Hunt, L., & Wright, S. (2001). Teaching sexuality education in high schools: What qualities do Australian teachers value? *Sex Education, 1*(2), 175-185.

Money, J. (1977). The "given" from a different point of view : Lessons from intersexuality for a theory of gender identity . In E.K. Oremland & J.M. oremland (Eds). *The Sexual and Gender Develovepment of Young Children.* Philadelphia: Ballinger.

Newcomb, T.M. (1989). *The Acquaintance Process.* New York: Holt.

O'Neil, J.M. (1982). Gender role conflict and strain in men's lives: Implications for psychiatrists, psychologists, and other human-services providers. In K. Solomon & N.B. Levy (Eds.), *Men in Transition.* New York: Plenum.

Papalia, D.E. (1999). *Human Development.* (5th ed.). NY: Prentice-Hall, Inc.

Pease, A., & Pease, B. (2001). *Why Men Don't Listen & Women Can't Read Maps?* New York: Random House Inc.

Pedersen, P. (1994). *A Handbook for Developing Multicultural Awareness.* Alexandria: American Counseling Association.

Perls, F.S. (1976). *The Gestalt Approach & Eye Witness to Therapy.* New York: Bantam Books.

Philips, S.U., Steele, S., & Tanx, C. (Eds). (1987). *Language, Gender, and Sex in Comparative Perspective.* Cambridge, England: Cambridge University Press.

Piche, C., & Plante, C. (1991). Perceived masculinity, feminity, and androgyny among primary school boys: Relationships with the adaptation level of these students and the attitude of the teachers towards them. *European Journal of Psychology of Education, 6* (4), 423-435.

Polgar, S., & Thomas, S.A. (1991). *Introduction to Research in the Health Sciences.* (2nd ed.). Melbourne: Churchill Livingstone.

Ralston, S.M., & Kirkwood, W.G. (1999). The trouble with applicant impression management. *Journal of Business & Technical Communication, 13* (2), 190-207.

Riordan, E. (2001). Commodified agents and empowered girls: Consuming and producing feminism. *Journal of Communication Inquiry, 25* (3), 279-297.

Ritter, K.Y., & O'Neill, C.W. (1989). Moving through loss: The spiritual journey of gay men and lesbian women. *Journal of Counseling and Development, 68,* 9-15.

Robert, S. (1989). *Lesbian/gay identity development during the college years.* U. M.I. Dissertation.

Rosenwawwer, S.M. (1982). *Differential socialization processes of males and females.* Paper presented to the Texas Personnel and Guidance Association, Houston.

Rubin, Z. (1973). *Liking and Loving: An Invitation to Social Psychology.* New York : Holt, Rinehart and Winston.

Rusbult, C.E., & Buunk, B.P. (1993). Commitment processes in close relations :

An interdependence analysis. *Journal of Social and Personal Relationships, 10*, 175-204.

Saurer, M.K., & Eisler, R.M. (1990). *The Role of Masculine Gender Role Stress in Expressivity and Social Support Network.* Newbury Park, CA: Sage.

Schutz, W. (1966). *The Interpersonal Underworld.* Palo Alto, CA: Science and Behavior Books.

Scott, K.P. (1981). Whatever happened to Jane and Dick? Sexism in tests re-examined. *Peabody Journal of Education, April*, 135-140.

Shadish, W.R., Montgomery, L.M., Wilson, P., Wilson, M.R., Bright, I., & Okwumabua, T. (1993). Effects of family and marital psychotherapies: A meta-analysis. *Journal of Consulting and Clinical Psychology, 61*, 992-1002.

Shaffer, D.R. (1994). *Social and Personality Development* (3rd ed.). CA: Brooks/ Cole.

Shaffer, D.R. (1999). *Developmental Psychologlogy: Childhood and adolescence* (5rd ed.). CA: Brooks/Cole.

Sharf, S.R. (1997). *Applying Career Development Theory to Counseling.* Pacific Grove, CA: Books/Cole.

Shaw, J.S. (1982). Psychology, androgyny and stressful life events. *Journal of Personality and Social Psychology, 43*, 145-153.

Signorielli, N. (1989). Television and conceptions about sex-roles: Maintaining conventionality and the status quo. *Sex Roles, 21* (5/6), 341-360.

Slavin, R.E. (1992). *Research Method in Education* (2nd ed.). Boston: Allyn & Bacon.

Smith R.E., & Mackie, M.D. (2001). *Social Psychology* (2nd ed.). Philadelphia: Psychology Press.

Sternberg, R.J. (1986). A triangular theory of love. *Psychological Review, 93*, 119-135.

Sternberg, R.J. (1988). Triangulating love. In R.J. Sternberg & M.L. Barnes (Eds.), *The Psychology of Love.* New Haven, CT : Yale University Press.

Sternberg, R.J. (1998). *Cupid's Arrow: The Course of Love Through Time.* United Kingdom: Cambridge University Press.

Strange, J.R. (1965). *Abnormal Psychology: Understanding Behavior Disorder.* New York: Mcgraw-Hill Book Company.

Super, D.E. (1970). *Work Values Inventory: Theory, Application and Research Manual.* New York: Houghton Mifflin.

Swanson, J.L., & Toker, D.M. (1991a). College students' perceptions of barriers to career development. *Journal of Vocational Behavior, 38,* 92-106.

Tannen, D. (1990). *You Just Don't Understand: Women and Men in Conversation.* New York:Morrow.

Thomas, J.J., & Daubman, K.A. (2001). The relationship between friendship quality and self-esteem in adolescent girls and boys. *Sex Roles: A Journal of Research, 45* (1-2), 53-65.

Thompson, T.L., & Zerbinos, E. (1994). *Television cartoons: Do children notice it's a boy's world?* Paper presented at the annual meeting of the Association for Education in Journalism and Mass Communication. ERIC (ED 376539).

Tingley, J.C. (1994). *Genderflex: Men & Women Speaking Each Other's Language at Work.* New York: AMACOM.

Trenholm, S., & Jensen, A. (1996). *Interpersonal Communication.* Belmont: ITP.

Tuchama, M. (1978). The newspaper as a social movement's resource. In G. Tuchman, A.K. Daniels, & J. Benet (eds.), *Hearth and Home: Images of Women in the Mass Media* (pp.128-134). New York: Oxford University Press.

Turner, J.H. (1988). *A Theory of Social Interaction.* CA: Stanford university press.

Van Zoonen, L. (1994). *Feminist Media Studies.* London: Sage.

Verderber, R.F. (1996). *Communicate* (8th ed.). New York: Wadsworth Publishing Company.

Verderber, R.R., & Verderber, K.S. (1995). *Inter-Act: Using Interpersonal Communication Skills* (7th ed.). New York: Thomson.

Wall, J., Needham, T., Browning, D., & James, S. (1999). The ethics of relationality: The moral views of therapists engaged in marital and family therapy. *Family Relations: Interdisciplinary Journal of Applied Family Studies, 48* (2), 139-149.

Wang, Tian-yow (1997). Class and Gender Earning Differentials in Taiwan Labor Force. *Journal of Culture and Society, 4*, 101-150.

Wiemann, J.M. (1977). Explication and test of a model of communicative competence. *Human Communication Research, 3*, 195-213.

William, F.C., Jeffrey, B.P., Jonathan, D.B., Nancy, R.C., & Jennifer, L.S. (2000). Handshaking, gender, personality, and first impressions. *Journal of Personality and Social Psychology, 61* (4), 110-117.

Yaughn, E., & Nowicki, J.S. (1999). Close relationships and complementary interpersonal styles among men and women. *Journal of Social Psychology, 139* (4), 473-479.

Young, M.E., & Long, L.L. (1998). *Counseling and Therapy for Couples.* New York: Brooks/Cole.

Zunker, G.V. (1998). *Career Counseling: Applied Concepts of Life Planning.* Pacific Grove, CA: Books/Cole.

國家圖書館出版品預行編目資料

兩性關係與教育／徐西森著.--初版. --
臺北市：心理，2003（民 92）
面； 公分.--（通識教育系列；33015）
參考書目：面
ISBN 978-957-702-619-4（平裝）

1.兩性關係　2.性—教育　3.兩性平等—教育

544.7　　　　　　　　　　　　　92015399

通識教育系列 33015

兩性關係與教育

作　　者：徐西森
責任編輯：許經緯
總　編　輯：林敬堯
發　行　人：洪有義
出　版　者：心理出版社股份有限公司
地　　址：台北市大安區和平東路一段 180 號 7 樓
電　　話：(02) 23671490
傳　　真：(02) 23671457
郵撥帳號：19293172　心理出版社股份有限公司
網　　址：http://www.psy.com.tw
電子信箱：psychoco@ms15.hinet.net
駐美代表：Lisa Wu（Tel: 973 546-5845）
排　版　者：辰皓國際出版製作有限公司
印　刷　者：辰皓國際出版製作有限公司
初版一刷：2003 年 8 月
初版六刷：2011 年 9 月
ＩＳＢＮ：978-957-702-619-4
定　　價：新台幣 400 元